명리를 밝힌다

대용신 소용신

지은이: **김명관**

장서원
도서출판

1943년생
1960년 경남고등학교졸업
1966년 한국외국어대학교 중국어학과 졸업.
1982년 철강회사 퇴사후 역학심취.
2005년 1월부터 마포문화원에서 사주학, 관상학,육효학 강의.

저서

1) "얼굴이 사람을 말한다."
2) "재미로 보는 관상학"(골프전문 월간지에 다년간 연재) 출판 준비 중.
3) "사주定石"
4) "명리를 밝힌다".

주소

성남시 수정구 신흥3동 2537-1번지 201호. 명관철학.

017-715-6413. 031-734-8482

머리말

사주팔자는 인간의 운명을 숨겨 놓고 있어 언제나 신비스럽다. 1986 병인년부터 여덟 글자에 매달려 어언간 20몇 년이 흘렀건만 아직도 하늘은 현관(玄關)을 시원하게 열어주지 않는다.

이석영 선생님의 문하(門下)인 김석환 선생님이 경영하든 역학학원에서 1년 정도를 수강하면서 사주학에 입문하였고, 그 뒤에 무언가 목마름에 이기목 선생님에게 기문학을 공부하면서 지봉(至峰)이라는 호를 받은 영광을 얻었다. 그 때 기문학에도 조예가 깊었든 투파(透派)의 장문인 장요문의 "사주추명십간비해(四柱推命十干秘解)"와 좌등육용(佐騰六龍)의 저서를 읽으면서 십간론(十干論)에 심취하였으나 그대로 수용하기에는 이론적으로 용납되지 않는 점이 다소 있었다.

사주 공부가 익어가면서 계속 난관에 부딪친 것은 용신은 잡았는데 어떤 때는 년운에서 제대로 적용이 되지 않아 곤혹스러움이 많았다는 점이다. 예를 들면 火가 용신인데 火의 년에서 큰 실패를 보았을 경우를 보면 좌절감에 책을 던지고 싶은 충동을 느낄 때가 한두 번이 아니었다.

그래서 나름대로 적천수 등 고전에서 전해오는 기존의 용신을 "대용신" 이라 하고 년운과 월운를 볼 때는 별도로 "소용신"을 정하여 적용하니 사주풀이가 훨씬 부드럽고 해단(解斷)은 더욱 날카로워졌다. 소용신의 개념은 장요문의 십간론에서 출발하였으며 스스로 많은 임상을 거치면서 보완하였다.

어떤 해에 특징적인 일이 있었던 사주들을 모아서 사주마다 대용신과 소용신으로 구분해서 설명하여 독자의 이해를 높이고자 노력하였으며 사주 공부하는 동학(同學)님들에게 조금이라도 도움이 되었으면 하는 바람으로 이 책을 썼다.

2010년 첫여름 寓居에서 김명관 .

소용신(小用神)을 구하기 전의 사전 참고사항

1) 대용신을 대운에 적용할 때는 생극제화 (生剋制化)가 주가 되고 소용신을 년운과 월운에서 적용할 때는 형충회합(刑沖會合)이 주가 된다. 다만 방합, 삼합, 삼형, 재형(再刑) 재충(再沖)이 사주와 대운, 년운이 합세하여 성립될 때에는 대운도 형충회합을 같이 참고한다.
2) 대용신을 적용할 때 육합은 특별히 化하지 않을 경우에는 그냥 상생으로 보아도 무방하다. 예를 들면 辰酉 합의 경우에 토생금으로 본다는 뜻이다. 그리고 육합과 삼합의 반합이 있을 때 반합을 우선한다.
3) 소용신을 적용할 때 합의 강도 순서는 방합, 삼합, 육합, 반합순으로 육합과 반합의 강도가 대용신의 적용때와는 반대가 된다.
4) 이 책에서 뿌리(根)가 있다는 것은 지지에 같은 오행이 지장간으로 있다는 뜻이다.

소용신정법(小用神定法)

1) 소용신은 어디까지나 천간에서 정하는 것을 원칙으로 한다. 그러나 양일간이 신약할 때는 지지에서도 용신이 가능하다. 그러므로 양일간의 경우에는 대용신과 소용신이 같을 경우가 많아진다.

2) 소용신을 정할 때에는 일간이 양(陽)일간인가 음(陰)일간인가를 먼저 살핀다.

3) 육합과 육충 그리고 년월간의 천간합은 묶이거나 깨어져 극히 미약한 상태라 세력의 강약 계산에서 빠지며 용신의 대상에서 제외된다.

4) 지지에 뿌리 없는 천간과 천간에 같은 오행이 투출하지 않은 지지는 용신에서 제외된다.

5) 육충은 합(방합, 삼합, 육합)의 년운이 오면 풀리고, 육합은 육충의 년운이 오면 풀린다. 또한 육합은 육합이 다시 오는 년운에서도 합이 풀린다. 육충이 풀리거나 육합이 풀리면 각 지지마다 힘을 회복하여 천간의 뿌리 역할을 충실히 한다. 충합(沖合)이론은 육효학에 근거하였음을 밝혀둔다.

6) 양일간이 신강하면 천간의 재, 관, 식상 중에서 용신을 정하지만 뿌리가 없으면 불용(不用)이다. 천간의 재관식상을 쓸 수 없다면 일간 하나 혹은 비견겁과 같이 있을 때는 일행(一行), 인수와 비견겁(印比)이 같이 있을 때는 양신(兩神)으로 용신을 정한다.

7) 양일간이 신약하면 지지에서도 인비(印比)를 용신 할 수 있다.

8) 양일간이든 음일간이든 간에 신강하여 대용신이 지지에서 재관식상으로 있을 때 재관식상이 대운과 년운과 사주, 혹은 년운과 사주가 방합이나 삼합이 되면 천간의 소용신은 무시하고 대용신을 그대로 사용하여 대발복(大發福) 한다. 그러나 년운의 운간이 방합, 삼합하는 오행과 상생하지 않고 극하는 오행이면 복은 깎여나간다.

9) 양일간, 음일간을 불문하고 심한 재다신약, 살중신경, 재살태왕, 상식태왕이면 대용신이 상하는 해는 아주 위험하다.

10) 양일간은 세력 계산에서 자기를 포함하여 계산하지만 음일간은 자기는 빼고 계산한다. 천간에 투출한 것이 재관식상이 있으면 재관식상 중 투출하고 뿌리가 있는 것이 용신이 된다.

11) 음일간일 경우 천간에 인비(印比)와 재관식상이 있으면 인비가 강하면 재관식상 중에서 하나가 용신이 되고 인비가 약하면 인비 중에 하나가 용신이 된다.

12) 음일간이 신약하여 대용신을 지지의 인비로 쓸 때 인비가 대운, 년운, 사주가 혹은 년운과 사주가 방합, 삼합이 되면 소용신과 상관없이 대발(大發)하는 한 해가 된다. 그러나 년운의 운간이 방합, 삼합하는 오행과 상생하지 아니하고 극하는 오행이라면 대발복(大發福)은 기대하지 못한다.

차례

64) 경술생.　65) 정미생　66) 승정제.
67) 단기서　68) 이주일　69) 김도연.
70) 드골　71) 나세르　72) 광서제.
73) 동치제　74) 장개석　75) 장개석 형.
76) 무술생　77) 강유위.　78) 안젤리나졸리.
79) 병인생　80) 기미생　81) 무오생.
82) 이완용　83) 장면　84) 이한동.
85) 맹인　86) 두월생　87) 홍진기.
88) 백승희　89) 임표　90) 신성일.
91) 여 을유생　92) 기사생　93) 갑오생.
94) 신사생　95) 신사생　96) 경진생.
97) 무자생　98) 계축생　99) 병술생.
100) 문희　101) 무당　102) 무당.
103) 여 갑신생　104) 무자생　105) 여 병신생.
106) 임오생　107) 을유생　108) 여 기축생.
109) 여 임인생　110) 임자생.　111) 여 갑진생.
112) 여 신묘생　113) 여 임오생　114) 곽송령.
115) 양행불　116) 윤창형.　117) 육연규.
118) 여 갑신생　119) 여 기축생　120) 임신생.
121) 여 임오생　122) 박태준　123) 김종필.
124) 김재규　125) 조치훈　126) 최재우.
127) 최시형　128) 신유생　129) 여 신묘생.
130) 신축생　131) 여 병오생　132) 갑오생.

133) 남승우 134) 조중훈 135) 유성룡.
136) 소동파 137) 여 신축생 138) 여 정미생.
139) 목사 140) 야구선수 141) 여 병신생.
142) 여 신미생 143) 원세개 144) 윤보선.
145) 경자생 146) 계묘생. 147) 여 정미생.
148) 무술생 149) 갑자생 150) 외교관.
151) 여 계해생 152) 여 기사생 153) 체육관장.
154) 서예가 155) 여 신해생 156) 임오생.
157) 무자생 158) 계묘생 159) 대학교수.
160)여 대학교수 161) 신사생 162) 임진생.
163) 여 무술생 164) 경자생 165) 경진생.
166) 여 무술생 167) 신사생 168) 무인생.
169) 여 병신생 170) 무자생 171) 여 신축생.
172) 여 정미생 173) 정해생 174) 여 기묘생.
175) 기유생 176) 임인생 177) 을묘생.
178) 기해생 179) 여 을미생 180) 정미생.
181) 여 병오생 182) 신사생. 183) 여 신미생.
184) 기축생 185) 을미생 186) 기해생.
187) 여 신축생 188) 여 갑진생 189) 여 병신생.
190) 여 무술생 191) 여 을사생 192) 무자생
193) 여 갑오생 194) 정유생 195) 병신생
196) 경술생 197) 병신생 198) 여 병오생
199) 임인생 200) 임자생 201) 여 정미생

202) 여 경자생	203) 계묘생	204) 여 병오생
205) 여 을유생	206) 여 정유생	207) 여 무신생
208) 여 신사생	209) 계사생	210) 병술생
211) 신축생	212) 계사생	213) 갑신생
214) 신해생	215) 여 을미생	216) 여 무신생
217) 여 기미생	218) 무인생	219) 정사생
220) 여 병신생	221) 임자생	222) 여 병진생
223) 병진생	224) 여 정묘생	225) 여 기해생
226) 계묘생	227) 여 정유생	228) 병오생
229) 경술생	230) 여 경술생	231) 여 공무원
232) 경찰관	233) 여 기해생	234) 신사생
235) 임오생.	236) 임자생	237) 을미생
238) 여 을미생	239) 여 을유생	240) 을해생
241) 이철	242) 최진실	243) 삼명통회
244) 적천수	245) 신묘생	246) 무진생
247) 적천수	248) 임오생	249) 신사생
250) 이선희	251) 여 임진생	252) 장학량
253) 계축생	254) 이남이	255) 적천수
256) 계미생	257) 손문	258) 여 을미생
259) 여 병인생	260) 기사생	261) 을미생
262) 여 계사생	263) 여 경인생	264) 여 정해생
265) 임오생	266) 임진생	267) 경인생
268) 여 임인생	269) 임인생	270) 병인생

271) 을미생 272) 병오생 273) 임신생
274) 양계초 275) 명성황후 276) 허재
277) 여 병신생 278) 여 신묘생 279) 갑진생
280) 여 신해생 281) 무신생 282) 정미생
283) 여 기유생. 284) 이범석. 285) 백두진
286) 여 무신생 287) 병술생 288)우피골드버그
289) 여 임술생 290) 병진생 291) 적천수
292) 적천수 293) 적천수 294) 적천수
295) 적천수 296) 적천수 297) 적천수
298) 계해생 299) 경신생 300) 여 병술생
301) 경오생 302) 경오생 303) 민규수
304) 여운형 305) 여 기사생 306) 여 신해생
307) 계묘생 308) 여 신해생 309) 갑진생
310) 임인생 311) 을축생 312) 세종대왕
313) 적천수 314) 적천수 315) 적천수
316) 적천수 317) 적천수 318) 적천수
319) 적천수 320) 적천수 321) 적천수
322) 적천수 323) 적천수 324) 적천수
325) 적천수 326) 적천수 327) 적천수
328) 적천수 329) 적천수 330) 적천수
331) 적천수 332) 적천수 333) 적천수
334) 적천수 335) 적천수 336) 적천수
337) 적천수 338) 적천수 339) 적천수

340) 적천수　341) 적천수　342) 적천수
343) 임술생　344) 여 신사생　345) 갑자생
346) 아브라함 링컨　347) 아돌프 히틀러
348) 실베스타 스텔론　349) 헤밍웨이
350) 김두한　351) 대원군　352) 여 경진생
353) 무진생　354) 함풍제　355) 동치제
356) 자희후　357) 증국번　358) 좌종당
359) 공친왕　360) 기축생　361) 여 경신생
362) 여 병술생　363) 계묘생　364) 여 계사생
365) 갑오생　366) 계축생　367) 기미생
368) 임인생　369) 병신생　370) 여 계미생
371) 경인생　372) 여 무신생　373) 여 임인생
374) 여 정해생　375) 병오생　376) 여 갑진생
377) 여 기해생　378) 여 정축생　379) 여 을묘생
380) 계미생　381) 대기업회장　382) 갑인생
383) 을묘생　384) 갑술생　385) 갑진생
386) 갑오생　387) 계사생　388) 여 병술생
389) 갑신생　390) 여 을유생　391) 경오생
392) 케빈코스트너　393)여 경자생
394) 경인생　395)경신생　396) 신사생
397) 경술생

1) 庚己甲己　己庚辛壬癸
午酉戌卯　巳午未申酉 10대운

만화가 고우영. 갑기화토격에 묘가 방해되나 묘술합으로 묶여 화토격(假化格)이 성립된다. 酉戌과 경금의 투출로 토의 설기가 심한 것이 사주의 병이며(化神泄傷) 대용신은 火(土 희신)다. 초년 계유, 임신대운에서는 만사 지지부진하다가 이후부터 화토운이 계속 연결되어 만화가로서 천하에 명성을 날렸다.

원래 무진토는 길하지만 60세 무진대운에 진술충으로 묘술합이 풀려 묘목이 살아났다. 화토격을 방해하는 세력이 나타나 파격의 위험이 생겼다.

소용신: 대용신과 동일하다.

66세 갑신년. 진술충이 되어 묘목이 살아나 화격을 방해하고, 申酉戌 방합으로 사주의 병(설기태심)이 깊어져 대장암(대장의 오행은 金)으로 사망했다.

2) 甲癸丙乙　壬辛庚己戊丁
寅亥戌未　辰卯寅丑子亥 4대운

여명. 종세격으로 火가 대용신이고, 목토가 희신이다. 부군은 국영기업체 이사. 병술 재백호(술중 정화 편재)가 刑되어 부친을 일찍 사별했다. 상관이 왕 하지만 상관생재하여 내조가 좋으며, 왕한 상관작용으로 겁이 없고 센스가 빠르며, 표현력이 좋다. 丑대운은 관살이 丑戌未삼형되어 부군의 건강이 매우 불실하다가 寅대운에서 완전히 회복되었다.

소용신: 대용신과 동일하다.

49세 계미년 계미월(신묘대운). 부군이 이사로 승진했으나 그해 말 을축월 관재가 발생하여 퇴직하였다. 계 일주가 미에 묘궁되어 암울함을 예고하고 술미 재형이 겹쳤다. 충출된 己, 辛에 희용신 갑목과 병화가 합거되어 흉하다. 비록 이사로 승진하였으나 그것은 몇 개월 뒤 평생의 직장을 떠나야하는 아픔의 전주곡이었다.

3) 乙己辛庚　甲乙丙丁戊己庚
亥丑巳申　戌亥子丑寅卯辰 4대운

여명. 을목 편관이 왕한 금기에 제압당하고 있어 제살태과격이며, 대용신은 을목 편관이다. 사신형으로 사화 인수가 상하여 일찍 모친과 이별하는 팔자다. 무인대운은 인목 관성이 삼형으로 충형되어 길운이 못된다.

소용신: 대용신과 동일하다.

27세 병술년 경인월(무인대운). 사신형에 축술형이 겹쳤다. 병화인수운간은 형으로 튀어나온 辛금과 합하여 떠나버렸다. 기축 일주묘궁을 병술인수백호로 형을 하여 모친

사별. 관살이 용신이어서 직장생활 하여야 하나 28세 정해년은 巳申합을 巳亥충으로 풀어버려 상관이 왕성한 뿌리를 얻어서 휴직하였다.

4) 庚庚己庚　乙甲癸壬辛庚
　辰申卯辰　酉申未午巳辰 6대운

토금이 왕하여 정재용재격으로 대용신은 묘목이다.

사람은 성실하고 신용이 있으나 卯申귀문관살에 사주가 냉한하여 성기능장애로 고통을 받았다.

소용신: 묘목재는 천간에 목이 투출하지 않아 제외하면 천간의 토금이 용신이다. 소용신은 어디까지나 천간에서 잡는 것을 우선한다. 년운을 볼 때 양일간일 때는 대용신은 항상 참고한다.

35세 을묘년(임오대운). 토금용신에 을묘목은 흉하다. 을목정재가 희신의 비견 경금과 합거하여 처가 다른 놈팡이와 눈이 맞아 도망갔다. 묘신귀문관살이 중첩되니 처로 인해 스트레스가 치솟는 한해다.

5) 丙壬戊癸　乙甲癸壬辛庚己
　午戌午酉　丑子亥戌酉申未 9대운

여명. 무계는 지지의 강한 화기에 힘입어 화로 변한다. 임수일주가 화토에 둘러쌓여 있고 인수 유금은 멀리 있으면서 강한 화기에 극을 받아 무력하여 부득이 종재격이 된다. 초년 대운이 기미로 좋게 흘러 비교적 좋은 환경에서 자라고 있는 학생이다. 그러나 앞으로의 대운이 금수로 흘러가니 장래가 근심이 된다.

소용신: 酉금은 금의 투출이 없어 용신의 대상에서 제외된다. 대용신과 동일

14세 병술년: 용신의 해가 되어 학생회장으로 선출되었다.

6) 庚乙辛壬　丁丙乙甲癸壬
辰亥亥辰　巳辰卯寅丑子 4대운

득령, 득지로 신왕 하여 경신금을 쓸려고 하나 수를 더 강하게 하여 사용할 수가 없고 정인용재격으로 辰중 무토 용신이다.

진해로 원진과 귀문으로 엉키어 있고 사주가 한습 하여 세상살이에 막힘이 많다. 갑인, 을묘대운은 군겁쟁재로 무엇 하나 시원하게 되는 일이 없었다.

소용신: 천간의 경신금은 지지에 뿌리가 없어 용신에서 제외하고, 지지의 진토는 천간에 토의 투출이 없어 제외하니 천간에서 남는 것은 임수뿐이다. 수가 소용신, 목이 희신이다. 음일간일 때는 음일간은 계산에서 빼고 천간에 투출한 인비와 재관식상 중에서 어느 쪽이 약한가를 보고 약

한 것을 소용신 한다.

37세 무진년(을묘대운). 기신의 土재가 와서 돈의 고통을 받고 다시 진해 귀문이 가중하여 경제적인 스트레스를 이기지 못해 뇌출혈로 쓰러졌다.

7) 辛辛庚辛　壬癸甲乙丙丁戊己
卯丑子巳　辰巳午未申酉戌亥 4대운

이명박 대통령. 금수상관격으로 한랭하여 巳중 병화관을 조후로 쓰니 대용신은 병화관이다. 44세부터 巳午未남방으로 30년 대운 대통(大通)이니 노당익장(老當益壯)이다.

소용신: 巳화는 천간에 투출이 없어 용신에서 제외한다. 천간에는 금뿐이니 금을 소용신하고, 토와 수가 희신이다.

24세 갑진년: 고려 상대 학생회장으로 있다가 6.3대모주동으로 투옥되다. 기신의 갑목재가 시지묘목에 힘을 얻어 기승을 부린다.

25세 을사년: 현대건설 입사. 을목이 경금을 합거 함은 아름답지 못하나 사는 천간 금용신의 단단한 뿌리 역할을 한다.

38세 무오년. 현대건설 사장에서 인천제철, 현대도시개발 사장까지 겸임. 무토는 희신의 토인수이고, 오는 자축합을 충으로 풀어서 金용신은 巳에다 丑에까지 뿌리를 얻었다.

48세 무진년. 현대건설과 계열회사의 회장. 희신의 인수토운이다. 희신의 인수운이니 정주영 왕회장의 신뢰는 절대적이다.

62세 임오년, 천간의 임은 희신이고, 오는 자축 합을 자오충으로 풀어 천간의 금이 축에 새로운 뿌리를 얻었다. 서울시장 당선. 육효학과 같이 육충는 육합으로 풀고, 육합은 육충으로 풀린다. 그리고 육합은 다시 합이 왔을 때도 풀린다.

67세 정해년. 기신 丁화관이 와서 관재구설 등으로 시끄러워지는 것은 어쩔 수 없다. 그러나 사해충을 하여 亥중 임수가 튀어나와 기신의 운간 정화를 합거하니 모든 것을 잠재울 수 있었다. 대통령 투표하는 임자월은 자축합에 다시 합이 와서 풀렸고 천간의 금이 축에 힘을 얻었다. 대통령당선

69세 기축년. 기토 인수가 희신이어서 도와주는 세력이 두터워지고 축은 자축합에 다시 합이 와서 합을 풀어버렸다. 두개의 축에 용신은 강력한 힘을 얻었다. 세계 정치지도자 회의 한국개최, 아랍에 원전수출 등 굵직한 안건들을 성사시키며 MB특유의 리더쉽을 유감없이 발휘하다.

8) 戊戊己甲　丙乙甲癸壬辛庚
　午寅巳辰　子亥戌酉申未午 3대운

김민석. 무토가 巳월에 태양이 있고, 소토하는 갑목, 윤습하게 하는 계수가 모두 있어 대격이다. 천간에서 갑기합으로 갑목이 묶여 버린 것이 아쉽다. 건록용관격으로 대용신은 목이며 희신은 水가 된다.

소용신: 갑기는 합하여 제외하고, 천간에 목의 투출이 없어 인목도 용신에서 제외한다. 무토 一行으로 소용신하고, 대용신 寅辰은 염두에 둔다.

39세 임오년.(계유대운). 계유대운이 아직 상관이어서 제도권 진입이 쉽지 않아 보인다. 이명박 대통령과 서울시장 후보로 경합을 벌리다 낙선하다. 임은 진에 뿌리하여 토용신에 기신으로 다가온다. 또한 대용신 인목은 오화와 다시 반합을 하여 인목편관 명성이 불에 타 사라진다.

45세 무자년(갑술대운). 자오충하여 튀어나온 계수가 무토용신을 합거하여 흉이나 운간 무가 상하지 않아 국회의원에 낙선했지만 민주당 최고위원.

9) 戊乙丙甲　己庚辛壬癸甲乙
　寅丑子申　巳午未申酉戌亥 7대운

여명. 을목이 갑목을 보고 겨울에 따뜻하게 조후를 하여주는 병화 태양이 통근하여 入格이다. 편인용상관격으로 대용신은 병화이고 무토 희신이다.

상관 유기하여 총명하고 표현력이 뛰어나며, 병화 자식

이 조후까지 해주니 자식이라면 껌뻑 죽는 시늉도 한다. 식신생재가 되어 원래는 재복이 있다.

그러나 중년의 계유, 임신, 신미대운이 기신 관과 인수로 점철되어 남편이 하는 일마다 되는 것이 없고(원 사주에서 신금 남편은 축에 입묘하고 신자 합하여 수로 변해 무기력하다.) 경제적 고통에 시달렸다.

소용신: 수가 왕한 계절에 자축합하여 축토는 천간의 무토가 의지하기에는 너무나 무력하여 무토를 용신에서 제외한다. 목화용신이다.

51세 갑술년(신미대운). 갑목은 희신이지만 술은 기신의 무토 뿌리가 되고 사주, 대운, 년운이 합세하여 축술미 삼형이다. 충형으로 튀어나온 2개의 기토와 신금에 사주의 갑목, 운간 갑목, 그리고 병화까지 희용신은 모두 꽁꽁 묶여버렸다. 위암수술(위의 오행은 토)하다.

10) 丙乙己乙　丙乙甲癸壬辛庚
子酉丑巳　申未午巳辰卯寅 3대운

여명. 편재용상관격으로 대용신은 병화상관이다. 살중신경에 병화용신이 허약하여 子酉귀문은 흉살로서 작용을 확실하게 한다. 23세부터 시작하는 임진대운에 병화 태양이 꺼지니 인생이 암울한 그림자로 덮인다.

소용신: 병화는 巳화가 삼합되어 뿌리가 없어졌고, 기토, 을목까지 모두 뿌리가 없어 용신에서 제외된다. 사유축 금국이 제일 강한 세력으로 남아 금을 용신한다.

방합이나 삼합은 세력이 강력하여 다른 간지를 얼마든지 생이나 극을 할 수 있고, 천간에 투출한 것과 같이 용신이나 기신의 대상이 된다.

30세 갑술년(임진대운). 子酉귀문에 巳戌로 귀문이 중첩되었고, 축술형이 되어 정신병원에 입원하다. 병화상관 자손은 술에 입묘하고, 형으로 튀어 나온 신금이 병신합거하여 인공유산 하였다. 관살용신에 희신인 己토재는 갑기합으로 날아가 금전적으로도 큰 손해를 보았다.

11) 丁乙丁庚　甲癸壬辛庚己戊
亥巳亥子　午巳辰卯寅丑子 8대운

정인용식신격으로 대용신은 정화식신이다.

부모는 사해충 당하고 일시지 충으로 부부궁도 깨어졌다. 경 자식은 子에 사궁이 되어 자식도 무력하니 가정적으로는 행복과 거리가 멀다. 수왕한데 토재가 희신이니 삶의 가치에서 무엇보다도 돈이 최고 우선이다.

38세부터 신묘대운은 신은 힘이 없어 별 영향이 없지만 묘는 재살(災殺)로 자묘형을 하여 지지가 온통 충과 형으로 변해 파란이 예고되고 있다.

소용신: 정화와 경금은 사해충으로 뿌리를 잃어 용신에서 제외한다. 제일 강한 것이 수이므로 수가 용신.

39세 무인년(신묘대운). 무는 기신의 재로 돈의 고통이 생긴다. 인은 해와 합하니 남은 해는 다시 사해충을 하여 용신이 무력화되었다. 억척스럽게 모아놓은 많은 재산이 파산으로 눈 녹듯이 사라졌다.

12) 丙乙丙丁　癸壬辛庚己戊丁
子亥午酉　丑子亥戌酉申未 2대운

여명. 진상관용인격으로 대용신은 水다.

열심히 배우고(인수) 가르치는(상관) 사람인데 역마인수로서 일본에 유학 갔다가 그곳에서 뿌리 내려 교수를 하였다. 상관이 왕하여 표현력이 좋고 자존심은 강한데 대운의 흐름이 해자축으로 대통하여 인생의 결실은 거둘 수 있을 것이다. 그러나 상관은 왕하고 관은 공망이라 부부간에 이별 수는 어쩔 수 없었다.

소용신: 亥子수와 유금은 천간에 투출이 없어 용신에서 제외하고 음일간에 인수견겁의 투출이 없어 소용신은 화다. 화가 왕하여 설기하는 토는 희신.

47세 계미년(신해대운). 계수는 해자에 힘을 받아 용신 병정화를 도식(倒食)하고, 미는 용신의 뿌리를 오미합으로 꽁꽁 묶어버렸다. 얼마간의 유산이 들어왔는데 년 말 수왕절에 교통사고를 당하고 그 여파로 유산도 없어져 버렸다.

50세 병술년(신해대운). 병화상관 용신의 해가 되어 새롭게 창업을 하여 사업가로의 변신에 성공하였다.

53세 기축년(임자대운). 진상관용인격으로서 신약하여 지지의 해자수 인수가 대용신인데 기축년은 해자축 인수국이 되었다. 음일간이 신약하여 지지의 인비를 용신할 때는 지지의 인비가 방합 또는 삼합하면 양일간과 같이 대길하다는 용신정법에 해당한다. 그러나 기대가 컸지만 해자축 북방 수와 운간 기토는 상극하여 오히려 피곤한 한해를 보냈다.

13) 丙乙己乙　癸甲乙丙丁戊
　　戌丑丑亥　未申酉戌亥子

음악가 모차르트. 편재격에 조후가 급하여 병화상관으로 대용신을 삼는다. 병화상관에 화개가 많고 刑이 있어 화려한 재능을 가진 단명한 천재의 모습이 나타난다.

소용신: 음일간은 투출한 인수, 견겁이 있을 때는 타 오행과의 강약을 따져 용신을 구하고, 인수 견겁의 투출이 없으면 타 오행으로 용신을 삼는다.

이 사주는 천간의 병을기가 모두 지지에 뿌리가 있다. 기토가 지지에 뿌리가 3개나 있어 제일 강하니 년간의 을목 비견용신이다.

37세 신해년. 辛은 기신의 칠살이니 재난, 질병을 의미하고, 해는 용신과 일주가 사궁이 되어 사망.

14) 甲戊己癸　壬癸甲乙丙丁戊
寅戌未亥　子丑寅卯辰巳午 5대운

조열한 토를 계수가 윤습하게 하고 갑목이 소토한다. 갑목을 대용신으로 삼고 계수를 희신으로 한다.

시상일위귀격(時上一位貴格)이며, 신왕살왕으로 부귀격이다. 신왕하여 주체성과 소신이 분명하고, 편관용신이 유기하니 권력지향적이며 지조와 의협의 사람이다. 일지에도 일간과 같은 오행이 있고, 刑이 있어 처복은 있어도 처궁은 문제가 있다.

초년 무오, 정사, 병진 운은 메마른 땅에 비 한 점 없어 되는 일이 없다가 을묘 운부터 출세를 시작하여 갑인대운에서 연속으로 국회의원이 되었다.

소용신: 양일간은 인수 견겁의 투출이 없어도 득령 득지 등으로 강하면 천간의 재, 관살, 식상 중에서 용신을 선택한다. 그리고 인수견겁의 투출이 없으면서 신약하면 지지에서라도 인수, 비견겁으로 용신을 구할 수 있다. 갑목용신, 계수희신이다.

48세 경술년(갑인대운). 庚은 상관견관으로 흉하고, 술은 술미형에 다시 형(刑)하여 흉하다. 술미형으로 튀어나온 지장간 중의 기토와 무토는 용신인 갑목과 희신인 계수를 모두 합거하여 무력화시키면서 부부궁은 형이 되어 부인이 교통사고로 사망했다. 술년으로 비견겁이 태왕해지며 형을 하니 먼저 재, 처가 당한다.

15) 甲辛乙乙　戊己庚辛壬癸甲
午巳酉丑　寅卯辰巳午未申

시상일위귀격(時上一位貴格)으로 대용신은 오화편관이다. 갑을목 재가 살지와 사궁에 앉아 힘이 없는 것이 아쉽다.

소용신: 갑을 목은 지지에 뿌리가 없고 오화는 화의 천간 투출이 없어 용신에서 제외한다. 사유축 금국이 용신이다.

30세 갑오년. 갑은 사주에 뿌리가 없어 영향력이 없고 오는 오오자형을 한다. 자형을 하면서 튀어나온 병화관이 일주와 합하여 큰 명예를 얻는다. 고등고시합격. 천간의 합 중에서 제일 마지막에 하는 일간의 합은 사주의 희기를 떠나 관살이면 명성, 관록, 직장 재이면 재물, 인수면 서류, 귀인 등이 나에게 온다고 해석한다.

16) 丙乙丁庚　癸壬辛庚己戊
子亥亥申　巳辰卯寅丑子 8대운

을해일 병자시로 六乙鼠貴格이나 경신관살이 있어 파격이다. 인수신왕으로 경금관살은 쓸 수가 없고 병정화 식상을 대용신한다.

초년 무자, 기축은 희기반반으로 지내다가 경인대운에서 병정화가 인에 장생을 얻어 고위공무원으로 출세하였다. 신묘대운은 병화를 합하여 기신의 수로 변하고, 천을귀인인 자와 신을 자묘형, 묘신귀문으로 얽어매어 흉을 예고하고 있다.

소용신: 음일간의 인수 견겁 투출이 없고 병정화는 뿌리가 없어 제쳐 놓으면 申에 뿌리 한 경금만 남는다. 소용신은 경금정관이다.

43세 임인년(신묘대운) 대운이 이미 대흉의 자리에 들어가는데 인은 인신충하여 경금용신의 하나뿐인 뿌리를 깨뜨려 버리고 운간 임은 금용신에 기신으로 흉하다. 사망.

17) 己己甲壬　庚己戊丁丙乙
巳亥辰午　戌酉申未午巳 7대운

진월에 계수사령이라 목기가 강할 때이고 갑목정관 투출에 임수가 합세하여 신약이다. 대용신은 기토이고 화가 희신이다.

월일시지가 진해원진과 사해충으로 되어 부부궁이 허술하고 정서적으로 안정감이 없다.

37세부터의 무신대운은 巳申형합으로 사해충이 풀린다. 상관운이 되어 새로운 진로 모색하나 기신인 갑임재관이 해에 장생과 정록을 만나 더욱 힘쓰게 되었다.

소용신: 사해충은 제쳐놓고(충과 합은 용신의 대상에서 제외한다) 천간의 토와 수목이 어느 것이 더 강한지 살피어본다. 비견기토는 득령하고 정록이 있어 토가 강하며 진에 뿌리한 갑임재관을 소용신한다.

37세 정사년. 정은 壬수재를 합거하고 사는 사해충에 다시 해를 충하여 亥수재는 완벽하게 깨어진다. 喪妻.

18) 壬乙壬甲　丙丁戊己庚辛
　　午亥申子　寅卯辰巳午未 6대운

여명. 인수태왕에 신금관은 쓸 수가 없고 대용신은 오화식신이 된다. 정인격으로 친정 덕은 있었으나 申금관 남편은 신자수국하고 사방으로 설기 당해 병약하고 오화식신은 왕성한 수에 극을 받아 자녀 3명을 앞세웠다.

26세 전 오대운에서 신자수국을 자오충하여 신금이 살아나 결혼하였다. 그러나 사대운에서 신금관을 사신刑하여 남편은 항상 병이 떠나지 않았고 진대운은 신자진수국하여 남편의 병은 차도가 없었다. 게다가 삼합수국에 오화가 극을 당하여 자녀가 사망하고 자녀는 가슴속에 묻었다.

46세 정묘대운부터 목화 운이어서 그런대로 숨 돌리기

시작했다.

소용신: 오화는 천간에 화의 투출이 없어 용신에서 제외하고 신금도 금의 투출이 없어 용신에서 제외된다. 천간에는 수목만이 있어 소용신은 수목이다. 화는 대용신이지만 형충을 하면 많은 변수가 생긴다.

53세 병진년. 사주의 오화에 힘을 얻은 기신의 병화상관은 표적이 되어 신자진수국을 이룬 왕성한 수와 치열한 싸움이 벌어졌다. 자식에 관재가 생겨 마음고생이 많은 한해였다.

19) 己丙戊辛　壬癸甲乙丙丁
亥辰戌卯　辰巳午未申酉

적천수의 제살태과격에 실려 있는 사주다. 시에 칠살이 하나 있는데 네 개의 식신이 제어를 하고, 년지의 묘목은 辛금에 극 당하고 또한 가을의 목이 되어 소토(疏土)할 능력이 없다. 亥중 갑목으로 칠살을 보호한다(대용신은 갑목).

을미운은 해묘미목국이 되어 사주의 병인식신을 제거하여 명성을 떨쳤다. 그러나 갑오운에서 갑은 시간 기와 갑기합 화토(化土)하여 기신토가 되고, 39세 기사년에 해수를 충거하여 사망했다.

상관이 많고 귀문에 충이 있어 총명하지만 예민하다. 기신이 둘러싸고 전전공(轉轉攻)하여 재난을 당할 위험은 항상 있다고 볼 수 있다. 해는 천을귀인으로 貴子둔다.

소용신: 묘술합에 진술충으로 묘술진이 모두 풀렸다. 병화일간이 戌중 정화에 뿌리 하니 소용신은 정화비겁이고 해묘목국인수가 희신으로 볼 수 있다.

기사년. 진술충이 있는데 다시 사해충하여 희신의 인수국은 깨어지고 지지가 모두 충으로 뒤범벅이 되었다. 진해귀문관살에 진술충이 되어 귀문관살이 항상 발동하고 다시 사해충으로 귀문관살을 충하여 정신적으로 파멸직전이다. 하나뿐인 재나 관은 충이나 합이 되면 흉한데 하나뿐인 해수관이 충당하여 진법무민으로 불길하다. 더 보탠다면 운간의 기는 기신의 상관이고 사는 해를 충하여 해중 갑이 튀어나와 시간 기를 합거 하였다. 기신을 합거 하여 좋으나 운간(運干) 己는 그대로 남아 기신의 역할을 똑똑히 하여 흉하다.

20) 壬乙丙丙　癸壬辛庚己戊丁
午丑申戌　卯寅丑子亥戌酉 7대운

정인용인격으로 대용신은 임수 정인이다.

정인격에 정인용신인 사람은 원래 사업 불가인데 사업을 한판 벌렸다가 큰 낭패를 보았다. 뒤늦게 역학계에 투신하여 노당익장하며 대단한 명성을 얻고 있다.

상관이 왕성하고 천관지축(술과 신)과 축오귀문에 형이 있어 총명하고 예리하여 역술에서 두각을 나타낼 요소가 되는데 정인이 용신이니 실력은 더욱 깊이를 더하여 금상첨화다.

소용신: 병화와 임수 중에 병화의 세력이 더 강하여 임수 정인용신이다.

62세 정해년. 년운의 천간을 한해의 전반부로 본다면 년지는 후반부로 볼 수 있다. 정해년의 전반은 용신 합하여 신통한 일이 별로 없다가 신해월에 용신이 정록을 얻어 대단한 명성을 얻었다.

21) 己戊丙己　壬辛庚己戊丁
未戌寅巳　申未午巳辰卯 4대운

여명. 무토일주가 인월에 갑병은 있어도 계수가 없어 격이 떨어지고 대용신은 인중 갑목이다.

사주가 조열하여 답답한 세월이며 지지가 전부 형이니 파란을 면할 수 없다. 대운마저 사오미 남방으로 흘러 경제적 고통이 심하였다. 상부살(未)에 가택공망(戌)이고 부성입묘(未)에 관살은 형을 당해 남편 덕은 보기 어려운 상황이다.

소용신: 인목은 천간에 목의 투출이 없다. 화토양신이 용

신이다. 양간 일주이므로 대용신인 寅중 갑목의 귀추는 항상 참고해야 한다.

49세 정사년 경술월(신미대운). 남편이 교통사고로 사망. 술미형에 대운이 다시 형하고 인사형에 년운이 다시 인목 관살(남편)을 형하여 남편사망. 사주의 형에다 대운과 년운의 형이 겹쳐 재형(再刑)이 중첩하면 흉사는 피할 수 없다

22) 己己辛乙　丁丙乙甲癸壬
　　巳巳巳未　亥戌酉申未午 10대운

여명. 사주가 조열하고 상관견관이다. 조열하니 재난이 많고(多災) 상관견관이니 화(禍)가 백 가지로 일어난다. 대용신은 제살태과로 을목용신이다. 20세부터 시작하는 계미대운에서 목이 또 입묘하여 나무(남편)는 더욱 시들시들해진다.

소용신: 천간은 모두 뿌리가 있는데 을목관살이 심하게 제제를 당하여 제살태과로 을목용신이다.

27세 신유년. 식상이 기승을 부려 관살이 당한다. 喪夫..

23) 甲甲戊庚　甲癸壬辛庚己
　　子子子戌　午巳辰卯寅丑

경찰총경. 인수신왕으로 대용신은 무토편재이고 경금이

희신이다. 편재의 통솔, 타개력에다 편관의 호방함과 의협심등이 합해 강열한 개성의 소유자다. 재살(災殺)이 많고 재관용신이니 경찰직이 적성이다. 현처귀자.

소용신: 일시간의 갑목은 지지에 뿌리가 없어 용신에서 제외하면 술에 뿌리한 무경이 남는다. 무경재관이 소용신이다.

51세 경자년(계사대운). 대운에서는 무토재를 합거했고 년운의 庚은 子에 사궁이 되어 庚 벼슬이 죽는다. 퇴직.

24) 乙癸乙乙　辛庚己戊丁丙
卯卯酉亥　卯寅丑子亥戌 5대운

여명. 편인용인격으로 대용신은 유금이다. 식상이 태왕하여 나가는 것(건강. 재물 기타)은 많고 들어오는 것(인수)은 적어 부조화가 심하고, 음팔통(陰八通)에 재살(災殺)의 충이 있어 인생은 회색으로 암울하다. 25세부터의 무자대운에서 식상 왕한 사주에 관운이 오고 자묘형으로 식상의 형기(刑氣)가 강해져 남편이 사망했다.

소용신: 유금은 묘유충으로 깨어져 용신에서 제외되고 음일간에 투출된 것은 을목뿐이니 을목식신용신이다.

28세 임인년(무자대운). 대운은 상관견관하고 자묘형을 하며, 년운은 인해합으로 용신의 뿌리를 꽁꽁 묶었다. 상부.

52세 병인년(경인대운). 역시 인해합으로 용신의 뿌리가 묶였다. 시력상실.

25) 甲丁己乙　癸甲乙丙丁戊
　　辰丑丑巳　未申酉戌亥子 4대운

식신용인격으로 대용신은 갑목 인수다.

한겨울에 병화 태양이 있고 갑목정인에 벽갑인정(劈甲引丁)할 경금도 巳중에 있어 그런대로 괜찮은 사주다.

그러나 14세부터의 정해대운에서 사화를 충하여 태양이 꺼지고 역마를 충하여 가출했다.

소용신: 기토의 뿌리가 제일 강하여 갑목으로 소용신 한다.

16세 경신년. 경이 갑목을 벽갑인정하면 좋은데 년간의 을목에 을경합으로 빠져 김새어 버렸다. 결국 기신의 재(여자, 돈)가 설친 꼴이다. 申은 망신의 재이고 희신인 사를 사신 刑合하였다. 망신스러운 형을 당했다는 이야기다. 유아성추행이 발각 나서 가출하다.

26) 丙己壬丙　己戊丁丙乙甲癸
　　寅亥辰辰　亥戌酉申未午巳 2대운

장기영 전부총리. 진월은 양의 기운이 서서히 강해지며 병화가 투출하여 신왕하다. 재관을 용신하며 신왕관왕하다. 병화인수는 인목에 장생하고, 재는 해에 정록이며 관은 인해국을 이루어 재관인 삼기가 단단하게 짜여져 있다. 돈과 명성이 따르는 사주다. 申酉상관 운이 암초로 작용할 것 같으나 재로 통관되어 시련은 있으나 무난히 넘어간다.. 52세부터의 무술대운에서 부총리로 나라에 공헌했다.

소용신: 인해합으로 묶여 병화의 뿌리로는 미약하여 병화는 용신에서 제외한다. 임수는 인해합으로 묶였지만 진중 계수에 뿌리가 되어 임수용신이다. 목이 희신.

37세 임진년(병신대운). 대운과 신진수국이다. 조선일보 사장.

39세 갑오년(병신대운). 한국일보 창업. 오화에 뿌리한 병화인수가 살아나 겉은 화려해 보여도 기신의 인수라 창업의 고달픔이 보인다.

49세 갑진년(정유대운). 갑목정관이 일간과 합해 들어와 벼슬과 명예가 생긴다. 진은 임수의 뿌리가 된다. 임수가 진에 입묘이지만 진진자형(自刑)을 하니 입묘에서 벗어난다. 부총리.

62세 정사년. 정은 임수용신을 합거 하고, 사는 인해 합을 충하여 풀어버리니 기신의 병화는 뿌리를 얻었다. 사망

27) 丁庚壬丁　乙丙丁戊己庚辛
亥戌子巳　巳午未申酉戌亥 9대운

정일권 전 국무총리. 경금이 子월생이면 먼저 조후로서

병화가 필요하고 정화로서 단련하며 갑목이 목생화 해주어야 상격인데 이 사주에는 모두가 들어있다. 관이 중첩됐지만 하나가 제거되어 더욱 아름답다. 술토 편인이 대용신으로 화토금운이 좋은데 평생을 화토금운으로 흘러 길명이다.

소용신: 일간이 아닌 년월간의 천간합은 합화되지 않는 이상 용신에서 제외되니 정임합은 빼버린다. 해자수는 천간에 水의 투출이 없어 역시 용신에서 제외된다. 소용신은 어디까지나 천간에서 잡는 것을 우선한다. 경금일주와 정화의 세력을 비교하면 경금이 더 강하여 정화를 용신한다.

48세 갑진년. 정화가 갑목을 만나 더욱 활활 타오르고 진은 일지 술을 충하여 튀어나온 을목재가 일간과 합한다. 국무총리의 직책을 얻고 돈과 여자 사이를 헤엄친다. 술토 대용신을 충하여도 붕충이라 토는 남고 을목재를 챙겼으니 손해 가는 형이 아니다.

57세 계축년. 정화관 용신에 계수상관은 분명 기신인데 축술형으로 튀어나온 무토가 기신의 운간(運干)을 합거 하였다. 흉이 변해 吉로 변하는 한해다. 국회의장.

28) 戊甲乙戊　辛庚己戊丁丙
　　辰戌丑辰　未午巳辰卯寅 7대운

가종재로 토가 대용신이다. 토를 도와주는 화기가 없음이 아쉽다. 알찬 자영업자의 집안에서 태어나 어려움 없이 성장했다. 초년 병인, 정묘대운은 화기를 보강시키는 것은 바람직하나 인묘목이 종격을 방해하여 좋은 운은 못된다. 겨울에 축진 급각살에 형이 있어 뼈 다치는 것은 조심해야 한다.

소용신: 토용신 火희신이다.

16세 계미년(기미월). 계는 용신 무토합거하여 흉하고 미는 급각살에 축출미삼형을 했다. 축술미삼형으로 튀어나온 지장간에 하나남아 있던 무토도 합거되어 대흉하다. 다리가 부러져 심하게 고생했다.

19세 병술년(정묘대운). 고등학교 3학년으로 바라고 있든 대입시험에 실패했다. 술이 진술충, 축술형하여 튀쳐나온 두 개의 계수가 용신 무토를 모두 합거하고, 희신의 운간 병화는 튀쳐나온 辛금에 묶여 용신과 희신이 모두 힘을 쓸 수가 없었다.

29) 癸庚壬己　戊丁丙乙甲癸
未午申未　寅丑子亥戌酉 3대운

여명. 건록격에 인수와 식상이 왕하고 대용신은 오화정관이다.

건록이니 딸 네명 중에 장녀다. 13세부터 갑술대운은 기신인수 제거하고 오술화국하여 좋은 환경에서 순조롭게 성장하고 공부도 잘하였다.

소용신: 오화는 천간에 화의 투출이 없어 용신에서 제외한다. 음일간은 자기는 그냥 두고 투출한 비겁으로 세력을 논한다면 양일간은 자기 스스로 뿌리가 얼마나 강하냐의 여부로서 세력을 논한다.

경금은 득령하여 강하고, 기토인수는 앉은 자리 미에 튼튼하게 뿌리박아 토금이 왕하여 임계식상으로 용신한다. 대용신 오화는 항상 염두에 둔다.

19세 정축년(갑술대운). 대운과 연계하면 축술미삼형하여 천간 모두가 합거되는 흉이 있지만 소용신으로 년운을 집중적으로 먼저 본다. 정축년의 정은 임수합거하여 맑아지고 축은 미를 충하여 기신의 인수 기토를 약화시켰다. 이대합격.

29세 정해년(을해대운). 정은 임을 합거 하여 식상의 혼잡 됨을 제거하고 해는 용신水의 근원이 되어 신해월에 치열한 경쟁을 뚫고 공무원 시험에 합격했다.

30세 무자년(을해대운). 무는 상관 계수를 합거하여 식상의 혼잡을 제거하고 자는 오미합을 충하여 묶여있든 오화관성이 풀려버렸다. 결혼식 올리다.

30) 庚丙乙乙　辛庚己戊丁丙
子戌酉巳　卯寅丑子亥戌 3대운

여명. 편재용겁격으로 대용신은 술중정화 비겁이다. 재다신약으로 왕한 재를 감당할 힘이 없고 이때까지의 운 흐름도 시원찮아 경제적 고충을 안고 산다.

33세부터 시작하는 기축대운은 사유축금국을 이루어 재다신약에 더욱 재가 왕성해져 일생일대의 위기다.

소용신: 子수는 수의 투출이 없고 을 목은 지지에 뿌리가 없다. 술중 비겁용신이다.

36세 경진년(기축대운). 대운이 사유축으로 기신의 금이 삼합하여 대흉하다. 경진년은 병술 백호을 충하여 혈광(血光)이 생긴다. 진술충으로 튀어나온 을목이 기신의 시간 경금을 합거하나 운간 경금이 남아 있어 도움 되는바가 없다. 대소운에서 기신의 금이 설쳐 장궤양으로 대수술하였다.

31) 辛壬己戊　癸甲乙丙丁戊
丑子未子　丑寅卯辰巳午 7대운

여명. 양인이 두 개나 되고 신왕하여 대용신은 무기관살용신이다. 신왕관왕하여 부귀가 가능하나 37세부터 시작하는 을묘갑인대운은 관 용신에 기신의 상관 운이 되어 부부는 이별하고 크고 작은 재난이 연결되었다. 57세부터의 계축대운은 용신의 뿌리 미토를 충하여 생활은 수렁에 빠진듯 더욱 힘들어 졌다.

소용신: 자축합으로 辛금은 뿌리가 약해져 용신에서 제외

한다. 일간임수는 자수 하나 있고 무기 토 관살은 득령으로 왕하여 자수 양인용신이다.

59세 병술년,계축월(계축대운). 병화는 힘없는 신금을 합거하여 영향이 없고, 戌은 사주의 未, 대운의 丑과 백호로서 축술미삼형으로 토가 성내며 출렁거리니 子수는 흔적도 없이 당한다. 자궁암수술. 계축월은 용신인 자수양인을 합하니 불길하다.

32) 乙壬辛辛　癸甲乙丙丁戊己庚
巳戌丑巳　巳午未申酉戌亥子 1대운

이건희 삼성회장. 정인용재격으로 대용신은 巳화 편재다.

년월에 재관인 모두 있어 자라난 환경은 삼성이라는 로얄 패밀리다. 그리고 정인이 강하여 부모 사랑과 반듯한 교육을 풍부하게 받았음을 알 수 있다.

사화는 편재이며 천을귀인이므로 부친 이병철 창업주가 본인에게 귀인이며, 인생과 경영의 선생님이다.

신왕하여 겉으로는 표가 안 나지만 귀문에 형이 있어 섬세하고 예민한 일면이 있을 것이다. 임술괴강에다 편재용신이니 통솔과 타개력 개척력이 왕성하여 창조경영으로 거대한 기업을 이끌어간다.

소용신: 지지의 화토는 천간에 투출이 없어 용신에서 제외하고, 을목은 지지에 뿌리가 없어 역시 제외한다. 남은 것은

신금과 임수로서 금수용신이다.

64세 갑신년(갑오대운). 갑은 지지에 목이 없어 영향이 없고, 신은 년지와 시지에 사신형을 한다. 지지가 전부 형살로 뒤 덥혔다. 폐암수술.

67세 정해년(갑오대운). 정은 일간 합하여 돈이 오는 듯 하나 기신 일 뿐이고 지지가 전부 축술 형과 사해충으로 엉키어 버렸다. 충형으로 튀어나온 경병병이 사주 천간의 을신신을 합해서 일주까지 포함하여 천간 모두를 꽁꽁 묶어버렸다. 김용철이라는 사람으로 인해 삼성특검을 받으며 기업존망의 위기에 봉착했다.

68세 무자년(갑오대운). 자는 금수용신의 뿌리인 월지 축과 합하여 묶어 놓아 흉하다. 삼성그룹 회장 자리에서 물러나다. 대용신인 巳화가 亥子수에 상한다고도 볼 수가 있을 것이다.

33) 己丁辛壬　丁丙乙甲癸壬
　　酉巳亥寅　巳辰卯寅丑子 8대운

정관용인격. 대용신은 인중 갑목이다. 28세부터 갑인을 묘로서 용신의 대길운이 연결되어 자영업을 하며 돈을 벌었다. 정관과 정인은 년주에 멀리 있으나 일주의 좌우에 식신과 재, 그리고 사유재국의 유혹이 너무 강하여 일찍이 자영의 길로 접어들었다. 일지 가택궁에 상처살과 공망이

들고 충을 당하여 본처와 이별하고 딸만 하나 있다.

소용신: 사해충이나 인해합을 하니 다시 사유반합(半合)이 되었다. 인목은 천간에 목의 투출이 없어 용신에서 제외하고 임수는 지지의 뿌리 해수가 인해합으로 묶여 제외한다. 사와 유에 뿌리 한 기토와 신금이 용신이다.

46세 정해년(을묘대운). 인해합에 다시 합이 오니 합이 풀린다. 합이 풀리니까 사정없이 사해충을 한다. 충으로 튀어나온 병임갑이 사주 천간의 신정기를 합거하고 운간의 정은 임을 합거하여 천간 모두가 꽁꽁 묶였다. 자식 관살이 역마 충을 당하여 임자월 신묘일에 하나뿐인 딸이 교통사고로 사망했다.

34) 甲己癸壬　丁戊己庚辛壬
　　子丑卯申　酉戌亥子丑寅 3대운

여명. 앞 사주의 딸. 정관용겁격으로 대용신은 축토 비견이다. 부모가 이혼하여 아버지가 키웠다. 어머니 인수 火가 희신이나 사주에 없어 어머니와 인연이 박함을 알 수가 있다. 재살이 태왕하여 일찍 죽지 않으면 빈천하게 산다(非夭則賤)는 경우에 해당한다. 13세 부터의 신축대운은 식상이니 나름대로의 반항시기가 되어 여러 번 가출을 하였다고 한다.

소용신: 자축은 합이 되어 용신에서 제외하고 申금은 천간에 금의 투출이 없어 역시 제외한다. 임계수에 생을 받는 갑목정관을 용신한다.

16세 정해년 . 정은 임수합거하여 혼탁한 재를 정리하여 좋으나 해는 해자축으로 합해 거대한 물바다가 되었다. 갑목은 물에 떠있는 나무(浮木)가 되어 정처 없이 떠돌아다닌다. 임자월. 새벽녘에 교통사고로 사망했다. 사주가 재살태왕 등으로 허약할 때는 대용신이 상하여도 치명적인 결과가 온다. 이 경우에 대용신은 丑인데 해자축으로 합세하여 물로 변하였으니 대용신은 흔적도 없이 사라진다.

35) 甲甲庚戊　丁丙乙甲癸壬辛
戊申申子　卯寅丑子亥戌酉 4대운

살인상생격으로 대용신은 子수 인수다. 편관과 편재의 조합은 원래 강열한 키리스마의 소유자이지만 이 사주는 신약하여 권위적인 요소는 있어도 얌전한 성품이다. 54세부터 병인 식상대운이 시작하자 은행지점장에서 퇴직했다. 아들은 한의사이고. 딸은 미학과를 졸업하고 그 계통에 종사하고 있다. 현명한 처와 똑똑한 자식들이다.

소용신: 두개의 갑목은 지지에 뿌리가 없어 용신에서 제외하고, 자수는 천간에 수의 투출이 없어 제외한다. 경금이 용신이고 무토가 희신이다.

55세 임오년 계축월(병인대운). 위암수술을 받았다. 대운은 인신충, 년운은 자오충, 월운은 축술형이다. 형(刑)을 받는 한해라고 볼 수가 있다. 자오충으로 튀어나온 지장간 계수에 희신 무토가 사라진다. 양간 일주이니 대용신 자수가 상하는 것 역시 좋은 것이 못된다.

56세 계미년: 계수는 희신 무토합거 하고 미는 술미형하여 튀어나온 을목은 경금용신을 합거했다. 희신, 용신이 모두 꽁꽁 묶여 무기력하다. 투병생활로 악전고투한 한해다.

57세 갑신년.58세 을유년: 갑을목은 뿌리가 없어 별 영향이 없고 신유금은 용신의 단단한 뿌리가 되어 암은 병원에서 99% 완치되었다는 판정을 받았고 주식투자에서도 대박을 터트렸다.

36) 己癸乙丁　戊己庚辛壬癸甲
　　未巳巳亥　戊亥子丑寅卯辰 3대운

해수가 연달아 巳로부터 충을 당해 뿌리가 뽑혀버렸다. 종세격으로 정화 편재 용신이며 목과 토가 희신 이다. 자영업을 하면서 적지 않은 재산도 모았는데 사화가 천을귀인이고 희신 이어서 장가가고 나서부터 재산이 늘었다. 서예는 작가 수준에 올랐고 역학에도 조예가 깊은데 종격에서 기신의 인수가 투출하지 않았기 때문에 학예에 조예가 깊은 것이다. 그리고 역마가 많고 역마충이어서 시간만 나면 산으로 가서 천지의 기운을 자기 것으로 만든다.

소용신: 종세격.

60세 병술년 경인월(기해대운). 대운에서 사화(처)를 다시 충하고, 년운은 술미형, 사술귀문, 월운은 인사형이다. 지지의 싸움은 불과 같이 위급하다(地戰急如火)라 하였는데 병술년 경인월은 온통 지뢰밭이다. 운간(運干) 병은 정재이며 희신이나 술미형에서 튀어나온 신금에 묶였으니 오히려 흉으로 바뀌었다. 상처(喪妻)하다.

61세 정해년. 사주가 사해충인데 대운과 년운에서 연달아 충을 한다. 돈 깨어지는 한해다. 처의 이름으로 되어 있는 부동산 등을 정리과정에서 거액의 세금 폭탄을 맞았다.

사해충에서 튀어나온 갑목이 기토편관을 합거하여 자식하는 일도 마음에 안 들어 속을 끓인다. 그러나 그 와중에서도 서예대상을 받았다(정미월). 충에서 튀어나온 무토정관, 명성이 일주와 합했기 때문이다. 또 하나 다행인 것은 사주 천간은 모두 묶였지만 희신의 운간 정화재가 살아남아 숨 쉴 수 있는 공간이 만들어졌다는 점이다. 형과 충으로 튀어나온 지장간은 사주의 천간과 먼저 합을 하고 합의 대상이 없을 때는 마지막으로 운간과 합한다. 이 사주에서는 사해충으로 튀어 나온 임수는 년간의 정화와 합한 때문에 희신의 정화 운간이 살아남은 것이다.

37) 庚庚丙戊　壬辛庚己戊丁
　　辰午辰子　戌酉申未午巳 7대운

편인용살격으로 대용신은 병화 칠살 이다. 기계설비업체의 사장을 지냈다. 사주에 재가 뚜렷했다면 오우너 사장을 했겠지만 재가 시원찮아 월급 받는 사장에서 그쳤고, 47세부터 시작하는 신유대운에서 병신 합으로 자기의 자리는 위태로워지기 시작했다.

소용신: 경금은 뿌리가 없고 자수는 천간의 투출이 없어 용신에서 제외한다. 무토인수가 진진으로 강하여 병화 칠살을 용신한다.

53세 경진년(신유대운). 경금 비견, 진토인수가 모두 기신이다. 기신의 비견인수는 오우너의 마음이 돌아서고 경쟁자가 생겼음을 의미한다. 퇴직하다.

38) 乙甲己丙　癸甲乙丙丁戊
亥申亥申　巳午未申酉戌 2대운

여명. 편인용살격. 대용신은 申중 경금칠살이고 토가 희신이다. 부모 복이 없으며 장녀로서 일찍부터 가장 노릇하였고 친정일로 고심은 있다. 남편에 내조는 잘하지만 활동적이고 고집이 세어서 가끔 불화가 생긴다.

소용신: 申금은 금의 투출이 없고 己丙은 지지에 뿌리가 없어 용신에서 제외한다. 갑을목 일행(一行)이 용신.
양일간이니 대용신 신금은 예의주시한다.

51세 병술년(갑오대운). 뿌리 없든 기신의 재 己토가 생을 받고 뿌리를 얻었다. 돈이 골병든다. 빚보증을 잘못서는 바람에 망쪼가 든 한해다.

39) 甲辛癸庚　丁戊己庚辛壬
午丑未申　丑寅卯辰巳午 7대운

여명. 인비(印比)로 신왕하여 시상일위귀격(時上一位貴格)이며 대용신은 오화 칠살이다. 알뜰하게 재산을 늘려온 자영업자의 딸로 고대를 졸업하고 신사대운에서 미국에 어학연수를 몇 년간 하고 왔다. 일지 가택궁이 공망이고 충이어서 온전한 부부생활은 힘들 것 같다.축미 충에 축오 원진 귀문이 있어 겉으로 활달하나 속으로는 예민한 일면이 있다.

소용신: 오화는 화의 투출이 없고, 갑목은 축미 충으로 지지에 뿌리가 없어 용신에서 제외한다. 금수용신이다.

28세 정해년 임자월. 정은 기신이어서 전반부는 힘들었고, 해년 임자월은 사주의 축과 해자축 방합을 이루어 금수용신에 대길하다. 외교관 통역사 시험에 합격하다.

40) 己壬庚甲　丁丙乙甲癸壬辛
酉子午戌　丑子亥戌酉申未 10대운

정관용인격으로 대용신은 경금 편인이다. 일주는 충이고

경금은 살지에 앉아 사주의 단결력이 허약하다. 40세부터 시작하는 갑술대운과 그 다음의 을해대운도 시원치 않아 초등학교 평교사로 평생을 지냈다. 귀문에 충이 있고 수기가 약하여 심한 조루증이 있었다.

소용신: 소용신을 찾을 때 육충은 반합으로는 풀리지 않는다. 갑은 지지에 뿌리 없어 제외하고 기토와 경금 중에 어느 것이 더 강한가 살펴본다. 경의 뿌리는 유금과 술토이며, 기토는 오월에 득령이나 충으로 허약해지고 술토는 저 멀리 년지에 있다. 시지의 유금이 가까이서 온전하게 힘을 발휘하니 경금 인수가 더 강하여 기토관이 소용신이다.

54세 정묘년(을해대운). 정은 일간과 합으로 무난하나 묘는 술토를 묘술 합하여 용신의 뿌리가 무력화되고 자묘형까지 보태어졌다. 대형 교통사고를 당하여 후유증이 평생을 따라다녔다.

70세 계미년(계미월). 계는 기신이고, 미는 년지의 술과 대운의 축을 만나 축술미삼형을 한다. 대장암 수술하다. 암은 재난이며 재난은 형충과 함께 온다. 미가 오미합하여 기신의 자수 양인이 살아나는 것도 문제다.

74세 정해년.계축월.(정축대운). 년간 갑목은 해에 장생을 얻어 갑경충하고 기토관을 압박한다. 그리고 사주, 대운, 년운이 해자축방합으로 거대한 물이 되어 근토 미약한 제방은 흔적도 없이 사라진다. 사망.

41) 丙乙戊壬　甲癸壬辛庚己
戊未申辰　寅丑子亥戌酉 8대운

정인용인격으로 대용신은 임수 인수다. 철학관 간판을 붙이고 있지만 반쯤은 무당박수이고 반쯤은 스님인 얼치기 술사다. 정인용신하면 학문이 심오한 경지에 도달할 것인데 그렇지 못한 것은 무토재가 중간에서 가로막아 일주와 연결이 안 되기 때문이다. 평생 돈과 여자로 마(魔)가 끼이는 형국이다. 재는 백호에 형이 있어 부부해로 못하고 급각살에 형이니 다리를 전다. 병화상관이 힘이 있어 입심이 보통이 아니다.

소용신: 화토가 강하여 임수인수 용신이다.

50세 신사년(계축대운). 대운과는 축술미삼형하고 년운과는 사신형을 하여 지지가 온통 형으로 변했다. 사신형합을 하면서 임수용신의 뿌리가 상하여 무력화 된 것이 결정적이다. 위암수술.

53세 계미년, 을축월(갑인대운). 대운과는 인신충하고 미는 술미형에 다시 형하면서 축월과 축술미삼형이다. 사망. 지지 모두가 형충이며 재형(再刑)과 삼형으로 튀어나온 지장간 정화에 용신 임수는 합거되어 대흉하다. 형충이 중첩되면 항상 위험한 고비로 안내받는다.

42) 丁庚壬戊　甲乙丙丁戊己庚辛
亥申戌戌　寅卯辰巳午未申酉

박순천여사. 편인용관격으로 대용신은 정화관이다. 임수식신이 정화관을 위협하나 무토가 견제하니 정화관이 제대로 살아 년시상관성격(年時上官星格)으로 귀격을 이루었다. 목화운이 대길인데 평생을 목화운으로 대통했다. 술해천관(天關)과 申지축(地軸)이 있어 예지력이 뛰어나고, 년월 화개로 종교적인 분위기에서 성장하였을 것이다. 일주가 강하여 소신과 주관이 확고하고 정관용신으로 위엄과 책임감이 강하여 지도자로서 일국의 정치 발전에 큰 도움을 주었다.

소용신: 정화 관.

1946년 49세 병술년(정사대운). 용신의 화운이다. 애국부인회를 결성하여 부회장으로 선출되다.

1950년 53세 경인년(정사대운). 대한부인회 회장으로 있을 때 6.25사변이 터졌다. 북한에서 볼 때는 요주의 인물인데 미쳐 피난가지 못하고 서울에서 숨어 지내며 생불여사(生不如死. 살아있어도 죽은 것과 마찬가지)로 심한 고생을 하였다. 사주, 대운, 년운이 인사신삼형을 하였고 형충으로 튀어나온 임수가 용신 정화를 합거하였기 때문이다.

43) 己乙癸癸　丙丁戊己庚辛壬
卯亥亥丑　辰巳午未申酉戌 9대운

편인용재격으로 대용신은 기토편재다. 만약 무인시라면 무토는 아름다운 꽃에 좋은 화병(鮮花名瓶)으로 을목을 도우고 인시에 조후도 되어 한결 나았을 것이다. 이 사주는 음팔통으로 조용하고, 한습하여 인생에 막힘이 많다. 인수가 왕하고 재가 약하여 어머니가 집안을 이끌었고 기신의 왕한 인수로 나무는 뿌리내리지 못하고 떠있는 형국이라 말글을 배워도 됫박 글조차 제대로 써먹지 못한다. 36세 무자년 현제까지 직장이 없고 결혼도 못했다. 39세부터 시작하는 기미대운부터 화토운이 시작하니 그때 가서야 그의 인생에 밝은 햇살이 비추기 시작할 것 같지만 해묘미목국으로 변하니 허망스럽다.

소용신: 기토는 축에 뿌리하나 축은 계축, 계해로 해자축 방합(계를 子수로 본다면)을 한 것과 같아 뿌리로서 역할을 상실하여 수목용신이다.

25세 정축년(신유대운). 정은 기신의 기토를 생하고 축은 기토의 뿌리가 되어 흉하다. 겨울에 축은 급각살인데 다시 축이 와서 급각살이 활개 친다. 오토바이 타다가 오른팔 불구가 되다. 대운과 묘유충도 사고의 원인제공을 한다.

44) 壬辛辛戊　戊丁丙乙甲癸壬
　　辰巳酉申　辰卯寅丑子亥戌 10대운

건록용상관격으로 대용신은 임수상관이다. 임수상관이

辛금 주옥을 씻어주어(淘洗珠玉) 총명하다. 사주에 목이 없는데 납음오행으로 목(신유)이 보강되어 사주가 내용적으로 더욱 알차게 되었다.

건록격에 식상용신인 사람은 건강하고 강직하며 독학을 해서라도 대학이상은 졸업하여 가문을 빛내고 큰 재복은 없어도 돈 떨어지는 법은 없다. 이 사람도 고대를 나오고 회사 근무하면서 석사과정을 마쳤다. 20세부터 계해로 시작하여 북방 수운이 계속 연결되어 길하다.

무토편인이 용신의 병인데 어머니의 과도한 기대와 보호가 오히려 본인의 짐이 되었다고 볼 수가 있다.

소용신: 임수상관.

20세 정묘년. 고려대 합격. 임수용신합거하고 묘유충이니 서울대 갈 수 있다고 기대했다가 고려대로 낮추었다. 임자월 용신의 월운에서 합격.

25세 임신년; 대운과 년운이 모두 용신의 수운이다. 고시보다 어렵다든 사대 일간지의 기자로 취직했다.

45) 甲庚辛戊　甲乙丙丁戊己庚
申午酉寅　寅卯辰巳午未申 9대운

여명. 양인용관격으로 대용신은 午화 관이다. 장녀로서 일찍부터 가장노릇 하였고 신왕하고 관 용신이어서 주체의식이 강하고 주관이 뚜렷하여도 자기단련과 수양으로 매사

언행에 지나침이 없다. 남편이 사업을 시작하자 성공가도를 달려 부자 반열에 올랐고 대운도 화운을 만나 무엇 하나 부족함이 없었다. 그러나 40초반에 남편을 잃어버리는 하늘이 무너지는 듯한 아픔을 겪었고, 홀로 힘들게 자영업을 하면서 4자녀 모두 대학공부 시키며 노후의 생활자금도 든든하게 만들어 놓았다. 인생에 시련이 닥쳐도 양인과 정록으로 신왕하니 임전무퇴(臨戰無退)로 물러서지 않고 과감히 정면 돌파 하여 인생찬가를 부르게 된 것이다. 비겁신금의 천을 귀인인 오화관 남편이 친정 동생들을 모두 시집 장가 보내준 것도 참고할 만하다.

소용신: 갑목 용신에 火가 희신이다.

13세 경인년(경신대운). 양인과 귀록으로 신왕한데 다시 경신대운으로 금기가 태왕하니 군겁쟁재하여 재가 모두 작살나 버린다. 경인년 6.25때 기신의 운간이 다시 오고 재충을 하여 부모님이 돌아가시고 이후 고모님 슬하에서 성장하다.

42세 기미년(정사대운). 기는 갑목용신을 합거하고 미는 오화 희신을 합거했다. 사주, 대운, 년운이 사오미화국으로 대길로 볼 수 있겠지만 대운의 사는 인사형하고 사신형 하느라 방합에 집중을 못하는 입장이다. 그 틈에 희신 오화는 미에 합거 되고 만 것이다. 상부(喪夫).

71세 무자년(갑인대운). 대운이 대길하여 좋으나 년운에서 자오충으로 희신 오화가 상했다. 충으로 튀어나온 지장간 기토에 갑목용신이 합거 되어 흉한데, 子는 상관으로 자식이니 자식의 사업이 제대로 풀리지 않아 근심이 떠나지 않는다.

72세 기축년(갑인대운). 기는 갑목용신 합거하고 축은 酉丑반합하며 양인격에 비겁이 태왕하여 경제적으로 궁핍을 느끼고 자식 걱정까지 겹쳐 심한 우울증을 겪었다. 丑午귀문살이 작용하였기 때문이다.

46) 庚丁甲乙　戊己庚辛壬癸
　　子酉申巳　寅卯辰巳午未 1대운

정재용인격으로 대용신은 갑목인수이고 화가 희신이다. 상대 경영학과를 졸업했지만 역사 의식이 대단하여 우리나라의 역사적인 유적지에 대한 탐방과 지식은 빠짐이 없고 소홀하지 않다.

재가 사신형하여 부친을 일찍 사별하고 경금재가 사궁에 앉아 주위에는 여자가 많아도 40중반이 되어도 아직 노총각으로 있다. 사신형과 子酉귀문이 있어 결코 온순하고 평범한 성격은 아니며 한번 성질내면 그 성깔은 주위를 온통 주눅 들게 한다.

소용신: 갑을 목은 지지에 뿌리가 없고 음일간에 남아 있는 경금이 용신이다.

15세 기미년(임오대운). 사주와 대운과 년 운이 사오미 화국이 되어 용신의 편재, 부친이 극을 당하였다. 부친사별.

34세 무인년(경진대운). 사주와 인사신삼형으로 신금재가 상했다. 대학 졸업 후 무역회사에 근무하다가 창업을 하였는데 몇 년 못가 무인년에 공장 문을 내렸다.

43세 정해년(기묘대운). 생활방편으로 길거리에서 작은 천막 쳐놓고 노점 장사를 했는데 이것이 의외로 활성화되어 노점체인 사장으로 몸이 바뀌었고, 한 달에 천만원정도 수입은 우습게 여길 정도가 되었다. 해는 사신형합을 충하여 풀어 재가 활성화되고 또한 튀어나온 지장간 임수에 기신의 운간 정화을 합거하여 대길하다. 경금용신이 酉에다 다시 신과 사에 튼튼하게 뿌리박았기 때문에 경제적 상황이 극적으로 변화 된 것이다.

47) 丁癸丁甲　甲癸壬辛庚己戊
　　巳巳卯申　戌酉申未午巳辰 2대운

계수는 음간인데 인수 신금은 멀리 있고 목화에 둘러싸여 종재격이다. 화가 대용신이고 목이 희신이다. 서울대 건축공학과를 졸업한 건축설계사다. 건축계통의 황금시기인 70~80년대에 큰돈을 벌었다. 그러나 80년대 후반, 42세부터 시작하는 임신대운에서 호텔업을 하고자 거창하게 벌렸으나 무언가 일이 틀어져 파산하였다. 종재격에 파격의 운이 닥친 때문이다. 그 뒤부터 생활방편으로 건축설계일은 계속하면서 풍수지리, 기문학, 선도(仙道) 등에 깊이 심취하여 지금은 그 분야에서 일가를 이루고 있다. 임신, 계유의 20년 악운은 지나고 62세부터 갑술대운을 맞아 지금은 새로이 창공을 날려고 준비 중이다. 다만 묘신귀문에다 사술귀문으로 지지 전부가 귀문으로 뒤범벅이 되어 매일 한 병씩 즐기는 소주를 끊기는 힘들 것 같다.

소용신: 申금은 금의 투출이 없어 용신에서 제외하니 화용신이고 목은 희신이다.

63세 병술년. 용신의 화운이니 본인 스스로가 몸 전체에서 활기가 넘치고 새로운 인생을 그림 그리기에 바빴다. 그러나 잡힐 듯 잡힐 듯한 일들이 끝내 잡히지 않아 허탈해지고 만 한해였다. 왜 그런가? 병은 용신이니 돈은 오는 형국이지만 술은 묘술합하여 희신을 꽁꽁 묶었기 때문이다.

64세 정해년. 정은 용신이지만 해는 용신의 뿌리인 사화를 충했다. 역마 충이니 바쁘게 설치고 다녔지만 용신을 때렸으니 실속이 없었다. 해수가 사화를 연달아 충하여 튀어나온 임은 정화 용신을 합거 하였으나 운간의 정화는 살아남아 병술년 보다는 안정세를 유지했다. 세월이 좋아서가 아니고 마음에 욕심을 버리고서 얻은 안정감일거다.

48) 壬辛辛乙　乙丙丁戊己庚
辰卯巳酉　亥子丑寅卯辰 6대운

상관생재격으로 대용신은 을목편재이고 임수는 희신이다. 을목이 옆과 아래에서 협공당하고 있는 것이 흠이다. 의류사업의 사장이다. 상관이 유기하여 패션 감각이 뛰어나 시장에 내어 놓은 제품들이 불티나게 팔렸다. 부자소리 듣다가 56세의 을해대운부터 브레이크가 걸려 서서히 하향세로 접어들었고, 만든 물건마다 반품이 들어와서 많은 재산을 까먹고 근래(환갑 지나)에 실업자로 놀고 있다. 해는 을목용신의 사궁이고, 사해충하여 튀어 나온 경금이 을목용신을 합거하여 경제가 죽어간 것이다.

소용신: 사유에 뿌리 한 비견이 강하여 상관과 재를 희용신 한다.

63세 정해년. 정은임수 합거하여 흉하고, 해는 을목용신의 사궁이다. 사해충으로 튀어나온 경금은 을목을 합거하여 희신, 용신이 모두 허수아비가 되었다.

마지막 밑천으로 남겨 놓았던 일억 가까운 알짜 돈을 주식투자를 잘못하여 홀랑 날려버렸다.

49) 丙庚癸壬　辛庚己戊丁丙乙甲
戊寅丑子　酉申未午巳辰卯寅 9대운

닉슨 前 미대통령. 상관용살격으로 대용신은 병화칠살이다. 경금이 축월에는 한랭하여 먼저 병화 태양으로 조후가 필요하고 그 다음 정화로서 단련해야 하며 갑목으로 정화

불이 활활 타게 만들어야 하는데 이 사주가 여기에 부합하여 상격이다. 년월에 기신의 상관이 왕하여 한미한 집안에서 자수성가하였음을 알 수가 있다. 상관격에 관살용신은 뱃장이 좋으며 성격에 모가 있고 모사를 좋아하여 상대하기가 까다롭다. 금전보다는 명예에 집착한다. 대운이 평생 동남방으로 흘러 지속적으로 출세의 계단을 올라갔고 대통령의 자리까지 이르렀다.

소용신: 임계수는 자축합으로 뿌리가 약하여 용신에서 제외하고 병화와 일간 경금 중에서 병화 칠살이 더 강하여 술중 무토를 용신 한다. 토금이 희용신이다.

34세 을유년(병진대운). 경금 일주가 양인이라는 큰 힘을 얻었다. 하원의원 당선.

42세 계사년(정사대운). 사는 경금 일주의 장생이고 대운과 년운에서 인목을 이중으로 형한다. 기신의 인목이 형당하여 별탈은 없지만 이중으로 형 당하는 것은 바람직하지 못하다.. 그러나 정사대운이 대길하여 약간의 장애는 그냥 이겨나간다. 아이젠하워의 런닝 메이트로 부통령.

49세 경자년 (무오대운). 경금 일주가 子에 사궁이고 자축육합이 다시 합으로 풀려 기신 임계수가 활개 친다. 대선에서 케네디에 패배.

57세 무신년(무오대운). 무토가 계수 합거하고 인신충한다. 경금 일주는 정록을 얻고 인신충으로 병화 기신의 뿌리를 잘라버린다. 대통령 당선. 무신은 인수와 비견으로 적극적으로 일주를 보강하니 주위에 인재가 넘친다.

63세 갑인년(기미대운). 병화 기신이 寅에 장생을 얻는다. 워터게이트 사건으로 대통령직 중도에서 사임. 기신의 칠살이 더욱 강한 힘을 얻어 엄습하였으니 온갖 구설 관재에 휘말린 것이다.

50) 丁己辛辛　丁丙乙甲癸壬
卯未丑亥　未午巳辰卯寅 3대운

여명. 식신용인격으로 대용신은 정화 편인이다. 술해와 축인이 있으면 의약계통이 가능하며 해와 축, 그리고 충이 있어 약사로 근무한다. 축월에는 정화보다는 병화 태양이 조후로서 더 좋은데(大地普照) 한 시진 늦게 태어남이 아쉽다. 식신격에 인수용신은 대개 두뇌가 명석하고 심성은 야박하지 않아 음덕을 베풀며 산다. 큰 재복은 없으니 탐재(貪財)는 불가하고, 묘목관성은 공망 이며 가택궁은 충을 당하여 남편복은 불실하다.

소용신: 해묘 수목은 천간에 투출이 없고, 천간의 정화와 신금은 축미 충으로 뿌리를 잃어버렸다. 축미 충은 붕충(朋沖)이라 본기인 토기는 남지만 陰土끼리의 충이니 陽土인 진술충과 달리 토기는 많이 약화된다. 비록 음일간이지만 뿌리가 남아 있는 것은 일간 기토 뿐이다. 축미가 뿌리인 기토 일간이 용신이다. 토가 용신이고 토를 생하는 화가 희신이다.

29세 기묘년(갑진대운): 기는 무난하나 묘목관살은 년지 해수 재와 합하여 기신의 국을 이루어 용신 토를 극한다. 경제적으로 어려운 일이 생겼고 남자문제로 구설수가 생기면서 고통을 받았다.

51) 丁乙戊乙　壬癸甲乙丙丁
亥酉子丑　午未申酉戌亥 2대운

편인용재격으로 무토 정재가 대용신이고 화가 희신이다. 지지가 해자축 수국에 금생수하여 무토로서 제방을 삼는다. 을목은 해자축 겨울에는 병화를 만나야 조후가 되어 활기가 생기는데(逆生) 정화는 뿌리가 없어 역부족이다. 병술운에 결혼하여 득자하고 을유 갑신운에는 장사하면서 기복이 많았다. 계미대운은 무토 용신 합거하고 축미충으로 재의 뿌리까지 깨어져 대흉하다.

소용신: 유금은 천간에 금의 투출이 없고, 정화 무토는 지지에 뿌리가 약해(자축합) 용신에서 제외한다. 해중 갑목에 뿌리 한 을목 비견용신, 화가 희신 이다.

48세 임자년(계미대운): 자축합에 다시 자가 오니 자축합이 풀려 기신 무토재가 축에 뿌리를 내려 힘을 쓴다. 상처(喪妻)하다.

52) 乙甲壬戊　戊丁丙乙甲癸
丑戌戌子　辰卯寅丑子亥 7대운

정몽헌 전 현대건설회장. 편재용인격으로 임수편인이 대용신이다. 갑목이 술월에 토가 많을 때는 갑목이 있어야 토를 제하고 인수를 보호할 수 있는데 을목으로는 역부족이다. 민둥산에 뿌리 없는 갑목(禿山孤木)이 을목은 방해꾼에 불과하여 주위가 외롭다.

사주에 화와 금이 없는데 납음오행으로 무자는 벽력화이고, 을축은 해중금 이어서 부족한 것이 보강되어 격을 끌어올린다. 임수편인을 용신하니 교제력, 독창성 등은 뛰어나나 강한 편재에 억압받고 있는 것이 멍에 같은 결점이다.

그러나 초년 운이 계해 갑자 을축으로 북방수운이 연결되어 부모의 풍족한 사랑과 2대 경영인으로서 돈독한 경영수업을 받았을 것이다. 또한 강한 편재와 조화되어 통솔타개, 개척하는 야성(野性)도 아울러 만들어지는 과정이라고 볼 수 있다.

34세에 현대상선 사장으로 경영을 시작했다. 37세 부터의 병인대운은 뿌리 없든 갑목 일주가 정록을 얻고 병화식신이 생기니 자신감이 넘치고 과욕을 하기 쉬운 때다. 현대그룹 내에서 경영인으로서의 경력을 쌓아 올라갔다.

소용신: 갑을 목은 뿌리가 없어 용신에서 제외하고, 임수와 무토를 비교하면 무토가 훨씬 강해 갑목을 도와주는 임수를 용신한다.

34세 신유년(을축대운). 관운이면서 용신의 病인 무토를 설기시켜 약하게 하고 용신 임수를 생조 한다. 현대상선 사장.

48세 을해년(정묘대운). 신약의 일주는 장생을 얻었고, 임수용신은 정록을 얻었다. 현대그룹 부회장.

56세 계미년(정묘대운). 계수가 무토합거는 좋으나 지지가 전부 야단났다. 대운과 자묘형, 년운과는 축술미삼형이 되어 온전한 곳이 하나도 없다. 형충으로 튀어나온 정화는 임수용신을 합거 한다. 대북성금 특검을 받으면서 투신자살하다.

53) 辛庚壬丙　丙丁戊己庚辛
　　巳寅午辰　子丑寅卯辰巳 1대운

여명. 편관격에 대용신은 임수 식신이다. 오월의 더운 날씨에 조후가 시급한데 임수가 있어 다행이다. 여명이 편관격에 식상을 용신하면 머리는 좋지만 겁이 없고 고집이 세어서 평온한 결혼생활은 힘들게 된다. 관살이 인사형이 되어 가정파탄의 복병은 수시로 나타난다. 그러나 30후반부터 해자축 북방운이 오니 삭막한 가슴을 촉촉이 적셔주어 심신과 재물의 안정이 생길 것이다.

소용신: 인오사에 뿌리한 병화가 강하여 진에 뿌리 한 임수로서 식신제살 하는 용신으로 삼는다.

28세 계미년 계해월(기묘대운); 결혼하다. 계수상관은 무를 허합래 하면서 화관성을 불러오니(무계合化火)결혼을 한다. 또한 미는 오화를 합으로 제거하여 관살혼잡을 정리해 준다.

54) 辛庚庚乙　丙乙甲癸壬辛
巳子辰未　戌酉申未午巳 9대운

여명. 자진수국으로 실령, 실지하였지 토금이 왕 하여 목화를 용신한다. 을목재가 백호에다 군겁쟁재 당하여 부친덕이 없고, 가택궁은 상관으로 고난살이 자리 잡았고, 巳화 남편은 공망이니 팔자가 외롭다. 19세부터 임오대운에 관성이 오니까 결혼은 했지만 27세 신유년에 남편이 자살하여 청상과부가 되었다.

소용신: 화, 수, 토는 투출이 없어 용신에서 제외하고 년월의 을경은 합거로 제쳐놓으니 남는 것은 일시간 庚辛금이다. 금용신에 土와 水가 희신이다. 그러나 양일간이니 대용신은 끝까지 주시한다.

27세 신유년(임오대운). 금용신에 금운으로 좋은 운인데 왜 남편이 죽었는가? 유금은 재살(災殺)이니 재난이 온다는 신호는 일단 왔지만 그것이 핵심은 아니다. 다시 살펴보면 辛금은 巳에 사궁이고, 경금은 자에 사궁이다. 천간의 일시간 경신금 소용신이 모두 사궁이다. 다만 일주는 子辰으로 합되어 사궁의 발동이 유보되어 있다가 辰酉 합하면서 자가 풀리니까 일주가 사궁(死宮) 즉 죽을 곳으로 들어간 것이다. 사궁은 충이 되었거나 합이 되면 작용을 하지 않다가 충이 합으로 풀리고 합이 충으로 풀리면 작용한다. 물론 사궁의 운에서도 작용한다.

대용신의 관점에서 보면 巳화 남편은 사유금국으로 변해 남편이 사라진다.

55) 戊乙戊乙　甲癸壬辛庚己
　　寅丑寅未　申未午巳辰卯 0대운

여명. 인 월지에서 무토 투출로 정재격 이며 신왕 하여 대용신은 무토정재다. 격과 용신에 바를 正자가 두 개나 들어갔으니 이 사람은 바르고 신용이 있으며 매사에 성실하여 주어진 일을 묵묵히 수행하여 결실을 맺어 나간다. 신왕재왕으로 재복과 남편복은 있는데 40세부터 시작하는 계미대운에서 관성입묘가 되어 있는 丑가택궁을 축미충 하니 가정이 깨어지는 소리가 난다. 운간 계수가 무토용신 합거에다 남아 있는 무토 하나마져 축미충으로 튀어나온 계수에 합거 되어 없어지니 재물은 축나기 시작했다. 거기다가 미대운은 인미귀문이 되어 축미충하니 남편은 꼴 보기 싫고 스트레스는 하늘을 찌른다.

소용신: 년간의 을목 비견이 년월시지에 강하게 뿌리 하여 무토정재를 용신한다.

47세 신사 년(계미대운): 신은 편관이고 辛과 巳丑으로 금국 관살이 되어 애인이 생겼다. 대운은 축미충, 인미 귀문관살이고, 년운은 인사형이다. 형과 충으로 된 신사년은 남편에 꽉차있든 불만을 홧김에 서방질한다고 딴 사내를 만나면서 풀어버렸다. 지지 전부가 충과 형 기타 흉살로 엉켜버리면 결코 순탄하게 한해가 지나가지 않는다. 辛금은 기신 비견을 제거하여 줌으로 애인이 생긴 것을 처음에는 즐거워하여도 인사형으로 튀어나온 지장간 병화에 운간 辛이 합거되어 정욕은 싸늘히 식고 고통만 남는다.

56) 乙丙庚辛　丙乙甲癸壬辛
　　未戌寅亥　申未午巳辰卯 1대운

탈렌트 고현정. 정인격에 대용신은 경신금이다. 병화가 묘월 경칩직전이니 화기는 서서히 오르기 시작하는데 임수가 있고 경신금이 보좌해 주어 부귀격으로 入格한 사주다. 대개 여명에서 정인용재격은 시집가면 시집 발복하고 남편복이 있지만 이 사주는 해관성이 인해 합목으로 변하고, 가택궁은 술미형이니 남편 복이 시원찮아져 버렸다.

술미토식상이 희신인데 연예인이 식상과 연결이 안 되면 "끼"를 발산할 수가 없어 대성할 수가 없다. 다행히 식상이 단단하여 연예인으로서 큰 명성을 얻을 수 있는 가능성이 보인다.

소용신: 술미토는 천간의 토의 투출이 없고, 해관성은 인해 합되어 용신에서 제외한다. 병화는 일시지에 ,을목은 앉은 자리 미토에 뿌리 하여 신강한 양간 일주가 술에 뿌리 한 경신금 재를 용신한다. 토와 수가 희신이다.

25세 을해년(계사대운). 을경합거로 혼탁하던 재가 하나만 남아 맑아졌고 해는 인해 합에 다시 합으로 합이 풀려해 관살은 살아나 명성과 남자를 낚았다. 육합은 충을 해도 풀리지만 육합이 다시 와도 풀린다. 출연한 드라마가 공전의 대히트를 쳤고 양력 5월에 남들이 모두 부러워할 혼처가 생겨 결혼하다. 그러나 기신의 을목정인도 덩달아 힘을 얻었으니 吉중에 凶이 도사리고 있다.

33세 계미년 갑자월(갑오대운): 이혼. 술미형에 미상관이 다시 형하여 상관(傷官)에 독이 올랐다. 형으로 튀어나온 무토가 희신인 운간 계수정관을 합거 하여 영원히 사라지게 만들었다.

35세 을유년(갑오대운): 연예계에 다시 돌아와 왕성한 활동을 시작하다. 을은 을경합으로 재의 혼탁함을 제거하고 유는 용신금의 강력한 뿌리가 되어 용신이 활력을 얻었다.

39세 기축년 정축월(갑오대운). 사주와 축술미삼형으로 사소한 관재구설이 있었지만 희신의 상관으로서 "끼"를 한없이 발휘하고 용신 금을 생하여 평생 잊지 못할 큰 명성을 얻었다. 충으로 튀어나온 미중 을목은 월간 경을 합거하여 혼탁함을 제거하여 지장이 없다. 드라마 "선덕여왕"에서 그녀의 연기는 너무나 인상적이었다.

57) 乙乙辛辛 丁丙乙甲癸壬
酉酉丑未 未午巳辰卯寅 4대운

여명. 종살격으로 대용신은 신금 칠살이고 토가 희신이다. 빼어난 미모와 사교술을 지녔지만 남편은 공무원으로 수입은 한정되어 있는데다 자식 5명을 모두 대학공부시킨다고 허리가 휘어져 버렸다. 44세 병오부터 정미대운으로 연결되면서 용신과 상극되는 20년의 악운을 만나 타고난 미모와 재주를 화려하게 한번 피어보지 못하고 좋은 세월을 다 보내어 버렸다.

소용신: 축미충으로 뿌리를 상실한 시간 을목은 용신으로 쓸 수가 없고, 음일간(음일간 자체는 一行일 때 외에는 용신에서 제외되어 존재가 없어진다)입장에서 남은 것은 신금이니 신금용신이고 토가 희신 이다.

13세 계미년(임인대운). 재성인 축미가 다시 충을 당했다. 부친 사망.

16세 병술년(계묘대운). 대운은 묘유충하고, 년운은 백호로 축술미삼형하고 년월간 용신을 모두 합거 하다. 집안의 기둥이든 큰 오빠 사망.

78세 무자년 임술월. 자축합으로 축미충이 풀려 미가 살아났다. 일주가 미에 뿌리를 내려 從을 하지 않으니 파격이다. 영감님 사망.

58) 庚丙甲庚　庚己戊丁丙乙
寅戌申子　寅丑子亥戌酉 5대운

편재용인격으로 대용신은 갑목편인이다. 갑목용신을 바로 옆에서 경금이 극하고 있는 것이 흠이다. 양팔통에 재가 많아 사업한다고 설칠 것인데 젊어서부터(25세부터 정해대운) 해자축관운으로 인목 인수와 관인상생하여 직장생활에 충실한 것이 다행이다. 재벌회사는 아니어도 이름이 알려진 알찬 회사에서 49세 무자년 현재 이사급으로 일하고 있다.

소용신: 신과 술에 뿌리 한 년시간의 경금이 강하여 갑목편인 용신이다.

31세 경오년(정해대운). 경은 기신이지만 인오술삼합국을 이루었다. 신약에 일주를 보강하니 강력한 재와 관은 내 것이 된다. 승진하고 장가가다.

47세 병술년(기축대운). 술에 일주가 입묘하나 신약에 일주가 보강되어 이사로 승진하다. 오운육기로 병은 신과 허합하며 수를 부르고 술은 진을 허충하여 寒水를 불러온다. 허합허충하며 오는 水는 관성이니 명예이고 승진이다.

59) 乙乙辛丙　丁丙乙甲癸壬
酉巳丑子　未午巳辰卯寅 1대운

을목이 12월생으로 춥고 얼은 나무가 태양이 필요한데 병화는 병신합 되고 사중 병화는 사유축으로 합되어 기능을 상실하니 닭 쫓든 개가 지붕만 쳐다보는 격이다. 할 수 없이 인수로 용신하니 이것은 억지로 쓰는 용신이어서 평생을 궁색한 선비로 지냈다. 31세부터의 을사 병오 운에서 制殺하는 운이 비록 좋기는 하지만 일주가 극설이 뒤범벅이 되어 힘을 쓸 수가 없어 궁짜는 계속되고 가슴속에 한스러움만 차곡차곡 쌓여져갔다. 병오대운에서 자수용신을 충하여 45세 세상을 떠났다.

소용신: 자수는 천간에 수의 투출이 없고 시간 을목은 지지에 뿌리가 없으며 丙辛은 합되어 모두 용신에서 제외된다. 제일 강한 사유축 금국이 용신.

45세 경신년(병오대운): 운간 경은 시간 을목을 을경합거하고, 사신형하여 튀어나온 지장간 경금은 일간까지 합한다. 사유축 용신은 형을 당하고, 운간과 사주의 천간은 모두 합으로 꽁꽁 묶여 버렸다. 사망.

60) 乙丙辛甲　丁丙乙甲癸壬
未寅未戌　丑子亥戌酉申

미월에서 을목 투출하여 정인격이며 인수 태왕하여 신금 정재용신이다. 입추 3일전에 태어나 금수가 진기하여 신금 정재가 유기하다.

계유대운 14세에 황제의 시위가 되고 丙운 43세에 사망했다.

소용신: 인수 태왕하여 신금 정재용신이다.

14세 정해년(계유대운). 정화는 재를 극하여 불리하나 정임합으로 임수 관직을 허합래(虛合來)해 오고 해수는 인해 합하여 기신 인수의 큰 뿌리를 묶어버렸다. 황제의 시위가 되다.

43세 병진년(병자대운). 병화는 용신을 합거하고, 진은 진술충을 하여 용신의 뿌리를 깨어버렸다. 사망

61) 辛乙壬戊　戊丁丙乙甲癸
　　巳丑戌戌　辰卯寅丑子亥 4대운

죽산, 조봉암선생. 독립 운동가이며 정치가. 이승만 대통령의 정적으로 대두하자 국가보안법에 걸려 사형 당했다.

을목이 술월에 토금이 당권하여 종재격이며 편관이 희신이다. 사주는 종격으로 길하나 대운의 흐름이 수목 북동 방향으로 흘러 대붕(大鵬)이 큰 뜻을 미쳐 펼쳐보지 못하였다.

소용신: 재관살이 용신이다.

22세 기미년(갑자대운): 3.1 독립운동으로 왜경에 잡혀 일년 정도교도소 수감. 토가 희신이지만 사주의 축술형에 술미재형, 축미충으로 삼형을 당하고 충으로 튀어나온 계수가 용신 무토를 합거 했다.

53세 경인년(정묘대운): 국회의원당선. 국회부의장. 인사형으로 튀어나온 지장간 병화가 희신 신금을 병신합거 했으나 운간 경금이 남아서 당선이 가능했다. 그러나 축술형에다 인사형까지 보태어져 사주가 참혹한 형태로 변했다. 6·25라는 비극적인 전쟁이 한국 전체를 휩쓸었으니 그렇게 나타났을 것이다.

54세 임진년(무진대운): 대운에서 진술충하고 년운에서도 진술충 한다. 년운의 충에서 튀어나온 계수가 무토용신을 합거했다. 대통령선거에서 낙선.

62세 기해년(무진대운) 신미월: 국가보안법위반으로 사형 당하다. 사해충하여 튀어나온 병화와 갑목이 희신 신금을 합거하고 희신의 운간 기토를 합거했다. 신미월은 축술미삼형까지 겸하고 일주가 입묘했다.

62) 己丙己癸　癸甲乙丙丁戊
亥辰未丑　丑寅卯辰巳午 9대운

미월의 기토가 투출하여 상관격이며 대용신은 해미목 인

수다. 많은 토가 일주를 심하게 설기시키는 것이 병(病)이고 목 인수는 병을 제거하는 약(藥)이다. 5개의 상관은 사람을 모가나게 하고 구설시비를 안고 살며 경제적인 지출은 많고 수입은 적어 피곤한 인생을 살게 한다. 초년 정사, 병진운에서는 안정을 찾지 못하다가 39세부터의 을묘대운부터 20년간 가정을 이루고 옷 장사를 하면서 큰돈을 벌었다. 인수 운이 올 때 인수로 배우고 수양하면서 인격은 서서히 원숙해지며, 쓸데없이 돈 나가는 구석은 틀어막고 수입은 증대시키니 부자소리 듣게 된 것이다.

소용신: 제살태과로 계수 관 용신이고 금과 목이 희신이다

39세 신묘년: 신은 재로서 일주와 병신 합하여 노총각 장가가다. 묘는 해묘목국 하면서 기신의 식상을 제거하고 일주가 보강되어 길하다.

63) 壬丙乙戊　辛庚己戊丁丙
　　辰辰卯子　酉申未午巳辰 1대운

인수격에 대용신은 을목 정인이다. 살인상생격으로 입격은 하였으나 일주는 뿌리가 없고 격국과 용신이 같은 정인이니 두뇌는 명석하여도 잡초 같은 강인한 근성은 없다. 사업은 불가(不可)인데 본인도 회사생활을 충실하게 하여 고위 간부까지 승진하였으니 다행이다. 41세부터 경신대운은 경금이 을목을 합거하여 좋지는 않지만 뿌리 묘목은 신

자 수국으로 생을 받아 무난히 넘어갔다.

그러나 51세부터의 신유대운은 을목용신의 정록인 묘목을 충하여 위태로워 보인다.

소용신: 양간의 병화 일주는 뿌리가 없고 임수의 극과 무토의 설기가 왕하여 일주를 도와주는 인수로 용신한다.

52세 기묘년(신유대운): 기업들이 IMF로 덮쳐오는 난국을 타개하려고 명예퇴직의 칼날을 휘두를 때 회사를 나왔다. 대운에서 회사생활의 한계점에 다가섰고, 사주의 진진에 힘을 얻은 기토는 기토탁임(己土濁壬)하면서 상관견관하고 묘는 자수 관성과 자묘로 한 번 더 형을 하여 퇴직하였다. 재형(再刑)과 삼형은 항상 위험을 내포한다.

64) 癸乙辛庚　丁丙乙甲癸壬
未卯巳戌　亥戌酉申未午 대운

사월에서 경금 투출하여 정관격이며 조후로서 계수가 대용신인데 뿌리가 없어 흠이다. 21세부터의 갑신대운은 을목이 등라계갑(藤蘿繫甲)하고 계수는 申금에 뿌리 하여 좋을 듯하나 사신형을 하여 튀어나온 무토에 용신 계수가 합거 되어 지지부진한 세월의 연속이었다.

소용신: 시간의 계수는 지지에 뿌리가 없고, 지지의 화토는 천간에 투출이 없어, 용신에서 제외한다. 음일간은 인수

비견겁의 투출이 없으면 신 강약을 따질 것도 없이 일간 외에 투출된 것을 용신으로 정한다는 원칙에 따라 庚辛금 관살이 용신이다.

28세 정축년(갑신대운). 정화는 사주의 왕한 화기에 힘을 얻어 경신금 관살과 치열하게 싸우고 축은 백호대살로 축술, 축미로 재성이 형충을 한다. 대운과 년운이 모두 재가 형을 당하여 부친 사망하다. 대운의 사신형에서 튀어나온 지장간 병화에 월간 신금이, 축술미삼형에서 튀어나온 지장간 을목에 년간 경금이 합거되어 용신庚辛금이 모두 사라져버렸다.

65) 丁丙己丁　癸甲乙丙丁戊
酉申酉未　卯辰巳午未申 7대운

정재격에 재가 많아(재다신약) 정화 비겁이 대용신이다. 병화가 유월에 임수가 있고 印比가 도와줘서 격을 갖추었고, 27세부터의 병오대운을 맞아 신왕재왕이 되어 사업이 번창하였다. 그러나 을사대운에서 사는 많은 금을 보고 금으로 변하여 더욱 심한 재다신약이 되었는데 사신刑까지 하여 부도가 났다. 巳가 병화일주의 정록이니 대단한 지원군을 만난듯하여 사업을 확장하였으나 뱀 대가리 巳화는 금으로 삼합하고 사신형으로 배신하여 패망의 길을 걸었다.

소용신: 왕한 금은 천간의 투출이 없어 용신에서 제외하니

년지 미에 뿌리한 천간의 화토가 용신이다.

37세 계미년(을사대운). 부도나고 투옥되다. 대운에서는 사가 인사 형을 하고, 년운에서 계는 사주의 申에 힘을 얻어 기신의 관살역할을 똑똑히 하였다. 기신의 관살은 관재, 구설, 파재, 질병이 된다.

66) 己乙庚辛　甲乙丙丁戊己
卯未寅亥　申酉戌亥子丑 1대운

明 숭정황제(崇禎皇帝). 을목 일주가 인월 생인데 지지에 해묘미가 국을 이루었는데 천간에 경신금 관살이 투출하여 왕한 기세를 거역하니 그만 반복(反覆)이 되어버렸다(若然方局一齊來. 須是干頭無反覆. 成方干透一元神. 生地庫地皆爲福.成局干透一官星. 左邊右邊空碌碌) 어쩔 수없이 해중 임수로서 경신 금을 인화(引化)시키는 용신으로 삼으니 대운은 오로지 화살(化殺)하는 인수 운만이 좋을 뿐이다. 子운에서 황제자리에 오르고 30초반 병 운에서 사망했다.

소용신: 경신금은 뿌리가 없어 제외하고 미토에 뿌리한 기토 편재를 소용신하며 화 희신이다.

18세 무진년(무자대운). 기토용신에 무진년은 완벽하게 용신을 보좌한다. 황제즉위.

34세 갑신년(병술대운). 갑은 기토용신 합거하고 신은 인해합을 충으로 풀면서 경신금 기신 관살의 뿌리 역할을 한다. 다시 말하자면 용신은 무력화되고 기신은 날뛰게 되었다는 뜻이다. 청나라 세조(淸 世祖)에 망해 목메어 자살했다. 인미 귀문에 인신충이 되어 귀문이 발동하고 묘신귀문까지 겹쳐 살아있어도 지옥의 나락에서 헤매다가 결국 자살한 것이다.

67) 癸乙己乙　癸甲乙丙丁戊
　　未亥卯丑　酉戌亥子丑寅

단기서(段祺瑞). 을목 일주가 묘월에 해묘미 목국을 이루어 곡직인수격이다. 일행득기격(전왕격)은 일행 자체가 용신으로 대용신은 목이며, 수와 화가 희신이다.

기토가 방해가 되지만 년간의 을 목이 제어하니 별 영향이 없으나 문제는 축 중에 신금이 왕한 목에 거역하는 세력으로 숨어 있는 것이 흠이다.

소용신: 일행득기격의 소용신은 대용신과 동일하다.

39세 계묘년부터 원세계의 핵심참모로 활동하였다. 해묘미 목국하다.

47세 신해년에는 신해혁명을 진압하여 큰 공을 세우다. 해묘미 목국하다.

48세 임자년에 육군총장, 자축합하여 기신의 뿌리를 제거하다. 그 뒤 계축, 갑인, 을묘, 그리고 원세계 사망(병진)

이후 정치권력의 실세로 자리잡아갔다.

68) 壬庚丁庚　癸壬辛庚己戊
　　午午亥辰　巳辰卯寅丑子 5대운

이주일. 코메디안. 경금이 해월에 임수 투출하고 정화는 일시지 오화에 뿌리 하여 팽팽한 세력으로 대립하고 있다. 연예인의 "끼"발산은 대개 식상에서 나오는데 이 사주는 임수 식신이 강하게 자리하여 연예인으로 대성할 가능성을 보여 준다. 대용신은 신약하여 진토 인수용신이다. 45세까지의 젊은 시절은 수목 운으로 연결되어 참담한 고생을 하면서 지냈다고 한다.

소용신: 해월에 득령하고 진중 계수에 뿌리 한 임수는 일시지 오화에 뿌리 한 정화보다 강하다(일반적으로 양간의 득령은 음간의 득령보다 더 강하다.) 제살태과로 정화를 용신한다. 대용신 진토는 희신이 된다.

47세 병인년. 병화는 용신이고 인은 임수 기신의 큰 뿌리인 해수를 묶어버렸다. 거대한 파도 같은 기세로 인기몰이를 시작했다. 코메디 대상. MBC "일요일일요일 밤에" MC

48세 정묘년. KBS쇼 특급 MC. 정화는 용신이고 묘는 해묘반합하면서 정화를 생한다.

49세 무진년. 캐피탈호텔 나이트클럽사장. 임수 기신을 억눌러 버린다.

52세 신미년(임진대운) 외아들이 교통사고로 사망. 이때부터 자식을 가슴에 묻어놓고 살아가야 했으니 본인이 느끼는 최악의 흉운이다. 未년이 오와 합하여 정화 관성 용신의 뿌리가 허약해졌다.

53세 임신년(임진대운): 국회의원 당선. 용신합거 되고 기신이 힘을 얻는 시기다. 정치를 모르고 인기에 편승하여 뛰어 들었으나 정치판의 실상에 환멸을 느낀 발언을 이후에 수차례 토로하다. 국회의원(지역구가 아닌)이 된 것이 아들 사망이후 악운의 연결이었다고 볼 수 있다.

59세 임오년.무신월(계사대운): 대운에서 사해 충하여 물결에 파랑이 일고 충으로 튀어나온 임수에 정화는 합거되고 임오년에 다시 정화 합거 되며 무신월에서 기신임수는 장생을 얻었으니 정화 생명의 불은 저절로 꺼진다.

69) 丙辛辛甲　戊丁丙乙甲癸壬
　　申酉未午　寅丑子亥戌酉申 7대운

김도연(金度演). 대한민국 초대 재무부장관 겸 정치가.

미월의 조열한 시기에 오화가 보태고 병화 투출하여 뜨거우나 일지 정록과 신시로서 일주 역시 강하여 뜨거운 관살을 능히 감내할만하다. 그리고 시지 申금에는 임수가 장생하여 화기를 제거하고, 토를 윤습케 하며, 금을 생하게 함이 아름답다. 관살에 비해 일주가 약간 더 약함으로 비견 辛금을 대용신으로 정한다.

37세부터 시작하는 해자축 북방 30년에 병(病)이 되는 화기를 제거하여(제거병) 대정치가로서의 위상을 확실히 하였다.

소용신: 병화와 갑목은 지지가 오미 합으로 뿌리가 힘이 없어 용신에서 제외한다. 辛금 一行이 용신, 토와 수가 희신이다.

49세 임오년(병자대운). 조선어학회 사건으로 함흥 형무소에서 2년간 옥고. 오미합에 午년, 未년이 오니 오미합이 풀려 기신의 병화 관성이 맹위를 떨친다. 관재(官災).

55세 무자년(병자대운), 제헌국회의원 당선. 경신월 초대 재무부장관. 오미합을 충하여 합이 풀린 기신의 관살이 힘을 쓰고 운간 무토가 충으로 튀어나온 계수에 합거 되는 것이 문제가 되지만 대운의 子와 년운의 子가 연달아 기신 오화를 충극하여 무리가 없다.

61세 경자년(정축대운). 국회부의장. 대운에서 축미충하고 년운에서 자오충하여 기신의 관살 뿌리인 오미가 모두 무력해졌다.

74세 정미년(무인대운). 寅대운은 금용신이 절궁이다. 더하여 인신충으로 申중 임수를 깨트리고 화기를 더욱 강하게 하여 인생의 낙조(落照)가 짙게 드리운다. 정미년은 정화는 기신의 칠살이고 미는 오미합에 합으로 풀리면서 관살이 더욱 강해져 온몸을 얽어매었으니 어쩔 도리가 없다. 사망.

70) 癸甲戊庚　丙乙甲癸壬辛庚己
　　酉戌寅寅　戌酉申未午巳辰卯 4대운

드골 프랑스 대통령. 년월지에 정록이고 인수 있어 신왕한데 재관 역시 뿌리가 단단하여 신왕관왕하고 재관인 삼기가 잘 짜여진 부귀격이다. 신왕하면서 편재의 통솔, 타개의 능력과 편관의 호방함이 겹쳐 강력한 카리스마로 뭉친 것 같다. 드골은 "위대한 프랑스"를 외치며 외부의 세력에 휘둘리지 않는 독자적이고 강력한 국가를 만들면서 프랑스를 이끌어 갔다.

소용신: 대용신과 동일하다. 경금 칠살이 용신이고 무토 편재가 희신이다.

55세 갑신년(갑신대운) 양6월 : 2차 대전의 악몽이 끝나고 프랑스 임시정부 총리. 대운과 년운과 사주가 신유술 서방금국이 되었으니 경금용신은 강력한 힘을 얻었다.

58세 정해년(갑신대운) "프랑스국민연합"을 조직했다가 64세 계사년에 해체하고 은퇴하다. 대운과 사주는 여전히 신유술 서방 금국이니 무었을 하던 권력의 중심에서 멀어지지 않는다.

69세 경술년(을유대운) 5공화정을 발족하고 선거에서 이겨 음력12월에 대통령취임. 희신 용신이 함께 와서 용이 승천하는 격이다. 이후 10년간 프랑스를 위하여 진력하다.

71) 壬壬癸丁　丙丁戊己庚辛壬
寅戌丑巳　午未申酉戌亥子 3대운

나세르 이집트 대통령. 壬日 寅時로 육임추간격에 해당은 되나 임진일이나 임인일이라야 진격(眞格)이다.

신왕 하지만 지지에 식재관이 왕 하여 축 중 신금을 대용신한다. 임일주가 축월에 한랭한데 병화 태양이 조후를 잘 하여주고 갑목이 보좌해 주어 상격이다. 33세부터 20년의 토금운에 대운 대통하여 전 세계에 그 이름을 떨쳤으나 정미대운에 들어서자 축술미삼형으로 백호궁을 난타하여 종말을 고했다. 원래 임술 괴강 일에 축술형은 예측치 못한 재난을 조심해야 하는데 53세에서 심장마비로 급사했다.

소용신: 지지의 목, 토는 천간에 투출이 없어 용신에서 제외한다. 정화가 사술인에 뿌리 하여 강하지만 임수 일주는 양간으로 득령 하고 임계수가 있어 더 강하므로 정화를 용신한다.

35세 임진년(기유대운). 쿠테타 성공. 국왕을 추방하고, 농지를 개혁하며 기타 봉건제의 타파와 기존 정당들을 해산하여 혁명위원회의 지도자가 되었다. 운간 임수가 정화

용신을 합거 함은 불리한 상황인데 진술충으로 튀어나온 지장간 정화 무토가 기신의 임계수를 묶어버려 반전의 기틀을 잡았다.

36세 계사년 무오월(기유대운). 부총리 겸 내무부장관이 되면서 정권을 완전히 장악하다. 운간 계는 기신이지만 인사형으로 튀어나온 무토가 월간 계수를 합거 하고(충형으로 튀어나온 지장간은 먼저 일간을 제외한 사주의 천간부터 합거 하고 합할 대상이 없으면 운간, 다음은 일간 순으로 합한다.) 무오월에는 사주와 인오술 화국하여 기세를 돋우었다.

37세 갑오년(기유대운). 총리로서 이집트를 지도했다. 운간 갑목은 희신의 역할을 똑똑히 하고 오화는 인오술 화국하여 용신국이다.

39세 병신년(기유대운). 국민투표로 대통령이 되고, 수에즈운하를 국유화하였다. 사신형, 인신충으로 튀어나온 임수가 용신의 정화를 합거하여 아름답지 못하나 희신의 운간 병화가 상하지 않아 다행이다. 기유대운은 사주와 사유축 금국하면서 대운이 대길하여 일주를 도우고 있으니 대업을 성취하는 데는 무리가 없다.

53세 경술년(정미대운). 사망. 흉한 대운이 시작한다. 축술 형에 술이 다시 형하고 대운과 축술미 삼형이다. 괴강에 형이며 백호에 형충이다 .

72) 壬丁丙辛　庚辛壬癸甲乙
寅亥申未　寅卯辰巳午未 2대운

광서제(光緖帝). 정임 합하고 인해 합하여 천지덕합(天地德合)이지만 화목격(丁壬合化木格)은 될 수가 없다. 대용신은 인중 갑목이다. 병화는 합되어 힘이 없고 인목은 인해합으로 습목이 되어 아름답지 못하다. 을미 갑오 운에서는 목화가 왕성하여 최고의 운이며 계사대운은 관살혼잡이고 인신사해 사충이 되어 최악의 운이다.

소용신: 병신 합과 인해 합은 용신에서 제외하고 음일간에 남은 것은 申금에 뿌리 한 임수 정관뿐이니 임수를 용신한다.

28세 무술년(계사대운). 무술정변으로 혼란을 겪다. 무는 임수를 극하고 술미형으로 튀어나온 정화는 임수용신을 묶어버렸다.

30세 경자년(계사대운). 경자봉란(庚子奉亂). 경은 좋으나 子에 죽어서(사궁)들어온다. 재성은 자기가 활용 할 수 있는 인재라고 할 수 있는데 그 당시에 광서제는 국가의 위기상황을 해쳐나갈 믿고 의지할 만한 사람이 없는 외로운 상황이었을 것이다.

38세 무신년(임진대운). 임진대운이 아름답지 못하다. 대용신이 인목이지만 관이 많아지니 살중신경이 되어 위험한 시기다. 무는 미토에 뿌리 하여 임수 용신을 극한다. 申은 인해 합을 충으로 풀어 인, 해, 신이 같이 살아나며 튀어나온 많은 임수가 일간과 서로 합을 다툰다. 보통 최종적으로 일간과 합이 되는 관성은 자기의 명성, 남자 등으로 볼 수 있으나 관살에 둘러싸여 힘겨운 상태에서 중첩된 칠살은 재난을 부른다. 사망.

73) 癸庚壬丙　戊丁丙乙甲癸
　　未辰辰辰　戌酉申未午巳 3대운

동치제(同治帝). 경진 괴강에 임진 괴강으로 충이 없이 더하여져 좋다. 대용신은 제살태과 병화 편관이고, 임계 식상이 기신이다. 5세에 즉위했으나 어머니 서태후의 그늘에 가려 실제 정치에 관여하지 못했다. 갑오대운에서 18세 젊은 나이에 사망했다.

소용신: 제살태과로 병화 편관용신이다.

18세 갑술년(갑오대운). 천연두로 사망. 진술충하고 술미형 했다. 튀어나온 신금에 병화용신이 묶여버렸다.

74) 庚己庚丁　癸甲乙丙丁戊己
　　午巳戌亥　卯辰巳午未申酉 8대운

장개석(蔣介石). 토금상관격이다. 득령한 경금이 매우 강하여 기토는 설기가 심한데 오술에 화국을 한 정화가 설기를 제지하고 일주를 생하여 대용신으로 삼는다. 금신(金神)

이 화향(火鄕)에 들어가면 위무가 당당하다고 하였으니 군인으로서 최고위직에 오르고 천하를 호령하였다. 그리고 토는 본기, 금은 여기, 화는 묘고(墓庫)로서 모두 술 월지에서 투출하여 천복지재(天覆地載)이고 정신이 단결되어 있다. 사오미 남방 화운에서 중국의 최고 영도자가 되었다.

소용신: 경과 정 둘 중에서 어느 것이 더 강한가에 따라 용신을 정한다. 월시간의 경금이 득령하고 일지에도 뿌리가 있어 훨씬 강하다. 정화를 용신한다.

40세 병인년(병오대운). 국민혁명군 총사령관으로서 북벌을 개시하다. 병은 용신이고 인사형으로 형발(刑發)하여 위세를 사해에 떨친다.

41세 정묘년(병오대운). 상하이 쿠테타를 일으켜 공산당 탄압하다. 정은 용신이고 묘는 묘술합으로 기신 경금의 큰 뿌리를 묶었다.

42세 무진년(병오대운). 북경과 남경을 점령하여 당과 정부의 지배권을 확립하다. 무진은 희신의 비겁이고, 진술충으로 튀어나온 을목이 기신 경금을 제거한다.

51세 정축년(을사대운). 국공합작 총사령관으로 항일전을 지휘하다. 축술형으로 튀어 나온 지장간들이 천간에 합할 것이 없으니 지장간 모두가 살아서 형(刑)의 위세를 더한다. 대운이 아직까지 사오미 남방 화운이어서 권력을 장악함에는 지장이 없다.

63세 기축년(갑진대운) 1949년12월. 천하를 호령하든 영웅이 날개가 꺾였다. 2차대전후 1846년부터 시작한 중국공산당과의 내전에서 패배하여 대만으로 피난. 국민당 총재하다. 대운은 진술 충하고 년운은 축술형한다. 사축으로 합하면서 기신의 뿌리가 강해지고 축은 일주의 묘궁이 되어 기진맥진해버린다.

75) 丙戊庚己　甲乙丙丁戊己
　　辰寅午卯　子丑寅卯辰巳

장개석의 배다른 형. 무토가 오월에 태어나면 임수가 필요한데 진중 계수로는 허약하다. 인묘진이 모두 있고 인수가 왕하여 殺旺印旺이다. 계수재를 용신하고 경금을 희신한다. 기토 비겁이 관의 위에 있고 정록을 얻었으니 형제로 인해 출세한다. 그러나 만년의 을축대운에 가서야 비로소 때를 얻었다.

소용신: 인묘목은 천간에 목의 투출이 없고 경금은 지지에 뿌리가 없어 용신에서 제외한다. 화토가 용신.

50세 무진년. 고위직으로 대 승진. 용신의 토운이다.

58세 병자년(갑자대운). 사망. 대운과 년운의 두개의 자수가 화용신의 뿌리인 오화를 연달아 충격하여 뽑아버린다. 그리고 자묘형이다.

76) 丙戊己戊　乙甲癸壬辛庚
辰戌未戌　丑子亥戌酉申 2대운

가색격. 지지가 전부 토이고 무기가 투출하여 가색 진격이나 미월에 병화가 투출하여 조열한 사주가 되었다. 화토가 조열하니 생육(生育)의 정이 없다. 초년 식상의 운이 길하여 경신, 신유 운에서는 부러움 없이 지냈고 임술 운은 수가 뿌리가 없어 방해가 되지 않아 좋은 운으로 지속 되었다. 그러나 해운 을해년에 사망했는데 사주에 금이 있었다면 오래도록 복을 누리며 살았을 것이다.

소용신: 일행득기격은 대소 용신이 동일하다.

38세. 을해년(계해대운). 사망. 조열한 강한 토에 재가 오니 군겁쟁재 당하고 토가 강하여 을목은 스스로 꺾인다(土多木折).

77) 庚壬乙戊　辛庚己戊丁丙
子子卯午　酉申未午巳辰 5대운

강유위(姜有爲). 수목상관에 재관을 보아 아름답다. 수가 왕하면 나무는 뜨는데(浮木) 토를 얻어야 안정을 얻고 화기는 따뜻하게 나무가 자라게 한다. 무토용신에 화가 희신이다. 두 개의 양인이 자오충하고 자묘형이니 격정적인 성품이나 무토가 왕한 수를 조절하여 복과 수명을 겸한다.

수목이 수기(秀氣)하여 과거에 장원급제했다.

강유위는 중국 청나라 말기, 및 중화민국의 학자이자 정치가로서 무술변법(戊戌變法)의 중심적 지도자이며 개혁을 지도하였다. 남방화운에서 대중의 큰 호응을 얻어 명성이 높았으나 경신운 이후에는 인기가 하락하여 명성을 회복하지 못했다.

소용신: 무토 용신, 화 희신이다.

22세 기묘년(정사대운). 진사에 급제. 홍콩에서 서양의 문물과 사상에 접촉하다. 대운이 멋지게 가고 있어 희신의 운간 기토 하나만으로도 진사쯤이야 급제한다.

38세 을미년(기미대운). 개혁상소 올리다. 이로서 유신운동의 영도자가 되었고 신문, 학회지들을 통해 변법유신을 널리 홍보하다. 을은 뿌리 없는 경과 합거 하여 흉의 작용을 못하고, 미는 대운, 년운이 연거푸 오화와 합하니 오히려 합이 풀려 희신의 관성역할을 똑똑히 하여 명성을 날린다.

41세 무술년(기미대운). 광서황제가 강유위의 개혁안을 시행하다. 그러나 무술년 말에 자희태후(서태후)의 반발에 부딛쳐 개혁은 실패하고 이후 16년간 해외에서 망명 생활하다.

묘술 합으로 기신의 뿌리를 묶었으니 두려울 것이 없다. 그러나 막판에 가서 유종의 미를 거두지 못한 것은 추락하는 국운 때문이 아닌가 싶다.

78) 壬辛辛乙　丁丙乙甲癸壬

辰巳巳卯　亥戌酉申未午 1대운

영화배우. 안젤리나 졸리. 아버지는 "챔프"로 유명한 죤 보이트이지만 아버지의 후광 없이 개성적이며 환상적인 매력으로 인기와 명성 그리고 부를 얻었다.

신금이 사월에 조열하여 임수를 용신한다. 임수상관은 조열한 기운을 제거하여 윤토가 되게 하고 금을 생한다. 상관용신 하니 연예인의 "끼"를 유감없이 발휘하여 톱 클래스에 진입하며 상관생재로 재능을 발휘할수록 그 것이 모두 돈이 된다. 식상용신이니까 또한 피부색이 다른 남의 자식들을 입양하여 키워도 본인은 즐거워한다. 사 역마 관성이 두 개 있어 가는 곳마다 멋쟁이 남자가 대기하고 신금일주가 마음 내키면 사중에 있는 병화 관성과 병신합을 하니 안젤리나 졸리는 검은 머리가 파뿌리 될 때까지 부부해로 한다는 말이 무슨 뜻인지 알지를 못한다. 21세부터 시작하는 갑신대운은 임수용신이 장생을 얻어 잠룡이 하늘로 비상한다. 그러나 묘목 편재와 묘신 원진살이 되어 아버지와 불화인데 30중반인 현재, 대운과 묘유충이니 아직까지 아버지와 화해할 마음이 없을 것이다.

소용신: 비견 월간신금은 월일지에 뿌리가 강해 신왕하다. 임수용신이고 을목 재가 희신 이다.

25세 기묘년(갑신대운). 기는 기신이지만 묘는 희신이다. 골든글로브 시상식에서 TV부분 여우조연상 받다.

30세 갑신년.(갑신대운) 갑은 사주의 묘진재가 받쳐주어 재물은 끝없어 들어오고 신은 사신 형합 하여 신금 기신을 묶었으니 주위에 방해세력이 없다. 출연작의 성공으로 하늘로 비상하는 기틀을 잡았다.

35세 기축년(을유대운). 브레드 피트와 이혼설이 떠돌다가 파경설을 강력하게 부인함으로 잠잠해졌다. 그러나 한 남자와 오랫동안 산다는 자체가 이상할 정도이니 5년 동안 이라도 같이 살았다는 것이 신통하다는 느낌이 든다. 용신 임수가 기축을 만나 己土濁壬이 되었다. 여류 유명 인사가 되었으니 겉으로 표는 낼 수가 없지만 辛금 주옥을 씻어주지 못하고 오히려 진흙(기토)에 파묻히는 기분이 들어 유쾌치 못하다. 만사가 짜증스러운데 스트레스를 제대로 해소를 못하다보니 이혼설이 나돌았나 보다.

79) 甲戊壬丙　戊丁丙乙甲癸
　　寅辰辰寅　戌酉申未午巳 9대운

무토가 진월 생이면 먼저 갑목으로 소토(疏土)하고 계수와 병화로서 따뜻하고 윤택해야 하는데 이 사주는 모두 갖추고 있다. 청명 지나서 며칠 되지 않아 목기가 강할 때여서 갑목 칠살을 통관시키는 병화로서 용신을 삼는다. 살인상생 하여 평생을 공직에서 지냈다. 그러나 일주와 병화

인수사이에 임수 편재가 가로막고 있는 것이 마(魔)가 끼어있는 형식이라 재물을 탐하면 재난이 닥친다.

소용신: 대용신과 동일

42세 정미년(병신대운). 關內有織女 關外有牛郎 此關若通也 相邀入洞房.(관내유직녀 관외유우랑 차관약통야 상요입동방. 양신(兩神)에 통신(通神)이 있는 경우에 양신과 통신 사이에 타 간이 들어와서 통신이 막히는 사주일 경우에 그 막히는 간이 간합 함으로서 그 작용이 無로 되는 때에 매우 좋은 운이 된다). 적천수에 있는 이 구절이 해당하는 한 해다. 정은 임수 기신제거하여 출세 길을 막고 있든 모든 장애물이 없어졌다. 미는 일주와 용신의 든든한 뿌리가 되어 그토록 갈망하든 과장자리에 올랐다.

80) 庚戊己己　癸甲乙丙丁戊
申寅巳未　亥子丑寅卯辰 7대운

신왕하여 경금 식신을 용신하지만 지지가 인사신 삼형이어서 예측치 못한 재난에 항상 노출되어 있는 것 같아 불안하다. 정묘운에 집안이 망하고 병인운에서 사망하다.

소용신: 사에 뿌리한 경금을 용신한다.

32세 경인년(병인대운). 대운에서 다시 형 했는데 년운에서 또다시 형으로 강타하여 경금용신의 뿌리인 申금이 박살난다. 재난을 피할 길이 없다. 사망.

81) 癸戊乙戊　辛庚己戊丁丙
丑辰丑午　未午巳辰卯寅 7대운

무토 일주가 토가 많아 가색격으로 격을 잡았지만 진에 뿌리 한 을목이 방해세력으로 병이 되었다. 초년 병인 丁운은 길하였으나 묘대운은 을목이 정록을 얻어 힘을 쓰자 격이 깨어져 사망했다.

소용신: 가색격은 대소용신이 동일하다.

26세 계미년(정묘대운). 계는 년간 무를 합해 떼어내고 미는 오화를 합해 떼어내니 가색의 땅덩어리가 좁아졌다. 좁은 땅에 대운은 목극토 하여 사망하다.

82) 乙辛己戊　乙甲癸壬辛庚
未亥未午　丑子亥戌酉申

이완용. 신금일주가 미월에 무기토 정편 인수가 투출하여 땅에 파묻힐 형편이어서 을목 편재를 용신하고 해중임수가 희신이다. 일주가 뿌리가 없으니 주체심이 약하여 시세에 따라 마음은 갈대같이 흔들리고, 나라는 망하는 판에 본인의 대운은 해자축으로 순풍에 돛을 달은 듯이 나아간다.

소용신: 오미는 합하여 구실을 못하고 을목 편재는 해미에

뿌리 하여 강하므로 무기토 인수를 용신한다.

25세 임오년. 과거합격. 오미합에 다시 합이 와서 풀렸다. 토용신이 힘을 쓴다.

48세 을사년. 학부대신으로 있다가 11월 을사조약체결을 지지하고 솔선 서명하여 을사 오적신(五賊臣)이 되다. 사오미 화국은 화생토 인수하여 강력하게 용신을 생한다.

50세 정미년. 이또 히로부미의 추천으로 내각총리대신. 오미합에 다시 합이 되어 합이 풀렸으니 인수 용신은 더욱 단단해졌다.

53세 경술년. 총리대신으로 정부 전권위원이 되어 한일합방을 체결하여 공식적으로 일본의 식민지가 되다. 그 공로로 일본 정부의 백작이 되다. 경은 기신의 을목 편재를 제거하고 술미형으로 지장간이 튀어나와도 빠져 나가는 것이 없으니 얻는 것이 엄청 많아졌다. 이후 죽을 때 까지 일본에 충성을 하였으니 역적의 칭호는 자손대대로 가면서도 벗지를 못할 것이다.

83) 丁戊壬己　乙丙丁戊己庚辛
巳辰申亥　丑寅卯辰巳午未 7대운

장면(張勉). 신월에 임수 투출하여 편재격 이며 정화 인수 용신한다. 인수 용신하여 종교 교육에 종사하였으나 훗날 정치가로 변신하여 영광과 치욕을 함께 겪는다. 47세

丁운에 인수로 신왕하면서 정치를 시작했다.

소용신: 정화용신.

21세 기미년. YMCA 영어학교 나와서 미국행. 미는 희신의 천을귀인이니 귀인의 도움이 있었다고 추측할 수 있다.

27세 을축년. 축도 천을 귀인이다. 맨하튼 가톨릭대학졸업. 가톨릭교 평양교구에서 활약하다가 해방될 때까지 동성상업고등학교 교장으로 재직했다.

48세 병술년(정묘대운). 정계 투신, 진술충하여 튀어나온 정화가 기신의 임수를 합거 한다. 그러나 튀어나온 신금에 운간 병화가 합거 되어 화끈한 한해가 되지 못한다.

50세 무자년(정묘대운). 제헌국회의원당선. 무토는 좋으나 지지는 신자진 財국으로 변했다. 정치하는데 얼마나 돈이 필요한지를 절실히 느낀 한해였을 것이다. 대운이 뒷받침하여 주어 무난히 당선

51세 신묘년(정묘대운). 해묘목국 인데 丁巳火가 통관해준다. 국무총리.

52세 임진년(정묘대운). 임수 기신이 왕성하여 국무총리사퇴.

58세 병신년(병인대운). 부통령당선. 병 대운에 병신년으로 두 개의 병화가 도운다. 사주,대운,년운이 인사신 삼형이 되어 9월에 저격당했으나 경상이었다.

62세 경자년(병인대운). 조병욱과 런닝메이트로 부통령

입후보 했으나 낙선. 4.19혁명 후 내각책임제의 제2공화국 국무총리. 정권은 장악하였으나 데모 등으로 혼란한 사회를 수습하지 못하고 갈팡질팡하다. 기신의 식신과 재가 판을 치니 제대로 된 결단력을 보여줄 수가 없었다.

63세 신축년(병인대운). 대운이 인사신삼형을 하고 신축년은 사화와 금국이 되어 기신의 식상이 강해졌다. 즉 부하(쿠테타 세력들)를 제어할 수 없다는 뜻이다. 5.16혁명으로 자리에서 물러나다.

84) 戊辛乙甲　壬辛庚己戊丁丙
子亥亥戌　午巳辰卯寅丑子 1대운

이한동. 법조인, 정치인. 수목 식상과 재가 왕성하여 무토 인수를 용신한다. 재가 왕하고 신이 약하여 한미한 집안 출신으로 자수성가·하였음을 알 수가 있다.

辛일 戊子시로 육음조양격(六陰朝陽格)이 되어 子수가 巳화 관성을 허합래하여 사주에 관성이 없어도 공명을 이룰 수가 있다. 좀 더 신강한 육음조양격 이었다면 한 차원 높은 공명도 가능 하였을 것이다.

소용신: 갑을목 재의 뿌리가 강하여 무토 인수 용신한다.

25세 무술년(무인대운). 서울법대 졸업하고 고등고시 합격. 년운의 간지가 모두 용신운이다.

47세 경신년(경진대운). 국회진출. 이후 계속11. 12. 13

대 민주정의당의 사무총장과 원내총무를 지내다. 경신은 간지가 희신의 비겁이다. 또한 경은 기신 을목재도 하나 청소했다.

55세 무진년(경진대운). 내무부장관. 진술충으로 튀어나온 계수가 용신 무토를 합거 하여 낭패인데 희신 운간의 무토는 그대로 살아남아 좋은 벼슬하게 됐다.

64세 정축년(임오대운). 신한국당 대통령후보 경선에서 실패하다. 정화는 기신의 관살이고 축술형으로 튀어나온 계수가 용신무토를 합거했다.

69세 경진년(임오대운). 대통령선거 낙선. 진술충으로 튀어나온 계수와 을목이 용신 무토를 합거하고 희신의 운간 경금을 묶어버렸다.

85) 丙癸丙己　庚辛壬癸甲乙
　　辰酉子亥　午未申酉戌亥 3대운

맹인. 한겨울에 병화 태양이 나타났으나 뿌리가 없고 너무나 무력하다. 火은 시력으로 화기가 약하여 어렸을 때 시력을 상실하였다. 신왕하여 화토재관 용신하는데 18세에 시력을 상실하고 그 뒤 계유 임신대운을 거치면서 심한 고초를 겪었다. 40대에 화토운이 연결되어 지금은 안마시술소를 하며 생활의 안정을 얻었다.

소용신: 병화는 뿌리가 없고 기토 역시 진유합으로 뿌리가

미약하여 용신에서 제외하면 계수 일간만 남는다. 수용신이고 금과 목이 희신이다(일행득기로 본다)

19세 병진년; 진유합을 합으로 풀어버렸다. 기신의 기토관이 풀려진 진토에 뿌리를 얻어 힘을 쓴다. 기신의 관이니 재난이고 질병이다. 시력을 완전히 상실하다.

86) 壬乙庚戊　丙乙甲癸壬辛
　　午丑申子　寅丑子亥戌酉 5대운

두월생(杜月笙). 1888년생으로 전설적인 암흑가의 두목. 상해일대에 큰 세력을 갖고 부하는 헤아릴 수 없을 정도이며 정부의 고관이라도 이 사람에게는 예의를 다하였다. 배신을 제일 싫어하고 협객으로서 주위에 존경을 받았다.

을경화금격(乙庚化金格)으로 진격(眞格)이다. 오 화가 화극금하여 병이 되지만 해자축 북방운으로 대운이 대통하였으니 앞길에 막힘이 없다.

임술대운 젊은 나이에 뒷골목의 두목이 되어 상해에서 아편매매의 총본부를 두고 아편대왕의 칭호를 들으며 영향력을 넓혀나갔다. 후에 장개석의 공산당토벌을 도우며 그의 존재감은 더욱 커졌다. 그러나 55세부터 병인대운과 모택동의 공산당 집권이 맞물리면서 그의 위상은 서서히 줄어들고 말년은 홍콩에서 쓸쓸하게 보냈다고 한다.

소용신: 화금격으로 금용신. 토와 수가 희신

21세 무신년(임술대운). 약관의 나이에 암흑가의 두목이 되다. 토금용신이 왔는데 무엇이 두려울까. 몸은 강철같이 단단하고 몸에서 풍기는 백호대살(金)같은 기세에 다른 사람은 주눅이 든다.

37세 갑자년(갑자대운). 강석(江浙)전란 때 부자들을 보호해준 이후 상류층에 세력을 뻗었다. 갑목은 뿌리가 없으니 꺼리는 것이 없고(충으로 튀어나온 기토에 기신의 운간 갑목이 합거), 子수는 사주의 병(病)인 午화를 깨트려버렸으니 길을 막고 있든 걸림돌을 제거하였으니 탄탄대로다. 비록 충으로 튀어나온 정화와 계수에게 년간 무와 시간 임이 묶였지만 그 정도의 손해는 감내할 만하다.

40세 정묘년(갑자대운). 공산당토벌에 협력하여 장개석을 후원하였고 그에 따라 막강한 영향력을 얻었다. 정묘년은 기신의 재관으로 전쟁의 고통은 맛을 보았겠지만 대운이 자오충 하는 제거병의 최고 호운이고 이어서 무진 기사년으로 좋게 이어져 가니 가능하였다.

62세 기축년(병인대운). 55세부터 병인대운에서 이미 역풍이 불기 시작했다. 좋은 시절은 다 지나간 것이다. 대운에서 병화는 화극금하고 인신충 하여 화금격 자체가 깨어져 버렸다. 그리고 기축년의 축은 자축 합하여 희신의 뿌리를 묶었다. 1949년 모택동과 협상실패.

87) 乙甲癸丁　丙丁戊己庚辛壬

亥寅卯巳　申酉戌亥子丑寅 3대운

홍진기(洪璡基). 법조인. 언론인 甲일 乙亥시는 육갑추건격(六甲趨乾格)으로 해시가 寅 정록을 허합래(虛合來)함으로서 성립되는데 인이 이미 있고, 또 해를 충하는 사가 있어 여기에 해당되지 않는다. 갑일이 양인, 정록, 장생을 얻어 왕하니 곡직인수격 이다. 묘가 양인이며 수옥살이고 인사형에 해 천관(天關)이 있어 법조계로 출신한다.

소용신: 곡직인수격

24세 경진년(경자대운). 경은 을목 제거하니 별다른 무리가 없고(큰 나무에 넝쿨제거) 진은 인묘진 동방목국이 되어 목용신이 보강된다. 경성제국대학법학과 졸업. 고등문관시험사법과 합격.

38세 갑오년(기해대운). 법무부차관.

용신의 목화다. 오화는 희신의 상관이니 부하들과 호흡이 잘 맞고 도화도 되니까 여성들에게 인기가 좋았을 것이다.

42세 무술년(기해대운). 법무부장관. 무는 힘없는 계수 합거하니 무난하나 술은 묘술 합하여 용신의 큰 뿌리가 묶였다. 기신의 편재가 왔으니 강한 리더십에 제동이 걸린다. 아마 자유당 말기의 어수선 정세가 영향을 주었을 것이다.

44세.경자년(무술대운). 내무부장관. 4.19혁명으로 구속.

무술대운이 곡직인수격에 거역하는 대운으로 흉하고 子년은 자묘형으로 수옥살 끼리 형 한다.

45세 신축년(무술대운). 신축이 년지 巳에 뿌리 하여 기신의 관이 되었다. 상관견관 하니 재난이 백가지로 일어난다. 5.16혁명정부에서 사형구형 받다.

년운이 임인. 계묘로 길운이 연결되어 풀려나다.

49세 을사년(무술대운). 동양방송사장.

사해 충으로 인해 합을 풀어 목용신이 힘을 얻는다.

52세 무신년(무술대운). 중앙일보사장.

무는 계수합거하지만 신은 인해합을 충으로 풀어서 목용신이 더욱 강하여진다.

59세 을묘년(정유대운). 중앙일보, 동양방송사장 겸임.

용신의 해다.

88) 戊庚乙癸　戊己庚辛壬癸甲
　　寅戌卯巳　申酉戌亥子丑寅 2대운

백숭희(白崇禧). 장개석 국민당 측의 전략가. 공산당 임표의 호적수였다. 정재격에 무토 인수용신이다. 경금은 갑목을 극하는 힘이 강하나 유약한 을목에 대해서는 제대로 극할 수가 없어 힘겨워한다. 32세부터 시작하는 금,토 운이 올 때부터 비로소 "작은 제갈량"이라는 별명에 걸 맞는 전략이 빛을 보기 시작한다.

소용신: 계수는 뿌리가 없고, 묘술은 합했다. 을목은 득령하고 인목이 있어 강력한 뿌리를 얻었다. 또한 경금과 합하여 경금을 맥을 못 추게 하니 무토 인수 용신이다.

27세 정묘년(임자대운). 상해에서 쿠테타를 주도하여 국공분열의 결정적 계기를 만들다. 정은 기신의 관으로서 근심, 우환이 있지만 묘는 묘술 합에 다시 합이 와서 합이 풀렸다. 경일주와 무토용신이 술토 우군을 만나 쿠테타를 주도할만한 배짱이 생겼다.

39세 신미년(신해대운). 신은 기신 을목을 제어하고 미는 술토를 형하면서 토기가 형발(刑發) 하도록 한다. 장개석군의 요직에 앉다. 그러나 재가 대운. 년운이 해묘미삼합이 되어 고충이 많았을 것이다.

54세 병술년(기유대운). 초대 국방부장.

병은 기신의 칠살이지만 합에 다시 합으로 풀린 술토를 보니 일주와 무토 용신이 생기가 난다.

57세 기축년(기유대운) 모택동의 공산당에 패배하여 1949년 말 대만으로 피난. 축술형을 하여 튀어나온 계수에 용신무토가 합거 되다. 그러나 희신의 운간 기토는 살아있고 대운의 기세가 좋아 대만 가서 요직을 계속 맡았다.

74세 병오년(정미대운). 사망. 대운과 년운이 합세하여 사오미화국 인오술 화국으로 일주를 집중공격하다.

89) 丁戊辛丁　乙丙丁戊己庚
巳子亥未　巳午未申酉戌 9대운

임표(林彪). 모택동휘하의 탁월한 전략가. 장시간의 깊은 사색을 거쳐 간단명료한 방법으로 지침을 제시하며 필승을 거두었다. 국민당의 백숭희와는 사마의와 제갈공명 같은 라이벌이었다.

무토일주가 해월에 한랭한데 시지에 사화가 있어 일록귀시격이다. 명통부에 "일주의 록이 시지에 있고 관살이 없으면 靑雲을 타고 출세한다"는 구절에 해당한다. 년지 미토에 단단히 뿌리하니 신왕하고 정화 정인은 戊丁으로 화소적벽(火燒赤壁.적벽대전에서 주유,제갈량이 대승)같은 전략적 소질을 나타낸다. 해 천관(天關)과 미 지축(地軸)이 같이 있어 예지력이 뛰어나고 또한 미 천을귀인과, 축(공협)귀인이 있으니 길명이다.

비록 일주는 단단해도 전체적으로는 신약하니 정화 인수 용신이다. 일록귀시격은 형충을 꺼리며 39세 정미대운부터 대운 대통이다.

소용신: 해자 수는 천간에 투출이 없어 용신에서 제외한다.

화토의 뿌리보다 신금의 뿌리가 약해 신금 상관용신 한다. 대용신 정화는 계속 주시한다.

21세 정묘년(기유대운). 남창폭동 참가하였다가 실패. 주

덕. 모택동과 게릴라 활동. 해묘미 목국으로 기신의 관살이 닥쳤다. 고통. 실패. 관재... 그러나 정화 정인으로 전략, 전술의 개발에 큰 자극제가 되었을 것이다.

23세 기사년(기유대운). 공농홍군(工農紅軍) 4군장. 뒤에 대장정 참가.

기는 토생금을 잘하니 좋고, 사는 월지를 충 했다. 튀어나온 임수와 병화에 기신 정화. 희신 신금이 모두 잡혀갔다. 감투를 얻었지만 화끈한 때는 아니다.

41세(1947년) 정해년(정미대운). 대용신은 정화인데 39세부터 본격적인 대운이 시작됐다. 거칠 것이 없다. 해가 사화를 충하여 기신 정화와 희신 신금이 모두 묶여 희기반반이나 대운의 덕을 보기 시작한다. 공산당제7기 중앙위원.

43세(1949년) 기축년(정미대운). 제4야전군사령원. 정협 전국위원회 상무위원. 장개석의 국민당에 결정타를 먹이는 한해다. 기는 용신을 생하고 축은 축미충하여 기신의 화토를 약화시킨다.

48세 갑오년(정미대운) 국무원 부총리.

기신 미토를 오미합으로 묶었다.

63세 기유년(을사대운). 중국공산당 제9기 전국대표회의에서 모택동의 공식적인 후계자. 햇살 같은 광채가 임표를 감돈다. 기는 토생금 하고 유는 신금용신의 정록 이다.

65세 신해년(을사대운). 1971년 9월 실각. 반(反) 모택동 쿠테타 실패하고 비행기 추락으로 사망. 대운과 년운이 천간은 극하고 지지는 충하여(天剋地沖) 흉하고 연달아 사주의 해와 사를 충하여 신금(월간과 운간)은 모두 합거 하여 날라 가고 용신의 뿌리 되는 巳는 깨어져 버렸다.

90) 癸乙乙丁　丁戊己庚辛壬癸甲
未未巳丑　酉戌亥子丑寅卯辰 1대운

신성일. 영화배우로서 청춘남녀의 우상이었다가 정치인으로 변신과정에서 파란만장한 곡절을 겪었다. 을목 일주가 巳월생일 때는 우선적으로 계수로 조후가 되어야 하고(靑草朝露) 辛금으로 수원(水源)을 삼아야 하는데 모두 갖추고 있어 입격한 사주다. 그러나 계수 편인을 용신하여도 수원은 년지 저 멀리 떨어져서 제대로 힘을 보태주지 못하여 감질만 난다.

소용신: 정화 식신이 득령하고 일시지에 뿌리하여 매우 강하므로 계수 용신한다.

26세 계묘년(임인대운). 청룡영화상. 남우주연상.
약한 일주가 정록을 만나다.
27세 갑진년(임인대운). "맨발의 청춘"으로 공전의 대히트. 을목이 갑목을 만나 등라계갑 하고 일주와 계수는 진에 힘을 얻는다.
45세 신유년(경자대운). 국회의원 낙선. 사유축 금국. 허약한 계수 인수로 통관하기에는 너무 강하여 살중신경. 기신의 관으로 변해 좌절.

64세 경진년(무술대운). 국회의원 세 번째 도전하여 당선.

경은 을목 잡초(伏吟雜草)하나 제거하여 큰 지장 없고 진은 일주와 용신의 뒷받침이 된다. 그러나 무술대운은 흉으로 다가온다. 기신의 재로서 축술형, 술미형하여 용신 계수를 합거하여 탐재괴인이다.

69세 을유년(무술대운). 뇌물수수로 구속. 공포의 사유축관살국이고 대운에서는 축술, 술미형에다 계수용신은 합거되니 무정한 세월이다.

71세 정해년(정유대운). 2월 12일 특별사면. 해수에 용신 계수는 큰 지원군을 얻었고, 을목은 목을 축여 갈증을 해소했다.

91) 辛丙己乙　丙乙甲癸壬辛庚
　　卯戌丑酉　申未午巳辰卯寅 6대운

여명. 상관격에 을목 인수 용신이다. 축술형에 기토 상관이니 총명하고 말 잘하지만 잘난체하는 습성은 어쩔 수가 없다. 묘유술 3개가 모두 있어 한의사는 아니지만 침술은 명의 수준이고 월일지가 화개로 되어 교양이 풍부하고, 불교에 깊은 경지까지는 갔으나 시도 때도 없이 설교하려고 덤비니 남들은 피곤해 한다.

26세부터 20년간 임진, 계사대운에서 경제적 고충, 남편과 불화 등으로 힘들게 지냈고 갑오대운부터 기신상관을 제거하고 약한 일주는 양인이 받쳐주어 생활이 안정되어 갔다. 자식이 대회사에 취직하고 출세하면서 부모를 도와주기 시작했기 때문이다.

소용신: 묘술합으로 을목이 힘이 없으나 축술형으로 쳐주니 묘술합에 약간의 틈이 생겼다. 그리고 병화는 陽중에서 최강이라 좀처럼 종을 하지 않으므로 을목 인수 용신이다.

18세 임인년, 19세 계묘년(신묘대운). 고등학교 2, 3학년 때 을목 용신이 왕성함으로 공부와 노래를 잘하여 교내에서 스타 되다.

23세 정미년(신묘대운). 정은 오운으로 임관성을 허합래하여 결혼하였으나 축술미삼형으로 상관이 요동치니 남편에게 정을 느끼지 못했다.

26세 경술년(임진대운). 하늘같이 믿고 있든 친정아버지 사망. 부친 경금은 용신 을목을 합하며 사라지고 술은 백호의 축술형에 다시 형이 가해졌다.

35세 기미년(임진대운). 대운은 진술충으로 가택궁을 때리고 년운은 축술미삼형 되어 백호를 형충하여 상관이 요동치니 부부간에 싸움이 잦아진다. 신약사주에 설기 태심하여 들어오는 것은 없고 나가는 것이 많아 극도의 경제적인 궁핍을 느끼다. 건강상에도 심장의 약화와 신경쇠약으로 고통을 받았다.

45세 기사년(계사대운). 친정어머니 사망. 기토는 기신의 상관이고 사는 사유축 금국을 하여 인수를 극한다.

62세 병술년(을미대운) 일주묘궁이고 상관인 토가 축술 재형(再刑)이다. 남편에게 이혼을 선고하고(다음해에 화해) 절에 가서 하안거 동안거를 하였다.

64세 무자년(을미대운) 갑인월. 국내에 거주하는 외국인 며느리들의 한국예의교육 담당자 선발시험에 합격하다. 시청에서 뽑았기 때문에 공무원 자격이 부여되고 근무시간은 자유가 있으며 급료는 80만원이다. 공개채용이어서 몇십대 일의 치열한 경쟁이었다. 64세의 나이에서 활동할 수 있는 일거리를 찾았고 그리고 당당한 수입원도 확보했다.

자는 자축합하여 기신의 기토와 신금의 뿌리를 묶어 약하게 만들고 갑인월은 인수 운이다.

65세 기축년(을미대운). 기신의 상관이니 관을 극한다. 한의원을 하는 사위의 일을 도와달라는 딸의 부탁을 외면할 수가 없어 아깝지만 공무원을 사직하다.

92) 辛乙丙己　戊己庚辛壬癸甲乙
　　巳未寅巳　午未申酉戌亥子丑 5대운

을목 일주가 인월에 병화는 투출하여 좋으나 계수의 윤택함이 없어 목마른 사주다. 제살태과로 신금용신이고 토가 희신이며 수는 제거병 하는 약신이다. 조열하면 재난이 많다고 하였는데 실제로 질병과 고통으로 점철된 인생이었다. 병화 상관이 강하고 인미 귀문관살에 인사 형이 있어 성격은 칼날같이 예리하고 사물의 핵심을 집어내는 안목이 있다. 초년 갑자대운에는 신동으로 소문나면서 장래에 큰 인물이 될 거라고 주위의 기대를 한 몸에 받았다. 법대를 수석 졸업하였고 중년 토금운에서 나름대로 행세하며 살았다. 그러나 눈병. 척추디스크등 건강문제와 사업부진(사업가 형이 아닌데 50초에 회사 퇴직후 자영업하다)으로 대명(大明)천지를 밝은 기분으로 지내지 못했다.

80세 부터의 오대운에서 사오미로 상관이 작당하여 설기가 심해지고 관성은 꺼지며 진법무민이 되니 한명(限命)이다.

소용신: 신 편관, 기 편재, 병 상관이 모두 있어 종세격의 형식이다. 기토 재를 용신하고 병화와 신금을 희신으로 한다.

28세 병신년(계해대운). 대운과 년운 사주가 4충이고 寅巳申 삼형을 만났다. 형충으로 튀어나온 지장간이 기토 용신, 희신 신금을 없애버렸다. 전기불이 약한 빛으로 보일 정도로 실명상태가 되어 절대안정을 하여야 했다.

31세 기해년(계해대운). 눈이 사회생활에 불편 없을 정도로 회복되다. 병석에 있을 때 처가 읽으면 자기는 암기하면서 한 공부로 행정고시 합격하다. 사해충을 하여 튀어나온 경금, 병화, 갑목에 신금과 기토가 합거되어 아름답지 못하나 일간은 경금 관성을 챙겼고, 운간 기토는 살아남아 용신으로서의 역할을 똑똑히 하였다.

32세 신축년(계해대운). 부친사망. 을미 재백호를 충하니 백호대살이 발동했다.

38세 병오년(임술대운). 대운과 인오술이고 사주와는 사오미 화국이 되어 용신을 생한다. 일지가 합하고 상관의 년운이 되어 변동수가 왔다. 지방 원호청 과장인데 재계에서 잘나가는 기업의 상무이사가 되어 신분이 업그레이드가 되었다.

77세 병술년 (무오대운). 사주와 인오술 화국하여 좋은 듯하나 을미 백호를 병술백호로 형하여 건강이 급속도로 악화되면서 노쇠가 촉진되었다. 무오대운이 대흉인데 대용신인 신금자손이 화극금을 당하여 자손들이 사업에 실패하여 상심이 컸었다.

93) 辛丁丙甲　壬辛庚己戊丁
　　丑未寅午　申未午巳辰卯 5대운

신왕하여 대용신은 신금편재이며 토가 희신이다. 신왕하고 편재용신이니 항상 자신감에 차있고 고수익을 추구하며 때로는 투기도 불사한다. 그러나 군겁쟁재의 양상이라 사업에 기복이 있다. 귀문에 충이 있어 머리 회전이 비상하고 비견겁이 합신하여 배다른 형제가 있다.

초년의 정묘대운에는 기신의 인비(印比)인데 어머니의

사업실패로 학업을 제대로 마치지 못하여 중학교 중퇴하였고, 무진대운에는 공장의 직공으로 들어가 기술을 배우고 20세 안 밖에서 자립하여 가내공업을 시작했다. 기사 경 대운이 순조로워 자영업자로서 기틀을 잡았다.

소용신: 축미충으로 신금은 뿌리가 약해 용신에서 제외한다. 남는 것은 목화이니 목화용신이다.

28세 신유년(기사대운). 목화용신에 신유금은 기신이다. 기신의 재운이 왔으니 파재. 노름하다 몽탕 날렸다. 가게점원하면서 다시 힘을 비축하다.

41세 갑술년(경오대운). 대운, 년운, 사주가 인오술 화국함은 좋으나 축술미 삼형하고 튀어나온 지장간에 갑목과 병화용신이 합거 되다. 그 사이 충실히 하여 사장으로 재기하였는데 갑술년에 부도를 크게 맞아 몇 억대 까먹다.

49세 임오년(신미대운). 오미 합하면서 축미충이 풀려 신금기신이 뿌리를 내렸다. 이때부터 서서히 사업은 내리막길을 걸었다.

94) 戊乙癸辛　丙丁戊己庚辛壬
寅亥巳巳　戊亥子丑寅卯辰 7대운

을목 일주가 사월에 목이 마른데 계수가 시원하게 해주고 신금이 수원을 이루어 아름답다. 계수 편인으로 대용신하고 신금을 희신 한다. 역마가 중첩하여 세계를 누비고 다니지만 사해 충으로 재가 상하니까 사업을 하면 한번은 실패를 하고 그 것을 딛고 올라서야 한다. 辛금 자손은 역마를 타고 있어 장남은 외국에서 교수를 하고 있다. 대운이 해자축 북방으로 흘러 중간에 사업실패를 하여도 초라하게 지나지는 않았다.

소용신: 사해충을 인해합이 풀어서 천간이 모두 살았다. 재관이 강하여 계수 인수용신 한다.

37세 정사년(기축대운). 은행에서 중견간부로 재직하다 퇴사. 기신의 식상운 이고 해수를 다시 충하고 인사형을 했다. 충형으로 튀어나온 지장간 무토와 병화에 관인이 합거 되어 날라 갔다. 그 뒤 부터 무역업에 종사하다.

49세 기사년(무자대운). 해를 다시 충하고 인사형 하다. 튀어나온 무토, 병화에 용신이 말라버렸다. 무역업을 하다가 직접 제조업을 하였는데 기사년에 들어 사업은 골병들기 시작하고 공장, 건물등을 모두 팔아버리고 사업 정리하다.

95) 丁辛辛辛　乙丙丁戊己庚
酉未卯巳　酉戌亥子丑寅　6대운

편재격에 재가 묘미로 국을 이루어 강하므로 비견 유금이 대용신인데 공망을 맞아 복이 깎여 버렸다. 묘목 편재는 수옥살로 부친은 일제시대 때 총경까지 지낸 사람인데 해방되자 친일파로 지탄받고 가세가 몰락하여 어려운 과정

속에서 성장하였다.

사람은 영리하나 허욕이 많아 묘와 유로 두개나 되는 수옥살을 끌어 당기며 재난을 자초하여 직장생활에서 풍파가 많았다. 축대운에서 공무원으로 안정을 얻었는데 무자대운에서 상관도화, 자묘 도화 형이 되어 주색잡기에 탐익 하다가 사고를 일으켰다. 나중에 또 정해대운에는 해묘미 목국이 강열한 忌神局이 되어 그를 파국으로 몰고 갔고, 결국은 알콜중독에 빠지면서 처자에 따돌림 받고 생사마저 불분명한 상태다.

소용신: 목과 토는 천간에 투출이 없어 용신에서 제외한다. 비견 신금이 많고 사와 유에 뿌리가 강하여 정화 편관을 소용신한다.

29세 기유년(무자대운). 대운에서는 상관도화 형을 하고 기신의 印比인 기유년은 수옥살 끼리 묘유 충 한다. 공금횡령 한 것이 발각되어 교도소행.

38세 무오년(정해대운). 교도소 나오고 난 뒤 몇 년 있다가 매형이 힘을 써주어 관광도시로 한참 개발되고 있는 도시의 시청촉탁으로 들어갔다. 워낙 물 좋은 곳이라 최대한 뇌물을 챙기면서 주색에 헤매다가 농락한 처녀의 집안에서 간통죄로 고소하여 무오년에 퇴직했다. 무는 기신의 인수이고 오는 정화관성 용신의 뿌리인 미를 합하여 꽁꽁 묶어 버렸다.

96) 辛甲乙庚　　辛庚己戊丁丙

未申酉辰　　卯寅丑子亥戌　　1대운

갑목이 진미에 뿌리하나 을경은 합하여 화금하고 주위의 금이 강하여 종살격 이다. 양일간에 뿌리가 있어 가종격이며 한미한 집안에서 태어나 뜻은 컸지만 운이 받쳐주지 못하여 좌절을 거듭하며 한세월을 마감했다. 축 대운에서 미를 충하여(종살격의 병을 제거) 회사의 고위직에 올랐으나 인 대운은 인신 충으로 종살격이 깨어져 실업자 신세가 되었다. 辛 대운에서 하청업을 하나 잡아 좀 풀려가는 덧 하다가 묘 대운에서 사망했다.

소용신: 종살격. 금용신에 토희신.

50세 기사년(경인대운): 대운과 년운과 사주가 합하여 인사신 삼형하다. 인대운 악운에서 허덕이다가 막판에 가택에 삼형을 당하여 이혼당하다. 형으로 튀어나온 지장간에 용신 辛금은 합거되고 희신의 운간 기토(정재)마저 합거되어 흉하다.

54세 계유년(신묘대운). 진유합을 합으로 풀어서 금용신이 더욱 강하여져 건설계통 하청을 받으면서 재미가 있었다. 도화가 되어 여자들에게 많은 돈을 쓰며 호강을 해봤다.

55세 갑술년 을해월(신묘대운). 간암으로 사망. 대운에서 이미 종살격이 묘유충으로 깨어졌다. 신유술 서방 금국이 되어 대길한듯하나 대운에서 충하고 술년이 진술충, 술미형 하니 지지가 전부 충형으로 변하여 지지의 싸움이 산불처럼 급해졌다(地戰急如火). 을해월이 되자 기신의 해묘미 목국을 이루면서 파격이 되어 생을 마감했다.

97) 乙辛己戊　壬癸甲乙丙丁戊
　　未丑未子　子丑寅卯辰巳午 3대운

여명. 인수용재격으로 대용신은 을목 편재이고 수가 희신 이다. 토가 많아 금이 파묻히는 것이 병인데 을목이 토를 제어하니 약이다. 토 인수가 많아 모외유모(母外有母)하고 초년운이 화토로 아름답지 못하여 처녀시절을 가난하고 힘들게 보냈다. 원양어선의 간부급을 남편으로 만나(그 당시는 고소득 계층) 33세의 을묘대운부터 20년간 용신의 재운이 연결되어 부동산 투자로 부자 소리 들었다.

그러나 미중 丁화 관은 공망에다 충 맞고 원진까지 들어 남편과는 정이 없었고 끝내 헤어지고 말았다. 결혼 처음부터 남편은 외국으로만 돌아다녀 부부간의 정분을 쌓아 가지 못하였기 때문이다.

40후반 남편과 이별하고 사업을 시작하였으나 53세 계축대운 접어들면서 부터 축미충에 또 충을 하고 년운이 계속 좋지 않아 불황에 허우적거리다가 어쩔 수 없이 다시 가난에 발을 디뎠다.

소용신: 소용신 역시 토가 많아 병이 되어 을목재가 용신이다.

23세 경술년. 안면 있든 동네 충각에게 강간당하다. 을목용신 합거 되고 을미백호에 삼형으로 형충이 되어 제대로 저항하지 못하고 당하였을 것이라고 추측할 수 있다. 술과 미중의 정화 편관은 모두 암장하여 형으로 들어와서 겉으로 소문나지 않고 지낼 수 있었다.

47세 갑술년(갑인대운). 남편과 별거 상태로 있다가 완전히 결별. 갑목은 갑기합 화토기신의 토로 변하고 술은 축술미삼형으로 큰 지진이 발생했다. 그렇지만 아직 대운이 좋아서 자기 몫은 충분히 챙겼다.

57세 경신년(계축대운). 사업을 접었다. 접고 나니 남는 것이 없었다. 계축대운이 시원찮은데 경신년은 재용신에 비겁으로 재물이 남지 못한다.

98) 乙己乙癸　己庚辛壬癸甲
　　丑巳丑丑　未申酉戌亥子 8대운

기는 입이고 중앙인데 법(法)도 한쪽으로 치우쳐서는 안되고 누구에게나 공평해야함으로 기토 일주와 맥이 통하며 그리고 재관이 있어 법정계통이 적성이다. 기토 일주가 축월에 한냉한데 사중 병화가 있어 조후가 충분하고 신강함으로 계수를 용신한다.

일찍이 수목운에서 서울법대를 나와 부모님의 총애와 기대를 한몸에 받았으나 임술대운이 기신의 비겁이며 축술형으로 튀어나온 지장간 무토에 계수용신 합거 되어 방황의 세월을 보냈다.

37세 기축년에 사법고시에 다시 도전하였으나 실패하고 경인년도 합격은 기대하기 어렵다. 그러나 38세부터 신유대운은 사유축으로 식신국을 이루고 식신생재하여 대기만성의 기틀을 만들어 갈 것이다.

소용신: 음일간에 을목은 뿌리가 없어 제외하고 계수가 투출하여 계수용신이다.

37세 기축년(임술대운). 기신의 비견이다. 사법고시 불합격.

38세 경인년(신유대운). 경은 뿌리 없는 을목 합거하여 무난하나 인은 인사형을 한다. 형으로 튀어나온 지장간 무토에 용신 계수는 합거 되어 사라지고 무정하게 세월만 흘러간다. 사법고시 불합격.

99) 甲壬癸丙　己戊丁丙乙甲
　　辰午巳戌　亥戌酉申未午 10대운

편재용겁격으로 대용신은 계수 비겁이다. 재다신약 하니 부모 복이 없어 초년(갑오, 을미대운)을 힘들게 보내고 자수성가 하다. 기술고등학교를 나와 회사에서 기사로 근무하다가 30대 후반 申대운에서 신진수국하고 용신을 방조하자 독립하였다. 그러나 재다신약 하니 외화내빈에 말이 앞서고 사업도 승패를 거듭하며 부침이 많다.

소용신: 목화가 왕성하여 비겁 계수용신이다.

39세 갑자년(병신대운). 근무하든 회사가 특허권 침해로 고소하여 구치소에서 일개월 가량 있다가 합의 보고 풀려나다. 일지 오를 子(수옥살)가 충하여 튀어나온 기토가 시간 갑목합거 하여 좋으나 운간 갑목은 남아 기신 식상으로 관재수가 생겼다. 그러나 대운, 년운, 사주가 신자진수국으로 변해 작은 것을 잃고 큰 것을 얻었다. 업계에 소문이 퍼져 유리한 조건으로 동업 사장이 되었기 때문이다.

100) 壬壬戊丁　甲癸壬辛庚己
寅午申亥　寅丑子亥戌酉 9대운

문희. 영화배우. 임일주가 신월에는 무토로 제방을 하여야 하고 정화로서 신중 경금을 제어하면서 화생토 하여 제방을 더욱 튼튼하게 만들어야 하는데 둘 다 있어 신왕관왕한 부귀격이다. 무토 편관을 용신하고 정화 정재를 희신으로 한다.

소용신: 임일주가 장생과 정록을 얻어 강하므로 무토 용신, 정화 희신 한다.

24세 경술년(경술대운). 인오술화국으로 희신이 국을 이루었으니 대박 나는 한해다. “미워도 다시 한번” 대성공. 청룡영화제 인기스타상

47세 계유년(계축대운). 대운과 년운에서 계수가 중첩되어 무토 관성을 합거하여 부군사망. 명망 있는 집안에 시집갔으나 불행으로 끝났다.

101) 戊辛甲壬　戊己庚辛壬癸
　　戊丑辰午　戊亥子丑寅卯 5대운

여명. 무당. 신금일주가 진월에 토가 많아 파묻힐 판인데 갑목이 토를 제거하고 임수로 씻어주니 갑목 정재를 용신하고 임수 상관을 희신으로 한다. 입격한 사주임에는 분명하지만 내용을 자세히 보면 일시지가 축술 형하고 월일지가 축진파하며, 년일지가 축오 귀문관살에 원진이니 사주가 우중충하여 평탄한 인생을 살기는 힘들 것 같다.

인대운은 용신이 정록을 얻어서 좋을듯하나 인오화국 하여 기신으로 변했다. 여고 졸업할 당시 심하게 아팠고 그 뒤에 미친듯이 쏘다녔다. 그리고 뒷날 접신하여 무당이 된다.

소용신: 인수가 왕성하여 갑목 용신한다.

20세 신축년(임인대운). 기신의 인수비겁이면서 축술형에 다시 형 한다. 형으로 튀어나온 지장간 기토, 정화정가

갑목 용신을 묶고 희신 임수까지 묶어버렸다. 튀어나온 계수에 무토 病도 합거하여 좋은 듯하나 재충(再沖)으로 출렁거리는 기신의 토는 강도를 더해갔다. 갑목이 藥인데 약은 없어지고 병만 더 강하여져 덮쳤으니 일년 가까이 말도 제대로 못하고 심하게 아팠다.

32세 계축년(신축대운) 심하게 아픈 뒤에 신이 들렸다. 축술 재형(再刑)에서 튀어나온 기토에 용신 갑목은 묶인다.

39세 경신년(경자대운) 기신의 비겁으로 용신을 꺾었다. 남편이 교통사고를 당하여 성불구가 되다. 그러나 대운, 년운, 사주가 모여 신자진수국 희신으로 변하니 거액의 보상금을 받았다. 축술형과 축오 원진으로 관성이 불실하여 부부의 정이 시원찮든 차에 상관국으로 관성(남편)이 깨어져도 그녀의 인생행로에는 큰 영향이 없었다.

102) 癸丁辛庚　乙丙丁戊己庚
　　 卯巳巳戌　亥子丑寅卯辰 10대운

여명. 무당. 정화일주가 득령 득지로 신왕 하여 경신금재를 용신한다. 사술귀문관살이 중첩되었는데 10대 후반 진 대운에서 진술충으로 귀문관살이 강하게 발동되어(귀문관살에 형충이 오면 귀문관살이 발동한다) 신을 받았고 소녀점쟁이로 명성을 올리다. 20대 후반에 목인수 운으로 가자 영험하든 신기도 사라지고 명성도 덩달아 사라졌다.

소용신: 계수는 뿌리가 없고, 묘목과 술토는 천간에 목과 토의 투출이 없어 용신에서 제외한다. 음일간이니 천간에 남은 경신금을 용신한다.

17세 병인년(진 대운). 병화는 기신의 비겁이고 인은 이중으로 인사형 하다. 화기가 폭발하여 용신 금은 녹아내리다. 대운에서 진술충으로 튀어나온 무토와 을목이 경금과 계수를 없애고 병인년에 인신충으로 튀어나온 지장간 병화에 월간 신금마저 없어졌다. 믿을 곳(용신, 희신)이 아무데도 없다. 역마 형으로 가출하였고 남자와 어울리다 임신하고 사중 무토 뱃속의 자식을 인사형으로 지워버렸다.

18세 정묘년(진대운). 묘술합으로 용신의 뿌리가 묶였다. 산속의 절에 들어가 기도하다. 말을 할 수가 없었고 머리털도 다 빠지면서 일념으로 부처님께 기도하다가 불당신(佛堂神)에 신들렸다.

19세 무진(무진대운) 무진토는 희신이고 이중으로 귀문관살을 충하니 귀신같이 잘 맞춘다고 소녀 점쟁이로 명성을 날리다. 20세 기사년에도 명성을 이어갔다.

103) 丙丙丙甲　庚辛壬癸甲乙
申午寅申　申酉戌亥子丑 3대운

여명. 신왕하여 신중 임수 편관 용신한다. 양팔통에 인신충하여 남편궁이 좋지 않다. 30세 전에 본 남편과 이별하고 그 뒤에도 많은 남자와 만남과 이별을 되풀이 하였다. 임술대운에서는 돈 많은 영감님과 살면서 제법 큰 재산을 빼돌렸다. 인오술화국으로 인신충이 풀려 재가 살아난 것이다.

소용신: 임신 충으로 금과 목이 용신에서 제외되어 火 一行이 용신이다.

27세 경술년(계해대운). 인오술화국하여 신금이 살아나고 운간 경금이 뿌리하여 기신의 재운이다. 금전적 갈등으로 이혼하다.

46세 기사년(신유대운) 기 상관에 인사신 삼형이다. 같이 살고 있든 남자의 본처에게서 간통죄로 고소당하여 교도소 갔다.

104) 戊甲乙戊　辛庚己戊丁丙
辰子丑子　未午巳辰卯寅 1대운

갑일주가 축월에 자진 수국을 하면서 하늘과 땅이 얼어붙었다. 병정 화기로서 해동을 하여야하나 불이 없어 사주가 편고하다. 무토 재를 용신하고 화를 희신한다.

많은 인수가 자축, 자진으로 합해오니 어머니가 여럿이고 계모와 같이 살았다. 무진대운에서 도화의 자수 인수와 가택 궁에서 자진 합을 하여 계모와 간통을 하였고 결혼하고 나서도 그 관계가 계속되었다.

소용신: 수는 투출이 없어 용신에서 제외한다. 갑을 목과 두개의 무토가 같이 진에 뿌리 했으나 진의 본기가 토이고 축월이어서 목이 약해 을목을 용신한다. 양일간이라 대용신은 항상 참고 대상이다.

34세 신유년(기사대운) 대운, 년운, 사주가 사유축 금국이 되어 용신 목을 극한다. 축이 재성인데 관살이 되어 극하니 처가 이혼을 제의하여 이별하다. 남편이 계모와 부적절한 관계를 계속하는 것을 처가 용납할 수가 없었든 것이다.

105) 丁乙甲丙　戊己庚辛壬癸
亥丑午申　子丑寅卯辰巳 7대운

여명. 앞의 무자생의 처. 을목이 오월에 계수로 윤택하고 병화로 화려해지며 갑목도 있으니 입격한 사주다. 해수로서 용신한다. 총명하고 자존심이 강한데 申금 관성이 위와 옆에서 극을 받고 축에 입묘하여 남편 덕이 없는 것이 흠이다.

임진대운에서 진토 시어머니가 신 관성 남편과 합(간통)하는 것을 보고 견디지 못해 이혼하였다. 축오 귀문에다 진 시어머니로 진해귀문까지 겹치니 극도의 스트레스에 시달렸던 것이다.

소용신: 해수, 축토, 신금은 천간에 수, 토, 금의 투출이 없어 용신에서 제외한다. 천간의 세력이 비슷한 목화가 용신이다. 화가 강하여 설기하는 토도 무난하나 토를 형충 할 때는

많은 변수가 발생한다.

26세 신유년(임진대운). 대운에서는 정화 묶였고 년운에서는 병화가 묶였다. 자기의 자존심(식상)은 땅에 떨어졌다. 그리고 기신의 관살이 왔으니 남편이 원인제공을 하는 관재 구설 질병 기타로 시끄러운 한해다. 이혼으로 끝나다.

106) 戊丁壬壬　戊丁丙乙甲癸
申酉寅午　申未午巳辰卯 7대운

정화일주가 입춘절 한랭하고 재와 살이 강하여 목화를 용신 희신 한다. 인목을 옆에서 신유금이 원진극하고 충하여 사주가 허술해졌다. 재를 탐하면 용신은 깨어져 골탕먹게 되니 사업은 아예 불가하여 평생을 공장의 기술자로서 성실하게 지냈다.

소용신: 신유금과 인목은 천간에 금과 목의 투출이 없어 용신에서 제외한다. 무토와 임수를 비교하면 임수가 더 강하여 제살하는 무토 상관 용신이다.

50세 신유년(정미대운). 기신의 재운으로 돈 때문에 골치 아프게 생겼다. 재생관살 하여 구설수가 분분하다. 직장생활하며 알뜰하게 모은 재산을 친구와 동업(자기는 회사다니며 돈만 투자하고 경영은 친구가 하는 조건)하다가 친구의 배신과 사기행위로 몽탕 날렸다.

107) 壬癸戊乙　壬癸甲乙丙丁
戌亥子酉　午未申酉戌亥 5대운

계수가 자월 추운 날씨에 병화 태양이 있어야 하는데 없으니 아쉽고 술중에 정화라도 있으니(微溫之土)다행이다. 신왕하여 무토관 용신이고 화가 희신이다. 견겁태왕으로 속성속패하여 돈이 생기면 날리기가 바쁘지만 그래도 기술자로서 실력이 있어 굶지는 않는다. 병술대운에는 재산가인 숙부의 양자로 들어가 호강스럽게 지냈으나 을유대운에서 숙부가 죽고 숙모(인수)가 전 재산을 관리하면서 찬밥신세가 되어버렸다. 酉가 기신의 인수이기 때문이다. 갑신대운 들면서 신자 수국으로 견겁태왕되자 궁끼가 서리는데 마누라는 있는 돈 몽땅 긁어 도망 가버려 알거지 신세가 되었다.

소용신: 무토 용신, 화 희신 이다.

37세 신유년(갑신대운). 36세 경신년부터 만사가 힘들어지고 37세 신유년에 처는 더 견디지 못하고 도망 가버렸다. 대운,년운,사주가 신유술 서방으로 합하여 무토용신이 뿌리가 없어지고 하나 남은 불씨, 술중 丁화(돈, 처)도 사라졌다. 酉년에 일지 亥 가택궁이 상문조객이어서 집안에 나쁜 변동수가 생긴 것이다.

108) 壬辛丙己　壬辛庚己戊丁
辰未寅丑　申未午巳辰卯 8대운

여명. 인수신왕하고 관이 왕하여 임수 상관용신 한다. 남편복은 없으나 활발한 사회활동은 가능하다. 상관용신에 인미 귀문관살이 충 되어 총명하고 예리하다.

초년 정묘대운에서 기신의 관살이 와서 남자와 사귀다 깊은 마음의 상처를 받았다. 28세 기사대운에 기토가 임수 상관을 탁하게 하고(己土濁壬) 인사형으로 주어진 환경(월지)에 형이 들어 세상을 등지고 수녀가 되었다가 다시 환속하여 교육기관에서 강사로 활동 중이다. 재관이 왕성한 여인이니 세상과 동 떨어져 수녀로서 평생을 살 수가 없었든 것이다.

소용신: 기토 인수가 강하여 병과 임 중에서 약한 것을 용신한다. 병화가 더 강하여 임수상관 용신이다.

28세 병진년(기사대운). 병은 기신의 관살이고 대운에서 巳는 일주묘궁이며, 진은 용신묘궁이다. 기신의 관살이 와서 남자로 인해 고통스럽고, 일주와 용신이 묘궁에 드니 만사 의욕이 없다. 수녀 되다.

35세 계해년(기사대운). 역마 운이며 대운과도 역마충 되어 변화수가 온다. 대운과 년운의 천극지충(天剋地沖)은 대개 흉한 법이지만 년운 자체가 워낙 길하니까 별다른 흉이 없이 넘어간다. 계는 용신의 수이고 해는 기신 병화의 뿌리인 인목을 합으로 묶어 대길이다. 년운의 계해식상은 제자로 볼 수 있는데 강사자리에 제의가 왔다. 수녀생활을 그만두고 강사로서 새로운 인생을 시작하다.

109) 丁己甲壬　戊己庚辛壬癸
卯丑辰寅　戌亥子丑寅卯 5대운

여명. 사주 여덟 글자에 관살이 4개나 있어 관살혼잡(明暗夫集)이고 재살태왕하여 탁한 사주다. 관인상생의 형식을 갖추었지만 격이 떨어진다. 시지에 도화 편관이 있어 10세 년하의 남자와 같이 살다가 얼마 못가 다시 이별했다. 일주가 약하여 정화 인수용신하나 운이 동남으로 흐르는 것이 아니라 북으로 흘러 경제적으로도 힘든 세월을 보냈다.

소용신: 수목이 강하여 일주를 압박해오는데 정화가 뿌리가 있어 정화 편인 용신한다.

47세 무자년(기해대운). 무는 약한 일주에 좋으나 자는 축을 합하여 기신의 임수를 약하게 하여 좋지만 시지 묘목 편관과 수옥살로 자묘형이 문제다. 시지의 년하 사내(묘도화관성)와 헤어지다.

110) 壬癸癸壬　己戊丁丙乙甲
戌卯卯子　酉申未午巳辰 8대운

임인생의 동거남. 식신용겁격으로 임수가 용신이다. 부모덕이 없어 형제에 의지하고, 인테리어 사업을 하고 있으나 대운이 화운으로 연결되어 빛 좋은 개살구로 실속이 없다.

子가 년지 도화인데 년상의 여인과 인연이 있어 10세 년상의 여인과 동거를 하였다.

소용신: 목과 토는 천간에 투출이 없어 용신에서 제외하면 水 일행득기가 용신이고, 금이 희신이다.

37세 무자년(병오대운). 기신의 무토 관이 왔지만 뿌리가 힘이 없어(묘술합) 큰 영향은 없다. 그러나 자수는 도화이고 자묘형을 하여 술집여자와 관계를 맺은 것이 들통 나서 10세 년상 여인과의 동거생활이 파탄이 났다. 실증 나든 차에 헤어졌으니 아쉬움은 없었다. 자수가 희신이기 때문이다.

111) 丁辛甲甲　戊己庚辛壬癸
　　酉卯戌辰　辰巳午未申酉 0대운

여명. 편관용편관격으로 대용신은 정화 편관이다. 강직하고 남에게 지기 싫어하며 한번 시작한 일은 끝장을 보는 성격인데 지지가 전부 충이 되어 인생살이가 순탄하지 않을 것 같다. 초년의 계유, 임신, 신미대운이 아름답지 못하여 고생하며 소녀시절을 보냈다.

소용신: 지지가 전부 충일 때는 어쩔 수없이 모두 살아있는 것과 같이 본다. 음일간이니 일간을 제쳐놓으면 목화만 남는다. 정화용신 갑목 희신이다.

25세 무진년 을묘월(신미대운): 대운은 술미형하고 년운은 진술충하며 월운은 묘유충이다. 한 곳도 빠짐없이 골고루 깨어버렸다. 교통사고로 사망.

112) 戊丙壬辛　戊丁丙乙甲癸
　　子午辰卯　戌酉申未午巳 0대운

여명. 병오일 유시에 입하가 드니까 辰월이지만 巳월 한가지다. 신왕하여 임수 편관을 용신한다. 그러나 신금 재는 절궁에 앉았고, 임수편관은 묘궁에 앉았는데 子수 뿌리까지 충이 되어 부부운이 삭막하다.

소용신: 진월에 무토와 임수가 뿌리 했다. 본기 무토가 더 강한데 제살태과하여 임수 편관용신이다.

27세 정사년 갑진월(을미대운). 대운, 년운, 사주가 사오미로 화국하여 편관용신이 말라버렸다. 힘이 없어진 임수를 정임합으로 묶었고 진월에는 임수 남편이 묘속(묘궁)으로 들어간다. 남편 사망.

113) 丁甲壬壬　丙丁戊己庚辛
　　卯子子午　午未申酉戌亥 10대운

여명. 인수신왕 하여 정화 상관을 용신한다. 수가 왕하고 토가 없으니 갑목이 뿌리를 내릴 수가 없어 안정이 부족하다. 년월지는 자오충에다 일시지는 수옥 살에 자묘형 하여 인생에 파란이 예고되고 부부궁은 어지럽다.

소용신: 자오충으로 정화는 뿌리를 상실하여 남은 수목으로 양신성상(兩神成象)으로 용신한다.

29세 경술년(경술대운). 경은 기신의 관살이다. 남편과 연관되어 좋지 않은 일이 생긴다. 술은 묘술합하여 용신의 뿌리를 묶었다. 남편 사망.

114) 戊丙丙癸　庚辛壬癸甲乙
子午辰未　戌亥子丑寅卯 9대운

곽송령. 장학량의 휘하장군. 일지에 양인이 있고 癸관이 제지하여 官刃格이다. 관살과 양인을 인수로서 화해시키는 것이 용신인데 자오충에 다시 충극은 매우 불리하다. 을묘, 갑인운에서 일찍이 귀인을 만나 출세의 기틀을 얻었고, 계축10년은 관살도 왕하고 양인도 강하여 손에 병권을 잡았다. 자오충에 자축합을 하니 子 관살과 午 양인이 모두 살아버린 것이다. 임자운에서 사망.

소용신: 대용신과 동일.

42세 갑자년 병자월(임자대운). 국민당과 결탁하여 장작림에게 하야를 요구하다가 패하여 아내와 함께 총살되다. 3개의 子가 오 양인을 충하여 총칼아래 쓰러지다. 세개의 자수 관성은 힘을 모아 편관 칠살의 역할을 똑똑히 한다.

115) 癸壬丙癸　庚辛壬癸甲乙
卯申辰巳　戌亥子丑寅卯

양행불. 상해에서 임어당, 호적등과 함께 치죄법(治罪法)의 철폐와 정치범에 대한 공개재판, 감옥의 개선 등을 요구하는 인권운동을 주도하였다. 임계 수가 많고 신진수국으로 신왕하여 사화에 뿌리 한 병화 재를 용신한다. 상관생재 하여 좋으나 병화가 군겁쟁재 당하고 있는 것이 흠이다. 자운에서 신자진 수국하여 군겁쟁재로 사망했다.

소용신: 사화에 뿌리한 병화 재를 용신한다.

41세 계유년(임자대운). 저격당하다. 계는 군겁쟁재하고 용신의 뿌리되는 사화는 유와 사유금국으로 바뀌어 화로서의 구실을 제대로 못했다.

116) 戊壬辛甲　丁丙乙甲癸壬
申戌未申　丑子亥戌酉申

윤창형. 임일주가 미월에 신금으로서 수원을 삼고 갑목으로 무기토를 깨트려주어 아름답고 신왕살왕하여 입격한 사주다. 소서 지나 3일이어서 아직 뜨거운 기운이 천지에 차 있으니 申금에 뿌리 한 辛금을 용신한다. 酉대운에서 벼락같이 출세하다.

소용신: 대용신과 동일

29세 임자년, 30세 계축년(계유대운). 젊은 나이에 도독(都督)으로 승진하여 세상 사람들을 깜짝 놀라게 하다. 임자년은 조열함을 식혀주었고 계축년은 축술미삼형 하여 튀어나온 계수와 기토에 무토와 갑목이 합거 되었으나 용신 신금은 손상당함이 없었다. 무엇보다도 대운에서 신유술 방합으로 대길하여 나아가는 길에 엄청난 탄력을 받는다.

117) 辛癸戊庚　甲癸壬辛庚己
酉亥寅寅　申未午巳辰卯

육연규. 정월 목왕하여 계수일주가 설기가 심하여 경신금 인수로서 용신한다. 일지 해가 겁살인데 寅亥로 합하여 상관 목이 더욱 강해진 것은 불길한 징조다.

소용신: 음일주에 무토는 뿌리가 없으니 금을 용신한다.

49세 무인년(계미대운). 무는 기신의 관이다. 인은 인해합에 다시 합이 와서 합이 풀려서 금용신은 무력해진다. 합이 풀린 인월의 지장간 무토에 기신의 관이 힘을 얻었다. 저격당하다.

118) 甲甲丙甲　庚辛壬癸甲乙
戌辰寅申　申酉戌亥子丑 2대운

여명. 입춘지나 6일 밖에 되지 않아 한랭하여 병화를 용신한다. 아직 어린 나무인데 신금관살이 충해오니 아름답지 못하고 부부궁도 충을 하여 지지가 전부 살벌한 싸움터로 변한 것 같다.

소용신: 양일간에 지지가 전부충이어서 대용신과 같이 병화 식신용

34세 정사년(임술대운). 대운은 진술충에 다시 충하고, 년운은 인사신 삼형이다. 전부가 충과 삼형이 되어 용신이고 무어고 찾을 필요도 없다. 부부궁이 깨어지고 남편도 당한다. 정화는 상관이니 홧김에 서방질하다가 결국 이혼하다.

119) 丁戊乙己　辛庚己戊丁丙
　　 巳午亥丑　巳辰卯寅丑子 4대운

여명. 무토가 해월에 병화와 갑목이 있어야 길명인데 모두 있어 입격한 사주다. 그러나 신왕 하여 을목 정관용신이지만 을목이 해에 사궁이 되어 정관이 무력화되는 것이 흠이다. 인대운에서 인목 관성이 인해합목이 되어도 결국은 인오화국 하여 기신이 되고 인사형이 되어 부부이별 하였다.

소용신: 대용신과 동일

33세 신유년(무인대운). 관용신에 상관을 보니 남편을 꺾는다. 무인대운에 남편이 몸은 약해지면서 성질은 도리

어 사나워졌는데 신유년에는 더 이상 견디지 못하고 도망가다.

120) 己乙庚壬　丙乙甲癸壬辛
卯丑戌申　辰卯寅丑子亥 2대운

편재용겁격으로 묘목비견이 용신이다. 임수가 생하여 주어도 경금 정관에 가로막혀 무정하니 재살태왕격이 되어 부귀와는 거리가 멀어졌다. 일지의 재가 축술형으로 처궁이 산란하다. 갑인운에 용신이 힘을 얻어 살림살이가 많이 넉넉해졌고, 을묘운에 묘 비견이 술 정재와 묘술합하여 처가 이웃 총각과 바람이 나서 이혼하였다.

소용신: 을경합화금으로 경금용신. 토와 수가 희신.

48세 기미년(을묘대운). 가택궁을 충하고 재가 축술미 삼형하면서 문제를 일으킨다. 이혼. 충으로 튀어나온 지장간 을목이 경금용신을 다시 합하려고 덤비니 흉하다.

121) 癸辛戊壬　壬癸甲乙丙丁
巳酉申午　寅卯辰巳午未 9대운

여명. 금이 강한데 火 관을 용신한다. 화 관은 목의 생조가 없고 임계수 상관이 왕하여 남편궁은 위태롭다.

소용신: 신월에 뿌리한 임계수를 용신한다.

38세 기미년(을사대운). 기토는 임수를 탁하게 하고(己土濁壬) 미는 대운, 사주와 사오미로 방합하여 기신 무토가 더욱 힘쓴다. 이혼.

40세 신유년(갑진대운). 신은 오운(五運)으로 병화 관을 허합래하고 유는 시지의 사화와 합을 한다. 시지는 손아래니까 시지 사화관성은 년하의 남자가 되어 년하남과 재혼했다.

122) 戊辛庚丁　癸甲乙丙丁戊己
戌卯戌卯　卯辰巳午未申酉 6대운

박태준 포철명예회장. 토금이 강하여 정화 관을 용신한다. 戊와 丁은 화로에 있는 불인데(有爐有火) 무토 용광로에 경신금 철광석을 가득 넣고 정화로서 불을 때는 형국이어서 세계적인 철강인 다운 사주다. 26세부터 화운으로 시작하여 평생 대통이다.

소용신: 지지는 모두 합이어서 대용신과 같이 정화용신이다.

35세 신축년(정미대운). 대운의 강세가 이미 시작되어 거리낌이 없다. 신은 기신이지만 축술형으로 술중 정화가 활성화되고 형으로 튀어나온 지장간 계수에 기신의 무토는 합거 되어 길하다. 기신의 인수제거는 임명권자의 총애를 받는다는 뜻이다. 국가재건최고회의 의장 비서실장.

38세 갑진년(병오대운). 갑목은 재생관하고 진은 진술충하여 튀어나온 지장간에 기신의 무토와 경금이 묶여버렸다. 대한중석 대표이사 사장.

42세 무신년(병오대운). 기신의 토금이다. 포철대표이사 사장. 1973년6월9일 아침 7: 30분(47세)에 포철 1고로에서 첫 쇳물이 쏟아질 때까지 악전고투의 세월이었다. 워낙 대운에서 잘 받쳐주니까 해 낼 수가 있었을 것이다.

47세 계축년(1973년. 을사대운). 계는 기신의 무토를 묶고 축은 축술형하여 정화 용신 살아난다. 금탑산업훈장 받다.

55세 신유년(을사대운). 묘술합을 묘유충으로 때려 정화관이 확실한 뿌리를 얻는다. 포철 대표이사 회장.

74세 경진년(계묘대운). 국무총리. 진술충으로 묘술합이 풀려 정화용신이 힘을 쓰지만 기신의 경금이 강하여 최상의 길운은 아니다.

123) 壬丙己乙　壬癸甲乙丙丁戊
戌申丑丑　午未申酉戌亥子 대운

김종필. 제살태과 임수용신이다. 기토 상관이 강하고 戌申 천관지축이 모두 있어 표현력이 좋고 총명하며 예지력이 뛰어 나다. 역사에 처음 이름을 내민 5.16혁명 때는 대운이 신유술 서방으로 합하여 도도히 흘러간다. 영원한 이인자라는 호칭을 들으며 김영삼, 김대중과 더불어 3김의 일인으로 한 시대를 주름잡았다.

소용신: 을목은 뿌리가 없어 제쳐놓고 기토와 임수를 비교할 때 기토가 더 강하여 제살태과로 임수용신 한다.

37세 신축년(을유대운). 5.16혁명의 주체세력. 중앙정보부장. 대운은 신유술로 합하여 대길하고 년운에서 축술형하여 용신 임수는 정화에 합거되는 것은 흠이지만 운간 辛금(희신)은 살아있어 큰 지장은 없다.

38세 임인년.(을유대운) 인신충하여 튀어나온 지장간에 기신 기토가 제거된다. 그런데 많은 임상의 사례에서 보면 년운에서 인신충 할 때는 뿌리가 하나라도 남아 있으면서 운간이 희신이고 상함이 없으면 대개 길운으로 귀착된다.

47세 신해년(갑신대운). 대운에서 기신의 기토 상관을 제거하고 임수 용신은 장생을 얻었다. 신해 년운까지 대길하여 국무총리.

56세 경신년(계미대운). 56세부터 계미대운이 대운이 축미충, 술미형이다. 기신토는 형충으로 꿈틀거리고 튀어나온 정화에 용신은 합되어 구름이 하늘을 덮어 어두워진다. 희신의 운간 경금은 영향력이 없는 을목을 합거하여 희신 값을 못한다. 박정희 전 대통령의 사후에 대권을 향한 준비에 하고 있었으나 전두환 정권에 구금당하다. 그래도 申금은 팔팔하니 생명에는 지장이 없다.

71세 을해년(신사년): 기신 기토를 억제하고 용신은 록을 얻는다. 민자당총재.

124) 辛丁丁乙　辛壬癸甲乙丙
丑未亥丑　巳午未申酉戌 4대운

김재규. 10.26사태의 장본인. 정화가 해월에 신약하여 을목 편인 용신이다. 음팔통으로 겉으로 조용하나 완고하고 집요한 면이 있으며 두개의 정화는 두개의 불길이 맞붙어 맹열히 타오르는 형상이어서(兩火爲炎) 필요할 때는 전광석화같이 기선을 제압하기도 한다. 午未대운에서 부족한 화기 보강으로 신왕관왕이 되어 국가의 중책을 맡았다.

소용신: 년지 축에 뿌리한 신금보다 해월의 을목이 더욱 강하여 신금 편재를 용신한다. 소용신과 대용신이 금과 목으로 완전히 틀려져 이럴 때 역술인들은 좌절감을 느낀다.

30세 갑오년(갑신대운). 연대장. 축미충을 오미합으로 풀어버리니 신금 용신이 새로운 뿌리를 얻었다.

37세 신축년(계미대운). 5.16군사혁명. 호남비료사장. 용신의 해가 왔다.

39세 계묘년(계미대운). 사주의 해미와 해묘미 삼합하여 축미충을 풀려서 신금 용신이 새로운 뿌리를 얻었다. 방첩부대장. 뒤이어 보안사령관

49세 계축년(임오대운). 국회의원(유정회). 신금용신이 축을 만났다.

52세 병진년(임오대운) 용신 합거하고 기신 을목이 진에

뿌리 하니 좋은 해는 못 된다. 아직 대운이 받쳐주어 가능하나 임오대운도 저녁의 해같이 서서히 땅으로 떨어지고 있다.

55세 기미년(신사대운). 대운은 이미 돌아서고 년운마져 흉운이다. 죽음의 검은 그림자가 드리운다. 미는 년지 축과 충하여 용신의 유일한 뿌리를 깨어버렸다. 박정희대통령을 저격하고 본인은 체포되다

125) 乙乙乙丙　辛庚己戊丁丙
酉未未申　丑子亥戌酉申 4대운

조치운. 부산에서 태어나 6세 때 일본으로 바둑유학 가서 지금까지 일본에서 활동 중이다. 을목이 여름의 더운 계절에 병화 태양이 쨍쨍하여 수기로서 조후가 급하여 신중 임수용신하고 금은 희신이 된다. 꽃(을)이 태양(병)을 만나 화려함을 뽐내는데 근원이 풍부한 수기가 윤기를 더해주어 꽃은 더욱 싱싱해졌다. 을목이 병화 상관을 만났으니 총명하고 예민하며 직관력이 뛰어나고 남에게 지기 싫어한다. 그리고 을목과 을목 비견의 조합으로 집요한 면도 있다.

소용신: 신유금은 천간에 투출이 없어 용신에서 제외한다. 천간의 목화가 둘 다 뿌리가 강하여 용신은 목화 양신(兩神)이다.

21세 병진년(정유대운) 병은 용신이고 진은 또 다른 용

신인 을목의 뿌리가 된다. 프로 10단전 우승. 최초의 빅 타이틀을 손에 쥐다.

28세 계해년(무술대운). 기성, 명인, 본인방에 우승하여 대삼관(大三冠)을 달성. 계는 병화 태양을 가려 아름답지 못하나 을목을 생하고 해는 목의 든든한 뿌리가 되었다.

32세 정묘년(무술대운). 천원전에 우승하여 최초의 그랜드슬램달성하다. 목화용신에 정은 화이고 묘는 목이다. 용신이 용신운을 만났다.

42세 정축년(기해대운). 축미충하여 튀어나온 지장간에 병화용신이 묶여서 매우 불리한 듯하지만 희신의 정화 운간이 팽팽하게 살아서 병화의 역할을 대신한다. 두 번째 大三冠 달성하다. 그런데 하나 참고해본다면 을미 백호대살에 정축백호가 때리니 백호가 미쳐 날뛰는 해다. 가정에 흉한일이 발생 가능하니 조심해서 넘겨야 한다.

50세 을유년(경자대운). 을은 용신이다.

51세 병술년(경자대운) 술미형 하여 튀어나온 지장간에 년간 병화는 날라 가지만 운간 병화는 아무 지장이 없다.

52세 정해년(경자대운). 정은 용신의 화이고, 해는 목의 뿌리가 된다. 50,51,53세에 삼년을 십단전,NHK배등을 연속으로 우승하다.

126) 壬丁丙甲　壬辛庚己戊丁
　　 寅亥子申　午巳辰卯寅丑

최제우 동학창시자. 정화 일주가 한겨울에 한랭하여 병화로 조후하고 갑목으로 용신으로 삼는다. 亥申 천관지축으로 하늘과 땅의 관문이 열려 영성(靈性)이 뛰어나고 子에 개천(開天)하여 도를 터득하며 새벽의 밝음(寅)으로 중생을 인도한다. 정화가 비겁 병화를 만났으니 동학을 포교할 때는 강력한 추진력으로 어떤 역경도 이겨낸다.

소용신: 인해합으로 병화와 갑목은 뿌리가 허약하여 용신에서 제외한다. 임수 정관용신.

6세 기축년. 부친 사망. 일주가 묘궁에 들었다. 해자축 북방으로 합하여 인해합이 풀려서 기신의 병갑이 뿌리를 얻고 申금 재 부친은 수국에 빠져 버렸다.

36세 경신년. 동학을 창시하다. 경은 희신의 재이고 신은 용신의 장생이다. 그러나 인해합을 충하여 병갑이 살아나 많은 난관이 기다리고 있다.

41세 임술년. 도수사(道修詞). 권학가(勸學歌), 동학론(東學論)등을 집필하며 포교에 전심하다. 임수는 용신이고 술은 식상이니 많은 신도가 생긴다. 신금으로 통관이 되어 관살과 다투지 않는다.

42세 계해년. 수용신에 수운으로 대길하나 인해합에 다시 합이 와서 합이 풀렸다. 기신의 병갑이 힘을 쓰니 길중에 흉이 잠복되어 있다. 교세가 확장되어 최교주의 마지막 화려한 불꽃을 피우다.

43세 갑자년. 대운이 아마 진대운에 들어섰을 거라고 추측이 된다. 대용신에서 신자진 관살이 삼합을 하여 목으로 통관하기에는 역부족이니 생명이 촌각에 달렸기 때문이다. 사도(邪道)의 우두머리로 몰려 체포되고 사형당하다.

127) 丙壬壬丙　戊丁丙乙甲癸
　　午寅辰戌　戌酉申未午巳

최시형. 동학 2대 교주. 재다신약하여 어려서 부모를 여의고 가난하게 지냈다. 임수 용신한다. 최제우 교주가 입교한지 얼마 되지 않는 그를 왜 2대 교주로 임명하였는지를 사주만 가지고 판단하기는 어렵다.

소용신: 진술충으로 임수의 뿌리가 상하여 병화를 용신한다.

34세 신유년. 병신합거는 아름답지 못하나 진유합으로 진술충이 풀려 병화는 새로운 뿌리를 얻었다. 동학에 입문.

36세 계해년. 교주에 의해 후계자로 지목되다. 계는 기신의 비겁이니 동도의 질시를 받아야 했고 해는 인해합하여 오화가 풀렸지만 용신의 힘은 오히려 줄어들었다. 2대 교주의 자리는 그에게 영광의 자리이기 보다 엄청난 중압감으로 그를 눌렀을 것이다.

37세 갑자년. 최제우가 처형되자 태백산에 은신하여 은밀하게 포교하다. 자오충으로 튀어나온 기토에 희신의 운간 갑목이 묶여버렸다. 진술충에다 대운과 년운이 모두 충형으로 험악한 지뢰밭이 되었다.

45세 신미년. 동학교도가 일으킨 민란으로 인해 동학에 대한 탄압이 강화되다. 병신 합으로 용신합거되고 술미형으로 튀어나온 지장간에 남아있든 병화까지 없어져 용신이 묶였다.

58세 갑신년. 갑신정변후 탄압이 완화되자 조직을 강화하다. 인신충으로 인오 반합을 깨어버리고 운간 갑목희신은 상함이 없다. 갑목은 식상이니 동학교도로 볼 수 있다.

67세 계사년. 대대적으로 최제우 교주의 신원(伸寃)과 부패 관리 처단 등을 정부에 요구하다. 인사형으로 화기는 더욱 강하여지고 튀어나온 지장간에 기신의 운간계수는 제거되었다.

68세 갑오년. 전봉준의 동학농민운동에 동학교도를 응집시키고 10만 병력으로 정부에 대치하였으나 일본군과의 혼성부대에 대패하다. 목화가 왕성하여 강력한 세력을 만들었으나 갑목 식상이 오화에 죽어 들어왔으니(死宮) 관군과 대항하기에는 역부족이다. 그리고 대운이 아마 술대운으로 사주와 인오술화국하여 재다신약이면 재운에 패망이라는 구절에 해당할 것이다.

72세 무술년. 체포되어 처형되다. 진술충에 다시 충이 가해졌다. 2개의 병화용신이 튀어나온 지장간에 모두 묶여버리고 희신의 운간무토도 합거 되니 적막강산이다.

128) 戊辛丁辛　辛壬癸甲乙丙
戊丑酉酉　卯辰巳午未申 4대운

건록격으로 신왕 하여 정화 편관 용신이다. 장남이며 주관이 뚜렷하고 다부져서 자수성가형이다. 신왕하고 관살이 쇠약한데 지금 갑오대운은 관살이 보강되어 무난하나 계사대운에서 巳화 관이 고개를 돌려 사유축 금국으로 변해버리면 큰 좌절에 빠질 것이다.

소용신: 대용신과 동일

26세 병술년(갑오대운). 현대자동차 입사시험에 합격했으나 발령받지 못하고 대기상태에 있었다. 병화관록이 년간의 기신 신금비견에 합하여 사라졌지만 축술 재형(再刑)으로 기신의 무토 인수도 합거됐다. 그러나 술중 정화는 살아남아 합격하였고 대기상태에서 발령장이 오기만을 기다리고 있었다.

27세 정해년(갑오대운). 정화는 용신이다. 정식으로 발령받았다.

129) 己乙辛辛　丁丙乙甲癸壬
卯亥丑卯　未午巳辰卯寅 2대운

여명. 을일주가 축월 한겨울에 화기 한 점 없어 한습(寒濕)하다. 기토 용신하고 화가 희신 이다. 을목 꽃이 병화 태양이 있어야 화려하게 필 것인데 꽃을 제대로 피우지 못하여 결실(자식)이 없고 辛금 칠살중 하나는 절궁에 앉았고 하나는 입묘하였으니 남편 복이 없다. 갑진대운에서 20세 년상의 남자에게 후처로 시집갔다가 을사대운에서 본처의 자식들과 불화하여 이별했다. 병오, 정미운은 초라하지 않는 노후를 준비 할 수 있어 다행이다.

소용신: 음일간이 천간에는 기토와 신금이 있다. 기토를 용신하고 신금을 희신 한다.

30세 경신년(갑진대운). 갑진대운이 아름답지 않으니 즐거운 일이 생길 수 없고 경신년은 희신이나 관살혼잡이 되어 고달프기만 하다. 묘신원진과 귀문이 겹쳐 꼴 보기 싫은 사람만 많아진다. 그래도 정관이니 정붙이고 살려고 한다. 20세 년상의 사람 후처로 시집가다.

130) 己乙辛辛　乙丙丁戊己庚
卯丑丑丑　未申酉戌亥子 7대운

편관용겁격으로 을목용신 이다. 하늘이 얼고 땅이 얼었는데 재와 살(財殺)이 태왕하니 가시밭길 인생이 끝없이 펼쳐졌다. 처와 자손이 재와 살로 공격해옴으로 가정 안에서 평온이 없고 직장 운은 안정이 없다. 직장생활을 전전하다가 정대운에서 제살하여 세탁업을 하면서 생활의 안정을 얻었는데 경진. 신사년에 남에게 보증을 서준 것이 잘

못되어 전부 자기가 떠맡게 되어 망할 입장이 되었다. 괴로움을 벗어나고자 술을 마시는 것이 이젠 알콜 중독에 빠져 헤어나지를 못하고 있다. 유 대운에서 용신을 깨어버리니 살아 있어도 살아있는 것이 아니다(生不如死)

소용신: 기토용신, 신금희신.

40세 경진년 41세 신사년.(정유대운). 칠살이 아무리 희신이라 하여도 허약한 대용신이 깨어지고 관살이 중첩되면 관재구설수가 분분할 뿐이다. 사주자체가 심한 재다신약 , 재살태왕, 혹은 상식태왕 할 때 대용신을 유심히 살펴야 한다. 워낙 조화를 상실한 상태이므로 대용신이 상할 때는 치명적인 결과가 올 수가 있다.

131) 丁乙甲丙　庚己戊丁丙乙
亥丑午午　子亥戌酉申未 1대운

여름의 을목은 조후가 급하여 축중 계수로 조후하고 신금으로서 수원(水源)을 삼는다. 수가 용신이고 금이 희신이다. 년월에 상관이 태왕하여 부모덕이 없고 다재다능하나 실속이 시원찮다. 31세부터 시작하는 무술대운10년은 용신 인수를 극하고 재물에 대한 갈증으로 숨길이 가뻐지는 태산준령 같다. 이 대운을 넘기고 나면 해자축으로 북방운이 연결되어 한결 인생이 윤기가 나고, 사는 재미가 나아질 것이다.

소대운: 수와 토는 천간에 투출이 없어 용신에서 제외하면 천간에 목화만 남는다. 목화 양신용신.

36세 신사년(무술대운). 사주가 대운과 년운에서 수원이 모두 형과 충을 번갈아 맞았으니 온전할 수 없는 한해다. 대운이 오술화국하고 축술형을 하였다. 형으로 튀어나온 지장간에 대운의 운간 무토와 월간 갑목이 묶이고 년운의 운간 신은 년간 병화를 합거한다. 사해충하여 튀어나온 지장간에 정화 와 일간까지 묶였으니 사주, 대운, 년운이 모두 꽁꽁 묶여 용을 쓸 수가 없다. 관재를 당하고 부인에게 이혼을 당했다.

간단하게 보면 상식태왕으로 태약한 사주가 대용신 해수 충당하여 불길한 일을 겪었다고 볼 수 있다.

132) 辛辛乙甲　辛庚己戊丁丙
卯未亥午　巳辰卯寅丑子 9대운

일주는 뿌리가 없고 해묘미 목국에 갑을 목이 투출하여 종재격이다. 신금일주에 을목재가 투출하면 전설적인 부호 도주공과 같은 부자가 된다고 하였으니 재복은 타고난 셈이다. 인묘 운에서 큰돈을 벌었으나 48세 신사년 일년 동안 15억이라는 거금을 주식투자 잘못으로 날려버렸다.

이후에 연결되는 경진, 신사대운이 아름답지 못하니 옛날의 영광을 회복하기는 힘들 것 같다.

소용신: 대용신과 동일

48세 신사년(기묘대운). 갑목용신은 대운에서 묶였고 을목은 사해충으로 튀어나온 지장간에 경금에 묶여버렸다. 용신이 모두 묶였으니 무슨 힘이 남았겠는가. 을목은 해에 사궁인데 해묘미 합으로 꼼짝하지 못하다가 충 하니까 발동하여 을목 돈은 죽어버렸다(死宮)

133) 壬己乙壬　辛庚己戊丁丙
申未巳辰　亥戌酉申未午 8대운

남승우 풀무원사장. 서울법대 졸업하고 식품공학 박사를 딴 유전공학의 대가.

재기통문호(財氣通門戶)하고 신왕재왕하여 기업가의 사주다. 임수 재를 용신 한다. 오행이 순환 상생하며 천간 모두가 申과 巳에 천을귀인(互換貴人)을 두고 있어 길명이다. 그러나 기토탁임(己土濁壬)하고 가택궁이 공망이니 부부간의 갈등은 항상 잠재되어 있다고 볼 수 있다. 평생이 금수운으로 흘러 큰 뜻을 이루기에 부족함이 없다.

소용신: 음일간에 壬 재와 乙 관살의 뿌리가 단단하여 재관을 용신한다.

27세 무오년(정미대운). 현대건설 입사. 서울 법대 나왔으니 재벌회사에 입사는 가능했겠지만 년운이 기신의 화토로 와서 회사생활에 적응이 힘들었을 것이다.

33세 갑자년(무신대운); 풀무원 대표이사 사장. 사주, 대운, 년운이 신자진 財局하여 재수대통이다.

48세 기묘년(경술대운). 경술대운은 을경 합하고 진술충하여 튀어나온 지장간에 년간 임수가 상하지만 시주 壬申이 팔팔하게 살아있으니 시련이 닥치더라고 이겨나간다. 기묘년에 묘는 을목 희신의 뒤받침이 되어 새로이 기지개를 켜며 활동영역을 넓힌다. 이씨엠디 대표이사 사장.

53세 을유년(경술대운). 사주, 대운, 년운이 신유술 서방금국 이다. 국을 이루어 강력한 힘으로 재를 밀어주니 걸림이 없다. 신유술 금국은 관살을 허충래(虛沖來)하니 명예도 생긴다. 한국 CEO포름 제3대 공동대표.

134) 丁丁己庚　丙乙甲癸壬辛庚
未亥卯申　戌酉申未午巳辰 2대운

조중훈 대한항공 창업주.

정화가 묘월에 해묘미로 강한 목국을 이루어 경금으로 제어하는 용신을 삼는다. 재기통문호하니 부격(富格)이다. 두개의 정화가 불꽃을 피우니(兩火爲炎) 기선을 제압하는 신속함이 있으며 기토 식신으로 통관되어 재가 손상당하지 않는다. 4개의 천간은 각자의 천을 귀인이 모두 지지에 있어(호환귀인) 길명이고 말년으로 가면서 신유술 金方하여 노당익장이다.

소용신: 삼합을 한 해묘미 목국은 능히 목생화 할 수 있으므로(방합과 삼합은 아주 강력하여 천간을 생하고 극할 수 있다) 화가 강하여 경금을 용신으로 삼는다.

26세 을유년 양11월(임오대운). 일제에서 해방된 후 인천에서 한진상사라는 간판을 걸고 트럭 한대로서 수송업을 시작하다. 을경합거이지만 묘유충으로 완고한 목국을 깨는 출발의 의미가 있다.

37세 병신년 양11월(계미대운). 미군부대의 화물수송을 맡으면서 두각을 나타내다. 경금 용신이 정록을 얻었다.

38세 정유년 계미대운). 한진상사를 법인으로 등록하다.

묘유충으로 기신의 원흉인 해묘미 목국이 깨어졌다.

47세 병오년부터 52세 까지 베트남 전쟁에서 운송업으로 어마어마한 떼돈을 벌다. 47세 부터 대운이 大通을 시작했다. 역마지살로 한걸음 옮길 때마다 돈이 저절로 따라온다. 시작인 병오년은 좋은 운은 아니다. 그러나 전쟁터를 누비며 험한 일을 많이 겪어도 노다지가 앞에서 기다리고 있다.

49세 무신년(갑신대운) 박정희 대통령으로 부터 "하늘의 영토 1번지를 맡아 달라" 라는 부탁을 거절할 수 없어 빈약하고 불실덩어리인 대한항공공사를 인수하고 KAL로 이름을 바꾸면서 항공업을 시작했다.

대운과 년운이 다 같이 용신이 되어 어려움을 이겨내며

항공계의 거목으로서 초석을 깔았다.

78세 정축년(정해대운). 괌에서 항공기 추락사고로 대형 참사가 생겨 국제적으로 이미지가 실추되었다. 축미충으로 튀어나온 지장간에 용신 경금은 합거되고, 축은 일주의 묘궁이 되어 관속으로 파묻히듯이 무기력해진다.

135) 甲丁辛壬　戊丁丙乙甲癸壬
　　 辰丑亥寅　午巳辰卯寅丑子

西厓 유성룡. 임진왜란을 이겨내는데 큰 공헌을 한 인물이다. 월에 재관인이 있어 명문가의 출신이다. 외양내음(外陽內陰. 년간과 시간은 양간이고 가운데의 월간 일간은 음간이다)하니 지모가 출중하고 정관과 정인이 왕성하여 정인군자(正仁君子)이며 공명을 천하에 울리게 한다. 해월에 갑목용신이 인해합목과 진에 뿌리 하여 용신이 건왕하고 겨울이지만 능히 정화일주를 활성화 시킨다(如有嫡母 可秋可冬).

소용신: 壬辛재관이 더욱 강하여 진에 뿌리 한 갑목을 용신한다.

23세 갑자년. 사마시에 합격. 자는 해자축 북방수국이 되어 인해합이 풀린다. 인목이 살아나 갑목용신이 힘 있게 관인상생한다.

25세 병인년. 별시 문과에 급제하여 승문원에 근무. 병은 기신신금을 제거하고 인은 인해 합을 합으로 풀어서 갑목 용신은 더욱 힘을 얻었다.

34세 을해년. 직제학으로 승진. 을은 갑목에 도움이 되지 않지만 해는 인해합을 풀어서 관과 인이 왕성하여 관인상생 한다.

43세 갑신년. 예조판서. 갑은 용신이고 신은 인해합을 풀어서 관인상생을 시킨다.

47세 무자년. 대제학. 무는 기신의 상관이이지만 자는 해자축 수국으로 인목이 풀려서 용신이 건왕 해졌다.

49세 경인년. 우의정. 경은 갑목을 쪼개서 정화의 불이 더 잘 타게 하고(劈甲引丁) 인은 인해합을 풀어서 관인이 더욱 힘을 얻었다.

51세 임진년. 왜군이 침략하여 조선의 강토가 초토화되었다. 도체찰사가 되어 군무를 총괄하고 이순신, 권율등 명장을 등용하여 미증유의 국난을 이겨나갔다. 관이 많아 殺로 변했다. 재난이다.

52세 계사년. 관살혼잡이지만 충으로 인해합을 풀어서 용신이 힘을 얻고 부족한 火氣를 얻다. 명나라 장수 이여송과 합께 평양수복. 영의정. 군사총지휘.

57세 무술년. 북인의 탄핵을 받고 관직 삭탈당하다. 무술은 상관이니 관이 상한다. 축술형 진출충으로 튀어나온 지장간에 임수정관과 갑목 인수용신이 모두 묶여 힘이 없다.

59세 경자년. 복관되었으나 벼슬을 하지 않고 은거에 들어가다. 경금은 벽갑인정하고 관성은 해자축이 되어 인목이 살아나니 임금의 사랑(인수)을 듬뿍 받게 되어 복직이 가능하다.

136) 乙癸辛丙　丁丙乙甲癸壬
　　卯亥丑子　未午巳辰卯寅

소동파. 중국 송나라 제일의 시인이며 당송팔대가의 일인이다. 호는 동파(東坡)거사.

해자축 북방 수국에 丙辛化水하여 기가 坎宮으로 모였다. 왕한 수가 을묘 목으로 순세하여 설기하니 청고한 사주다. 을목 식신용. 겨울에 태양 병화 재가 합거하여 재물에 연연하지 않으니 부자로 사는 것은 단념한 사람이다. 그러나 대운이 사오미 남방으로 가니까 조후가 되어 다행이다.

소용신: 을목 식신용

44세 기미년. 필화사건으로 어사대의 감옥에 갇혔다가 유배를 당하다. 기 편관은 상관견관하여 화란을 부르고 미는 축을 충하여 해자축이 깨어졌다. 축관이 공망인데 해자축 합으로 공망 발동이 유보되어 있다가 충으로 관직은 구멍이 뚫려버렸다(공망). 그리고 계수일주에 미는 묘궁이다. 묘(墓)는 감옥과도 뜻을 같이 한다.

47세 임술년 .유배중에 불후의 명작 적벽부를 짓다.

壬戌之初 七月旣望 蘇子與客 泛舟遊於赤壁之下 淸風徐來 水波不興........白露橫江 水光接天(흰 이슬 물안개는 강에 걸쳐있고, 물빛은 하늘에 닿았더라)........

축술형으로 해자축이 깨어져 관직은 구멍이 뚫렸지만 형으로 튀어나온 무토 관성이 일간과 합하여 천하에 文名을 날리다(최종적으로 일간과 합되면 어떤 육신이든 그것은 내 것이 된다.)

50세 을축년. 예부상서. 을은 용신이고 축은 해자축으로 합류한다.

66세 신사년. 7년의 유배생활을 마치고 귀가하든 중에 사망하다. 사해충으로 튀어나온 경금에 을목용신은 묶였고 운간 신금도 묶이며 일간까지 합이 되어 모두가 꽁꽁 묶여 숨을 쉴 수가 없다.

137) 乙乙庚辛　丙乙甲癸壬辛
　　酉亥子丑　午巳辰卯寅丑 10대운

여명. 을목 일주가 한 겨울에 화기 한 점 없어 하늘과 땅이 얼었다. 火가 없고 인수태왕하여 관살을 용신하기도 어렵다. 연예계통에 종사하고 있으며 남편 복은 없고 자식도 보기 어렵다. 신축대운이후 동남방으로 대운이 연결되어 한결 나아지겠지만 사주 바탕이 빈약하여 대성은 불가하다.

소용신: 해자축 북방 수국에 생을 받는 비견 을목이 강하여 경신금 관살을 용신한다 (지지의 방합과 삼합은 매우 강

력하여 능히 천간을 생하고 극한다). 그러나 관살이 혼잡 되어 용신이 탁하다.

21세 신유년(임인대운). 유부남과 정을 통하면서 병을 얻고 낙태수술하다. 관살혼잡인데 또다시 관살혼잡이 가중되었다. 일지에 상문조객이 발동하여 집 안방에 무슨 일이 생긴다.

138) 己己戊丁　甲癸壬辛庚己
　　巳未申未　寅丑子亥戌酉 5대운

여명. 견겁이 태왕(姉妹剛强)하고 관살이 없으니 신금 상관을 용신한다. 고집 세고 영리하여 남편이 상대하기를 꺼린다. 남편은 교회목사로서 일에 몰두하고 목회자로서 대성하는 것을 유일한 인생의 목표를 삼고 있어 가정과 부인에 무심하게 지냈다. 무관심에 참다못해 34세 신사년에 이혼하였다.

소용신: 금은 투출이 없어 용신에서 제외하니 남는 화토가 용신이다. 토가 강하여 설기하는 신금은 희신.

34세 신사년(신해대운). 이혼. 대운과 년운이 충하고 대운은 시지와 사해충, 년운은 신금과 사신형으로 교차하며 형충한다. 사신형에서 튀어나온 임수에 정화용신이 합거됐다. 물론 희신이며 천을귀인인 신금이 형 당하는 것은 가슴에 칼질 당하는 것 같은 아픔이었을 것이다.

139) 壬丁丙乙　庚辛壬癸甲乙
寅未戌巳　辰巳午未申酉 4대운

목사. 앞 사주의 남편. 목화가 왕하여 술토 상관을 용신한다. 임수 정관을 쓸려고 하여도 뿌리가 없어 용신으로 못하니 쓸데없는 허명을 쫓는다. 천관(戌)과 지축(未)이 있어 영감력이 있고 상관을 용신하여 설교에 박력이 실린다. 비겁이 왕하여 추진력과 적극성은 좋으나 남과 불화하고 이기적인 요소가 있으며 귀문에 형으로 귀문관살이 발동하여 예민하다. 그리고 지지가 전부 형이어서 순리로 사는 사람이 아니며 아무리 하느님이 보살펴 준다 하여도 재난이 불쑥불쑥 찾아올 수가 있다.

소용신: 토는 천간에 투출이 없어 용신에서 제외하며 목화용신 한다.

36세 신사년(임오대운) 사주, 대운, 년운이 사오미 남방화국이 되어 길하다고 볼 수가 있으나 형은 결코 그냥 두고 건너가는 법이 없다. 辛은 병화 용신 합하고 인사형에서 튀어나온 경금에 을목용신까지 묶였다. 지지는 전부 형을 하고 용신은 모두 묶였으니 처와 이혼함으로서 목회자의 인생에서 큰 오점을 남겼다.

140) 戊甲乙癸　己庚辛壬癸甲
辰午卯亥　酉戌亥子丑寅 0대운

야구선수. 19세 고3때 (2001년) 야구 투수로서 7억에 스카우트 되었는데 전액을 부모가 그의 이름으로 건물을 지어주었다.

신왕하여 오화 식신으로 설기하여 용신하고 재를 희신 한다. 양인으로 신왕 하여 몸은 참나무 같이 야물고 식신 생재하니 믿음직스럽다. 무진토 편재가 공망에 백호 되어 아버지를 일찍 사별하고 계부와 같이 살고 있으나 별다른 불화는 없다고 한다.

그러나 아쉽게도 20세 부터 기신인 인수운이 시작하여 길게 흘러가니 봉황새가 만리를 날지 못하고 날개가 꺾일까 두렵다.

소용신: 무토 편재용신. 을, 계가 기신.

19세 신사년(계축대운). 사해충으로 튀어나온 지장간에 기신 을과 계가 제거되어 무토재가 싱싱해졌다.

141) 壬癸己丙　癸甲乙丙丁戊
戌卯亥申　巳午未申酉戌 9대운

여명. 계수일주가 왕하면서 한랭하여 병화를 용신하고

기토 관살을 희신 한다. 신왕하여 성격이 활달하며 일지 좌우로 합이 되어 사교력이 좋다. 병화 재가 입묘함으로 아버지를 어린나이에 사별하고 편모슬하에서 자랐다. 관운이 일찍이 들어와서 여중고 시절부터 염문을 뿌리고 다녔으나 결혼한 남자는 그런 사실을 까맣게 모르고 지내다 나중에야 모든 것을 알고 이별가를 불렀다. 39세부터의 남방화운에서 약한 재가 보강되어 남편복은 없어도 재복 하나는 단단히 챙겨 부자 소리 듣고 산다.

소용신: 신금은 천간에 투출이 없고, 묘술합으로 년월간의 화토는 힘이 없어 용신에서 제외한다. 임계 일행(一行)이 용신이고 생하는 금과 설기하는 목이 희신 이다.

18세 계축년(무술대운). 여고 2학년 때 임신중절 수술 받다. 임술 백호를 계축 관살 백호가 때렸으니 남자 문제로 재난과 질병이 닥친다. 튀어나온 정화에 용신임수가 묶였다.

20세 을묘년(정유대운). 합으로 묘술합이 풀렸다, 기신의 재관이 술에 뿌리 하여 살아났다. 기신의 관살은 재난, 질병이 되니까 대형교통사고를 당하여 많은 고생을 하였다. 그 과정에서 남자를 알게 되어 나중에 결혼으로 연결되었다.

24세 기미년(정유대운). 결혼 한지 몇 년 안 되어 남편과 이혼하다. 워낙 방종한 성격을 얌전한 남편이 참을 수가 없었든 것이다. 기는 기신의 관살이며 미는 해묘미 삼합으로 술토를 놓아주어 기신의 기토 병화가 힘을 쓴다. 힘을 쓴 만큼 불행지수는 올라만 간다. 그리고 술미형으로 튀어나온 지장간에 용신임수는 사라져 버렸으니 부자집 며느리로 들어가 대학공부를 하고 아쉬운 것 없이 호강하다가 그 생활에 종지부를 찍었다.

142) 丁甲辛辛　丁丙乙甲癸壬
卯午丑未　未午巳辰卯寅 2대운

여명. 갑목일주가 축월에 한랭하여 정화를 용신으로 삼고 신금 관살을 제어한다. 시지에 도화 있고 축오귀문에 충이 있어 남녀관계에서 항상 시끄러운 잡음을 만들어내다가 결국 년하의 애인과 잠적해버렸다. 대운의 흐름이 무난하여 남편은 대기업의 기술이사로서 생활상의 어려움은 없었다.

소용신; 축미충으로 신금은 뿌리가 없어져서 목화 용신이다.

48세 무오년(병오대운). 년하의 애인이 사업자금을 달라면서 거액을 요구하였는데 그것을 마련해 준다고 등줄이 휘었다.

무토재는 기신이니 돈의 고통이고 오미합으로 축이 살아나 기신의 관살 신금이 뿌리를 얻었으니 남자로 인한 고통이다. 오는 일주의 사궁이 되어 죽을 맛을 보았다.

52세 임술년(정미대운). 정임합으로 용신은 사라지고, 묘술합으로 갑목 일주의 뿌리까지 묶였다. 재가 축술미 삼형이 되어 출렁거리니 돈의 압박도 심상찮다. 년하의 애인 뒷바라지 해주다가 채권자들이 들이닥쳐 집안이 시끄러워지자 애인과 야반도주하였다.

143) 丁丁癸己　丁戊己庚辛壬
　　　未巳酉未　卯辰巳午未申 3대운

원세개. 청나라 말기에 조정의 실권을 장악한 군인. 정치가.

왕한 재가 편관을 생하지만 계수가 미약하고 기토에 극을 당하여 편관대신에 재를 용신한다. 신강하고 관살은 약하여 재자약살. 가살위권(財滋弱殺, 假殺爲權)이다. 재를 용신하니 식상운이 모두 길하여 대권을 장악했다. 년지와 월지사이에 申이 끼어있어 년간 기토의 천을귀인이 공협되고, 편관의 귀인은 일지 巳에 있고, 일지의 천을귀인은 酉금 재로서 천간의 귀인이 모두 지지에 있다 (호환귀인). 그리고 일시지 사이에 일지의 정록인 오화가 공협되어 온통 록과 귀인이 옹호해주고 있으니 원수(元首)의 지위가 가능했다. 일주의 귀인이며 유금용신이 충극 당하는 묘운에 사망하다.

소용신: 수는 뿌리가 없고 금은 투출이 없어 용신에서 제외한다. 화토용신이고 지지에 금까지 기가 연결되니 금은 희신 이다.

24세 임오년(경오대운). 조선에 임오군란 수습차 부임. 임은 정화와 합하고 미는 오미합하여 아름답지 못하나 사오미 남방 화국으로 변하여 운세가 흉은 없어지고 대길(大吉)하다. "난세의 간웅"으로 불리든 원세개의 출세의 발판은 조선이었다. 그는 하남성의 명문가에서 태어나 어려서부터 과거공부에 매달렸지만 두 차례 항시에 낙방한 후 서적을 불살라버리고 경군통령(慶軍統領)오장경에게 의탁한다. 오장경이 임오군란 진압을 위해 3000명의 군사를 이끌고 조선으로 파견되자 원세개는 군수참모 격으로 동행한다. 명문가의 문제아가 출세의 첫 걸음을 내디딘 것이다. 얼마 뒤 조선주재"총리교섭통상사의"가 되어 20대 새파란 나이에 이후 10년 가까이 온갖 내정간섭을 하며 조선총독 행세 했다.

37세 을미년(기사대운). 미는 용신 기토의 단단한 버팀목이 된다. 식신이니 믿음직한 부하를 거느린다는 의미다.

서양식 무기와 체제를 갖춘 "신건(新建)육군"의 지휘를 맡으면서 도약의 기회를 잡다.

44 신축년(무진대운). 식신이 강하여 금이 희신 이다. 축미충은 아름답지 못하나 사유축 금국이 되어 강한 파워가 형성됐다. 직예총통겸 북양대신 대리.

51세 기유년(무진대운). 반대파의 상소로 파직. 기유년 자체가 용신과 희신이니 충격파는 없다. 그리고 대운자체가 대길한데 무엇이 걱정인가? 단지 휴식 차 귀향하다.

53세 신해년(정묘대운). 신해혁명이 시발하여 내각총리 대신으로 복귀. 청나라의 군권을 장악하다.

사주, 대운, 년운이 해묘미 목국이 되어 일시간 정화 용신을 생한다. 그러나 목국이 대용신 유금을 은근히 압박하여 바닥에 불안을 깔고 산다.

58세 병진년(정묘대운). 병진년 초에 중화제국의 황제로 등극하다. 그러나 열강의 압력과 민중봉기, 부하들의 배신으로 83일만에 스스로 황제직을 폐하고 갑오월에 화병으로 죽는다.

갑오월에 희신의 기미년주가 묶이고 辰년은 유금과 합하여 힘을 못 쓰게 한다. 재는 양명지원(養命之源)인데 하나뿐인 재를 대운에서는 충하여 깨고 년운에서는 합하여 묶었으니 생명이 위험해졌다.

144) 癸壬戊丁　辛壬癸甲乙丙丁
卯寅申酉　丑寅卯辰巳午未 2대운

윤보선. 임일주가 신월에 무토 편관으로서 제방을 쌓는 용신으로 하고 정화 재성은 희신이 된다. 년월에 재관인이 있어 명문대가의 출신이고 대운의 흐름이 좋아서 외국유학을 마친 뒤 순조롭게 출세 길을 달렸다.

소용신: 인신 충하여 둘 다 용신에서 제외하고 천간의 무와 정은 뿌리가 없어 역시 제외한다. 양일간으로 뿌리가 없

어 유금 인수의 생조를 용신한다.

52세 무자년(임인대운). 무는 희신 계수 합거하여 아름답지 못하나 자는 양인으로 일주의 믿음직한 뿌리가 되었다. 초대 서울시장.

62세 무술년(신축대운). 신유술 서방 금국으로 용신 인수가 국을 이루었다. 다만 인신충이 풀려 정화 재가 뿌리를 얻음은 선거과정에서 실탄(선거자금)마련에 어려움이 있었을 것이라고 추측할 수가 있다. 제4대 국회의원선거 당선.

64세 경자년(신축대운) 이승만 정권붕괴. 4대 대통령에 선출됐으나 내각책임제에서 실권이 없다. 일주가 양인을 얻어 대길이나 대운이 좋지 않으니 상징적인 존재로 머물렀다.

67세 계묘년(신축대운). 묘유충으로 용신 유금이 깨어져 대흉이다. 박정희 대통령과 겨루었으나 대통령선거에서 실패.

71세 정미년(신축대운). 정미년은 대운과 천극지충하여 아름답지 못하고 기신의 화토재관이니 명예는 달아나 버린다. 대운 자체가 서산에 걸렸으니 큰 승부수에서는 이길 수가 없다. 박정희 대통령과 대선에서 다시 대결하였으나 또 패배.

145) 甲戊乙庚　辛庚己戊丁丙
寅午酉子　卯寅丑子亥戌 4대운

상관용인격으로 오화 인수 용신이다. 식신과 정관의 길성 끼리 간합 되어 아름답지 못한듯하나 관살혼잡에 거관유살(去官留殺)하여 오히려 길하게 되었다.

소용신. 년월은 을경합으로 제쳐 놓으면 무와 갑중에서 강약을 가려 약한 것을 용신한다. 무토는 오에 뿌리가 있고, 갑은 인에 뿌리가 있으나 인오화국으로 기운이 빼앗겨 약해졌으니 갑목 용신한다.

27세 병인년(무자대운). 병화는 기신이나 인은 갑목용신의 정록이다. 사법고시 합격.

33세 임신년(무자대운). 임은 희신의 재이니 돈 벌려는 한해다. 변호사 개업하다. 인신충을 하여 인오 반합을 풀어서 인목이 용신의 뿌리로서 제대로 구실하게 한다.

146) 甲壬己癸　癸甲乙丙丁戊
　　辰子未卯　丑寅卯辰巳午 1대운

제살태과로 기토 정관 용신이다. 미중에 정화 재와는 자미 원진하고, 일지 자는 양인에 도화이며 자묘형도 한다. 거기에다 己土濁壬이 되어 부부운이 좋지 못하다. 관용신으로 직장생활을 하여야 하는 사람이 31세부터 상관운이 시작하여 죽도 밥도 아닌 상황에서 헤매다가 세월 다 보낼 것 같다.

소용신: 기토 정관용신

26세 무진년(병진대운): 결혼. 무는 희신의 관이고 오운으로서 무계합하여 火 재를 불러온다.

27세 경오년(병진대운): 파경. 경은 뿌리가 없으니 희기간에 별 영향이 없고, 오는 기토 관의 든든한 뿌리인 미토를 합하여 무력화 시킨다. 재성 오화가 원인 제공하였으므로 부부관계가 파탄 난 것이다.

147) 戊甲丁丁　癸壬辛庚己戊
　　辰午未未　丑子亥戌酉申 4대운

여명. 계묘생의 처. 종재격. 양간이 미와 진에 뿌리가 있으나 화토가 강하여 종하니 가종(假從)이고 대운이 서북방으로 흘러가니 엇박자 인생이다.

소용신: 종재.

22세 무진년(기유대운). 결혼. 용신의 운이고 대운과 진유 합하며 관을 끌어당겼다.

24세 경오년(기유대운). 오미합으로 용신인 화 상관과 토 재의 뿌리가 묶인다. 자존심이 작살나고 돈에 궁색해진다. 파경.

148) 庚丁甲戊　庚己戊丁丙乙
　　戌丑寅戌　申未午巳辰卯 2대운

정화가 인월에 갑목이 투출하고 갑목을 쪼개서 불이 잘 타게 만드는(劈甲引丁) 경금이 있으며 계수로 윤택하여 입격한 사주다. 토금이 왕하여 갑목 정인을 용신한다. 부유한 가정에서 태어났으나 어릴 때부터(을묘대운에서 을경合去) 아버지가 둘째부인과 살았기 때문에 아버지와는 유대가 약하였다. 진 대운에서 진술 충으로 기신 상관이 발동하여(旺者沖發) 부친사망, 건강 악화 등으로 시련을 겪었다.

소용신: 갑목 인수용.

20세 정사년 (병진대운). 사주의 축술형, 대운의 진술충, 년운의 인사형으로 지지가 전부 치열한 전쟁터가 되었다. 그리고 사술 귀문관살까지 중첩이 되어 결코 편안 할 수 없는 한해다. 대운과 진술충으로 튀어나온 을목에 경금 부친은 합거되어 사라져 부친사망. 쇼크를 받아 정신 쇠약의 징후가 생겼다.

21세 무오년. (병진대운). 인오술화국으로 많이 안정되었으나 진대운의 흉이 아직 남아 축오 귀문관살이 발동되어 사귀든 여자문제로 정신치료를 받았다. 도화살이 역작용을 한 셈이다. 22세 기미년까지 후유증이 있었다. 기미년은 갑목 용신이 묶이고 지지는 축술미 삼형하다. 정축 일주묘궁, 백호가 형충 되어 역시 흉하다.

33세 경오년 (무오대운). 경금은 벽갑인정하고 오는 인오술화국하는데 대운까지 가세하여 약한 불길이 화려하게 피어올랐다. 동업으로 하던 일에 대박이 터져 큰돈을 벌었다.

149) 甲辛丙甲　壬辛庚己戊丁
午酉子子　午巳辰卯寅丑 10대운

병신화수격인데 화격에 방해가 되는 오화가 병이다. 막대한 유산을 받아 평택에서 알아주는 땅 부자인데 도화가 중중하고 시지의 오화는 도화이면서 사주의 병이 되어 많은 토지 문서를 주색방탕하며 날려버렸다. 기묘대운에서 자오묘유4개의 도화가 완비하고 충과 형이 되어 이 시기에서 재산을 거의 탕진했다.

소용신. 병신화수격으로 수용신.

40세 계묘년(경진대운). 국회의원에 출마했다가 낙선. 묘는 원래 왕한 수가 설기되어 무난하나 자묘형을 하고 자유귀문에 재살(災殺)의 충이 와서 귀신(귀문관살)이 붙었는지 국회의원에 출마했다가 낙선함으로서 몰락의 길에 가속도가 붙었다. 년운과 사주가 자요묘유가 함께하여 충과 형, 재살, 도화 등이 겹치면서 어둠의 나락으로 떨어진 것이다.

150) 庚辛乙辛　己庚辛壬癸甲
寅亥未丑　丑寅卯辰巳午 4대운

외교관. 목이 강하여 금을 용신하나 천간에서 군겁쟁재함이 흠이다. 금과 목을 통관시켜주는 임진대운에서 외무

고시 합격하다.

소용신: 지지가 전부 충과 합으로 되어있을 때는 충과 합이란 개념을 빼고 글자 그대로 보아 용신을 정한다. 未亥寅에 뿌리 한 을목이 강하여 금을 용신한다.

28세 무진년(임진대운). 대운이 좋은데다 년운도 용신을 생한다. 외무고시합격

151) 丁癸戊癸　甲癸壬辛庚己
巳巳午亥　子亥戌酉申未 1대운

여명. 편재용겁격으로 해수가 용신이다. 역마가 중중하여 어릴 때 일가족이 호주로 이민 갔다. 기미대운은 사오미 화국하고 재살이 태왕해져 병으로 고생이 많았다.

소용신: 년월간은 무계로 합하여 제쳐놓으면 정화만 남는다. 음일간은 印比가 투출하지 않았을 때는 천간에 남은 것으로 용신하니 정화용신이다.

7세 기사년(기미대운). 사해충으로 튀어나온 지장간에 정화용신과 희신의 기토 운간까지 모두 묶이고 충으로 해중 갑목이 상하여 뇌수술 받다. 종(從)을 할까 말까할 정도의 아주 신약한 사주는 대용신이 상하는 것은 위험하다.

152) 己癸丁己 癸壬辛庚己戊
未巳丑巳 未午巳辰卯寅 2대운

여명. 위 사주와 자매. 화토 재와 살이 강하여 축중 신금을 용신한다. 서북으로 가야될 운이 동남방으로 흘러 재살태왕한 사주에 운도 아름답지 못하여 안타깝다.

소용신: 화토용신.

3세 신미년. 뇌수술 받다. 사와 축에 뿌리를 얻은 신금 기신 인수가 힘을 쓰니 흉하다. 정축백호를 축미충하니 백호대살이 날뛰고 미는 계수일간의 묘궁이 되어 본인 자신이 묘(墓)에 들어간다. 역시 재살태왕으로 허약한 사주에 대용신이 상하였다.

153) 戊己壬戊　戊丁丙乙甲癸
辰卯戌戌　辰卯寅丑子亥 4대운.

신왕하여 묘진 목국을 용신하고 수는 희신 이다. 토왕하여 소토함에는 갑목이 우월한데 없으니 아쉽고 재가 백호에 군겁쟁재 당하는 것이 흠이다. 헬스클럽(체육관)을 경영하고 있다.

소용신: 진에 뿌리 한 임수를 용신하고 목을 희신 한다.

34세 신미년(을축대운). 대운을 정밀하게 계산하면 35세 임신년 양력 2월부터 병인대운으로 바뀐다. 사주, 대운, 년운이 축술미 삼형을 하였다. 왕한토가 형을 맞아 꿈틀거려(旺者刑發) 수목이 불안정한데 형으로 튀어나온 지장간에 임수용신이 합거 됐다. 형은 재난이다. 중풍이 들어 꼼짝하지 못하였다. 다음해에 대운이 바뀌면서 서서히 회복되었다.

154) 庚壬壬乙　丙丁戊己庚辛
戌戌午未　子丑寅卯辰巳. 8대운

서예가. 임일주가 화왕절에 습기 하나 없이 조열하다. 경금 편인에 의지하여 용신하며, 편인을 용신하는 자에게서 명필을 많이 본다. 오행이 막힘이 없이 상생함은 좋으나 재다신약하여 운이 제대로 받쳐 줄 때까지 자영(서예원)은 금물이다.

소용신: 오미합으로 뿌리가 허약해져 을목은 용신에서 제외하고 월간 임수는 뿌리가 없으니 경금 용신이다. 수가 희신.

35세 기사년(무인대운). 서예원을 경영하고자 보증금으로 3000만원을 걸었으나 묘하게 사기를 당하여 떼이다.

재다신약에 사오미 재운이 닥쳤으니 죽을 맛이다.

36세 경오년(무인년). 사주, 대운, 년운이 인오술 화국으로 오미 합이 풀려 을목 상관이 살아났다. 운간 경금이 상관이 발동하지 못하게 묶어버렸다. 경금 인수가 기신을 제거하는 좋은 일을 하여 서예 국전에 두번이나 큰상 받다.

155) 甲壬甲辛　庚己戊丁丙乙
辰申午亥　子亥戌酉申未 8대운

여명. 실령 했지만 득지. 득세하여 오화 재를 용신한다. 식신생재 하여 나름대로 한건 올릴 수 있는 사주인데 운이 금수로 흘러 도로아마타불이고 임계일주에 백호의 진토관은 신진수국하여 남편자리도 불실하다.

소용신: 辛금이 뿌리가 있어 금수가 강하다. 갑목 식신 용신이고 오화 재가 희신 이다.

18세 무진년(병신대운). 무토 관살이 오면서 상관견관하니 시끄러운 한해다. 관살 즉 남자로 문제가 생겨 고2때 밤에 호스티스 로 나갔다. 진은 일주가 묘궁에 들어가 앞길이 제대로 보이지를 않고 진해 귀문관살이 되어 변태적인 생활을 하였다.

156) 庚戊癸壬　己戊丁丙乙甲
申午卯午　酉申未午巳辰 10대운

두개의 오화가 있어 신강 하지만 실령 실세하여 오화 인수 용신한다. 득령한 묘목 관이 수생목을 받아 왕하고 관을 제어하는 식신 역시 왕하여 정보계통에서 고위직을 지냈다. 대운이 사오미로 흘러 권력기관에 있으면서 부족함이 없었다.

소용신: 경임계 3개의 천간이 시지 申에 뿌리가 강하여 대용신과 같이 오화 인수를 용신한다.

48세 기사년((장미대운). 사주, 대운, 년운이 사오미로 강력하게 인수국을 이루었다. 서기관에서 이사관으로 승진하다.

157) 己己癸戊　己戊丁丙乙甲
巳亥亥子　巳辰卯寅丑子 9대운

기토가 해월에 병화와 갑목이 있어 일단 입격했다. 기 일주에 재관격은 법정계에 많은데 己는 입이요 土는 중앙으로서 중심이니 어느 한곳에 치우치지 않는 것처럼 법 자체도 공정하며 관으로 기운이 모여 법과 통하기 때문이다. 사화 인수 용신하고 水와 火를 통관 시키는 목이 희신 이다.

소용신: 무계는 합하여 버리고 사해도 충하여 버린다 . 남는 것은 기토이나 뿌리가 없어 어쩔 수 없이 득령한 수가 용신이다.

21세 무신년(을축대운). 서울법대 3수하여 합격. 사신합함으로서 해자 수가 살아났다. 정미년에 재수를 하였으나 화토가 강하여 실패했다.

45세 임신년(정묘대운). 용신의 임수이고 사신형으로 해수가 살아나 살판났다. 변호사로 지내다가 국회의원 당선. 수는 재인데 엄청난 오빠부대가 자원봉사 하였다.

158) 丁壬己癸　癸甲乙丙丁戊
巳午未卯　丑寅卯辰巳午 10대운

사오미 남방에 정화 투출하여 종재격 이다. 화용신이고 토가 희신이다. 종재격이 깨끗하고 기토 관이 유력하여 공직에 근무하고 대운의 흐름이 좋아 출세가도를 달린다. 희신의 재관이 강하여 현처귀자다.

소용신: 종격은 대용신과 소용신이 동일하다.

46세 무자년 을묘월(을묘대운). 부장검사로 승진하다.
무는 계를 만나 무계합화 火하여 용신으로 변하다. 약한 자수가 사오미 의 강한 세력에 부딛쳐 위력을 발휘하지 못한다. 자오충으로 튀어나온 계수는 아무 역할 못하고 사라지나 기신이라 아쉬울 것이 없다.

159) 己乙庚癸　甲乙丙丁戊己
卯未申卯　寅卯辰巳午未 4대운.

대학교수. 실령 실지하였으나 일지가 묘미 목국으로 변해 신왕 하여 정관용관격이다. 정해년에 부친사망하다.

소용신: 을경화금격으로 득령한 금이 용신이고 토와 수는 희신이다.

45세. 정해년 갑진월(을묘대운). 부친사망. 丁화는 기신이고 해는 미토와 해묘미 목국이 되어 금과 목은 살벌하게 대치하고 기토 편재 아버지는 뿌리를 상실하였다.

160) 庚癸乙戊　己庚辛壬癸甲
　　申巳卯申　酉戌亥子丑寅 6대운

여명. 대학교수. 계수 일주가 을묘월로 설기되어 아주 약해지는데 경신금으로 원기를 보강하여 다행이다. 또한 경금은 을목을 제어하고 무토 관성을 살려서 입격한 사주다. 지지가 모두 천간의 천을귀인으로 길해 보이지만 형살과 원진으로 뒤범벅이 되어 탁기가 강해지고 관성이 형을 당하여 부부운이 약한 것이 흠이다. 26세 부터의 임자대운은 수기가 보강되어 좋으나 지지가 전부 사신형 자묘형이 되어 불길한 사태를 예고하고 있다.

소용신. 사신형합으로 무토는 힘이 없어 용신에서 제외하고 득령한 을목이 더 강하여 경금으로서 용신한다.

34세 신사년(임자대운). 남편과 이혼하다.

경금용신의 뿌리인 년지의 신금은 사신 형합으로 뿌리가 힘이 없어져 용신이 상했다. 사중 병무는 돈과 남편인데 경제적인 문제와 남편의 이성관계로 인하여 대판 싸움이 벌어져 이별로 연결됐다. 사주, 대운, 년운이 형살이 중첩되고 사신형으로 관성이 집중적으로 형을 당하였다. 부수적으로 말을 보탠다면 운간은 희신인데 튀어나온 지장간에 합거 된 것 역시 흉하다.

161) 庚辛辛辛　乙丙丁戊己庚
寅酉丑巳　未申酉戌亥子 1대운

辛금일주가 축월에 하늘은 춥고 땅은 얼었는데 巳중의 병화는 사유축 삼합하여 제 값을 못하여도 다행이 인중의 병화가 있어 해동(解凍)을 한다. 초년 해자 운에서 왕한 금을 설하고 인목 재를 생하여 명문학교를 나오며 수재라는 소리를 들었지만 중년의 운이 신유술 금운으로 치달아 사업이 제대로 풀리지 않아 고생하다가 나이 60을 넘기지 못하고 사망하다.

소용신: 사유축 금국에 천간은 금뿐이니 금 일행이 용신이다. 토와 수가 희신.

59세 기묘년. 을해월(을미대운). 대운은 축미충, 년운은 묘유충, 월운은 사해충이다. 금용신의 기본이 되는 사유축 삼합이 골고루 충을 당하여 한 많은 인생에 막을 내리다.

162) 庚己壬壬　戊丁丙乙甲癸
午酉子辰　午巳辰卯寅丑 대운

기토가 자월에 출생하여 하늘이 얼고 땅도 얼어 병화 태양으로서 한습한 기운을 제거하고 갑목으로 병화를 도와줘야 하는데 둘 다 없다. 재다신약하고 재성입묘하여 첫 결혼은 실패하였으나 대운이 목화로 흘러 삶에 윤기가 생겼다.

오화 용신은 시에 있고 일록귀시격(日祿歸時格)이니까 중년이후 남방운이 도도하여 말년은 활기가 살아나며 나름대로 풍족한 경제로 이어질 것이다.

소용신: 음일간이며 천간에 투출한 것은 금수밖에 없으니 금수가 용신이다.

37세 무진년(병진대운). 무는 용신 임수를 극하고 진은 임수용신이 묘궁에 들고 또 유금과 진유합을 하여 경금 희신이 힘이 없다. 희용신이 모두 입묘하고 뿌리를 잃어 무기력한 상태가 되었다. 토가 기신이 되어 위암수술. 음일간이라도 심한 재다신약은 대용신의 추이를 살펴보아야 하는데 진 습토에 오화 대용신은 설기되어 무력하다. 진 대운에서 계속 투병생활 하다가 대운의 흐름이 좋아 완쾌하였다.

163) 庚丁辛戊　乙丙丁戊己庚
戌酉酉戌　卯辰巳午未申 3대운

여명. 종재대격으로 토금운이면 부귀를 누릴 사주이지만 대운이 남동으로 가니 재다신약같은 형상이 되었다. 토금운이면 시부모의 사랑을 덤푹 받을 것인데 화운에서 종재격이 깨어져 시부모가 까다롭고 두렵기만 하다.

소용신: 종재격으로 재용신.

43세 경진년(병진대운). 대운의 병진은 월간 신금합거하고 진술충 한다. 년운에서 다시 진술충 하여 튀어나온 지장간에 시간 경금과 운간 경금, 그리고 무토상관 희신까지 모두 합거되었다. 결과적으로 용신과 희신이 모두 묶여서 힘을 잃어버려 재산상으로 큰 손해를 입었다.

164) 戊癸己庚　乙甲癸壬辛庚
午巳卯子　酉申未午巳辰 10대운

재가 왕성한데 관살이 양쪽에서 협공하고 도와줄 경금 인수는 사궁에 앉아 힘이 없어 멀리 있는 자수하나 믿고 살아야 하지만 힘이 없기는 마찬가지다. 일주가 태약하고 재와 살이 태왕하여 비요즉천(非夭卽貧. 일찍 죽지 않으면 가난하게 산다)의 사주다. 경진, 신대운는 희신의 운이 되어 명문대학 나오고 직장근무 하다가 신사대운 후반에 백혈병이 걸렸고 31세 경오년에 사망했다.

소용신: 토가 강하여 사에 뿌리 한 경금을 용신하고 수가 희신이다.

31세 경오년(임오대운). 대운과 년운에서 2개의 오화 수옥살이 자수를 충으로 깨어버렸다. 일주가 매우 약한 재다신약 사주에 대용신이 상하면 치명적인 결과가 온다. 일반적으로 재다신약 사주가 재운을 만나면 필망(必亡)이다.

165) 庚辛丁庚　癸壬辛庚己戊
寅未亥辰　巳辰卯寅丑子 4대운

신금이 해월에 한랭한데 인중 병화 태양과 정화가 있어 해동하여 다행이다. 신금주옥은 원래 정화로서 거슬러지는 것을 싫어하지만 겨울에는 사용이 가능하다(熱則喜母. 寒則喜丁). 신약하여 진토 인수 용신한다.

초년 무자, 기축대운은 습기가 더하여져 춥고 배고픈 시절이고, 이후 조그만 자영업을 하면서 생활이 안정되어 갔다.

신묘대운은 화를 생함이 시원치 아니하고(濕乙傷丁) 해묘미 목국,즉 기신의 재국이 되어 처가 바람이 나서 이별했고 재혼하였으나 다시 이별하였다.

소용신: 음일간에 금은 뿌리가 없어 제외하니 정화가 남는다. 정화용신 목희신.

34세 정사년(신묘대운). 재혼하다. 사해충을 하여 튀어나온 지장간애 용신 정화가 합거 되었으나 운간 정화는 남아있고 다시 인목 재를 인사형을 하면서 화기에 다시 불을 지핀다.

42세 신유년(신묘대운). 겁재운이니 탈재(奪財)하고 일시 부부궁이 귀문관살인데 원진살까지 가세하니 집구석에는 쌀쌀한 냉기만 돈다. 이혼하고 경제적으로 손해를 많이 보았다.

166) 甲壬己戊　癸甲乙丙丁戊
辰寅未戌　丑寅卯辰巳午 6대운

여명. 년월에 관살이 태왕 하여 갑목 용신으로 식신제살 한다. 기신의 화토 관살운에서 남편은 무능하고 포악하며 경제적으로도 궁핍이 심하여 약을 먹고 자살하였다.

소용신: 대용신과 동일

28세 을축년 기묘월(병진대운). 약을 먹고 자살하다. 축술미 삼형이 왔다 .기신의 관살이 삼형하여 사주를 출렁거리게 한다. 인미 귀문관살에 형이 있어 정신의 안정에 방해를 받는데 삼형으로 다시 가격하니 정신적으로 충격 상태에 빠진다. 충형으로 튀어나온 기토에 용신 갑목은 묶여 버린다.

167) 丙丙戊辛　壬癸甲乙丙丁
　　　申申戌巳　辰巳午未申酉 2대운

재왕하여 비견을 용신한다. 년지에 사 정록이 있어 선대의 유산이 많았고 무술 식신이 재를 잘 보호하여 유산을 축내지 않았다. 22세부터 목화운으로 흘러 신왕 하여지니 매사에 자신감을갖고 일을 추진하며 재산도 일구어 나갔다.

소용신: 재왕하여 비견용신이다.

19세 기해년(병신대운). 부친사망. 대운의 신이 사신형하고 년운은 사해충한다. 용신의 든든한 뿌리인 사 정록이 박살이 나고 사중 병화용신은 년간 신금(부친)과 함께 사라졌다.

23세 계묘년(을미대운). 재벌가와 땅 문제로 소송이 벌어졌으나 이겼다. 대운이 목화로 돌아서니 서서히 힘을 받는다. 계묘는 신약한 사주에서 기신인 무술 식신을 무계, 묘술로 묶었으니 설기가 되지 않고 힘이 모인다.

51세 신미년(계사대운) 서울시의원 당선. 아직 대운이 짱짱하다. 신은 아름답지 못하나 미는 술미형으로 을목인수, 정화비겁, 신금정재 무기식상이 모두 살아있어 내용으로는 풍성한 잔치판이 벌어졌다.

168) 壬己丁戊　癸壬辛庚己戊
　　申酉巳寅　亥戌酉申未午 7대운

기토일주가 득령 했으나 사유금국으로 신약하여 정화 인수 용신한다. 丁己일주에 재관있고 인사신 삼형이 이 있어 사법계통이 적성이다. 서울법대를 나와 가문에 영광을 안겨줬으나 27세부터 대운의 흐름이 서북방으로 흘러 제대로 되는 일이 없었다. 부인이 교사로 있으면서 생활을 책임지고 고생을 하여도 본인은 서울법대 출신이란 것을 코끝에 걸고 항상 큰 소리를 치면서 산다.

소용신. 申酉금과 寅목은 금과 목의 투출이 없어 용신에서 제외한다. 정화 인수는 사유반합 하여 약화되어도 인중 병화가 가세하여 申에 뿌리 한 시간 임수 보다 강하다. 印比가 강하여 임수 재가 용신이다. 이런 경우 대용신과 소용신이

확연히 틀려 많은 역술인들을 혼란케 한다.

30세 정미년(경신대운). 6번 고시 실패하고 마지막으로 7번째 정미년에 또 실패하여 법조계 진출의 미련을 접어버리다. 마음고쳐 잡고 일반회사에 취직하다. 지난세월의 년운이 목화가 되어 뜻을 이루지 못하였고, 정미년은 용신합거와 화토 기신의 뿌리가 되어 실패한 것이다.

39세 병진년(신유대운). 대운이 설기태심하여 사업은 망조 드는 운인데 회사에 사표 쓰고 사업을 시작하다. 무오기미로 년운이 화토로 연결되면서 소용신 임수를 극하여 사업은 망하고 막대한 빚만 처에게 넘기고서 백수로 평생을 살다.

169) 壬辛辛丙　乙丙丁戊己庚
　　辰巳丑申　未申酉戌亥子1대운

여명. 금수가 한랭하여 병화 용신하고저 하나 년월이 병신합으로 기반이 되어 불리하다. 다행히 일지에 사화가 있어 조후로 용신하지만 공망에다 사축으로 금국하고 사신형을 하여 사화 남편이 위태롭다. 申대운에서 사신형으로 가택궁과 관성이 상하여 남편과 이별하고 재산의 손실에 건강까지 악화되었다. 임수 상관이 유기하여 자식들이 똑똑한데 자식과도 거리가 멀어져 외로움을 씹으며 살고 있다. 다행이 대운이 목화로 흐르니 앞으로 따뜻한 밝은 날들을 즐길 날이 올 것이다. 51세부터 대운이 바뀐다고 만

세력에 적혀있지만 정밀하게 계산하면 53세 봄을 지나면서 대운이 바뀐다.

소용신: 년월간은 합하고 지지의 화토는 천간에 투출이 없어 용신에서 제외하면 임수가 남는다. 임수용신

50세 을유년(병신대운). 대운에서 사신형을 하니 사유축으로 정확한 금국을 이루기가 힘든다. 진유합으로 임수 용신이 약화된다. 분식집을 하다가 손해를 보고 손 떼다. 대운이 최고의 악운이니 시작한 자체가 실수다.

52세 정해년(병신대운). 정임합으로 소용신은 묶이고 사해충으로 대용신도 상했다. 건강악화와 금전 궁핍으로 고생이 많았다.

170) 辛乙壬戊　戊丁丙乙甲癸
巳酉戌子　辰卯寅丑子亥 4대운

재살태왕하여 임수인수 용신이지만 좌우에서 극을 받아 용신도 허약하다. 운이 좋게 들어와도 사주 자체가 워낙 허약하여 언 발에 오줌 누기에 불과하다.

소용신: 대용신과 동일.

2세 기축년. 부친 사망. 기신의 재운 기축이 사주의 임자 수 인수를 모두 극하고 또 자축 합하여 무력화 시켰다.

20세 정미년(갑자대운). 정은 용신 임수 합거하고, 미는

술미형하여 기신의 재가 맹렬히 활동한다. 정미년은 일시지 사유 금국 관살이 상문조객으로 암동(暗動)하여 재난이다. 교통사고를 당하여 오른쪽 눈 실명하다.

39세 병인년(병인대운). 대운과 년운이 연달아 인사형을 하다. 또 교통사고를 당했다. 실탄아닌 공포탄이라도 많이 맞아서 좋을 리가 없다. 인목은 길신이지만 연달아 형을 하여 제 값을 못하고 이중으로 가택궁에 인유 원진하여 그 와중에서 처는 바람이 나서 가출하였다.

171) 壬癸庚辛　丙乙甲癸壬辛
　　子巳寅丑　申未午巳辰卯 3대운

여명. 무자생의 처. 인월 三陽에 계수 雨露가 약해지는 시기이다. 辛금이 수원이 되고 병화로서 한랭한 기운을 제거해야 하는데 금수가 왕성하여 사중 병화 재를 용신 한다. 있을 것이 다 있어 사주가 그럴 듯 해보이나 사중 무토관은 공망을 맞았고 인사형을 당하여 부부궁이 엉망이 되었다.

소용신: 음일간에 목화토는 투출이 없어 천간의 금수로 용신한다.

26세 병인년(계사대운). 인사형으로 남편에 재난이 닥쳤는데 인사형으로 튀어나온 지장간 무토 관(남자)이 일간과 합하여 남자가 생겼고 바람이 나서 가출하다.

172) 辛丁戊丁　甲癸壬辛庚己
亥未申未　寅丑子亥戌酉 10대운

여명. 토금이 왕하여 해중 갑목을 용신하고 정화를 희신으로 정한다. 신미 지축과 해 천관이 모두 있어 사람이 영리하고 상관생재 하여 재복 역시 가능하나 초년운에 토금을 만나 어려운 일을 많이 겪었다. 무자년 현재 42세 인데 대운이 해자축 기신의 관살운의 한 가운데에 있으니 눈을 닦고 사방을 둘러보아도 즐거운 일이 없다. 항상 어두운 그늘을 지닌 얼굴로 효녀 심청같이 부모 모시고 친정살이 하고 있다.

소용신: 토금이 왕하여 정화비견 용신이다.

6세 임자년: 부친사망. 년간 정화 용신이 정임합하여 죽어버렸다.

15세 신유년(기유대운). 심장판막증수술. 천을 귀인이지만 기신의 금이다. 금이 많아지니 심장 화의 기운이 약해져 버렸다(金多火熄). 20대 후반에 대입시험을 보았으나 대운이 기신의 상관이어서 합격하지 못하였다.

173) 庚癸丁丁　辛壬癸甲乙丙
申巳未亥　丑寅卯辰巳午 2대운

편재격에 정인 경금 용신이다. 소서 지나서 며칠 되지

않아 조열한데 경신금이 있고 해중임수가 식혀주고 있어 입격한 사주다. 신왕재왕하여 부격(富格)으로 볼 수 있으나 재와 인수가 상전함이 아름답지 못하고 운이 동남으로 흘러 사업에 기복이 많아 앙앙불락의 세월을 보냈다.

소용신: 경금은 지지에 사신형합으로 뿌리가 묶여 용신으로 쓰지 못하고 음간은 인비(印比)가 없을 때는 투출된 것으로서 용신을 삼으니 정화편재 용신이다. 소용신에서 경금은 오히려 기신의 인수로 바뀌어 진다.

55세 신사년(신축대운). 신축대운은 축미충을 한다. 사주에 형이 있는데 대운에서 충이 가세하니 인생에 불길한 파도가 생긴다. 신사년은 형충에서 벗어나 있는 해수까지 충을 하니 사주,대운, 년운에서 모두가 형충을 하여 희기를 따질 것도 없이 엉망진창이다. 물론 형충으로 튀어나온 지장간에 정화용신은 모두 합거되어 사라진다. 암이 발생하여 수술하다.

56세 임오년(신축대운). 사오미방합으로 사신합이 풀렸다. 기신의 경금이 申에 뿌리를 내려 활개를 친다. 금이 기신이니 폐암으로 사망.

174) 乙己丙己　壬辛庚己戊丁
　　亥卯子卯　午巳辰卯寅丑 10대운

여명. 기토 일간이 뿌리가 없는데 인수 역시 뿌리가 없어 종살격이다. 병화인수가 조후로는 좋으나 쓰지 못하니 가종격인데 초년 정축대운이 아름답지 못하여 농촌에서 제대로 공부를 하지 못하여 무식한 것이 평생의 멍에로 따라다녔다. 20대 초반에 공무원인 미남청년을 만나 결혼을 하였으나 남편이 자묘 도화刑을 하여 엽색행각으로 바빠 가정을 도외시하였으며 중년에 대운의 흐름도 무정하게 토금으로 흘러 인생고해를 실감하며 살았다.

소용신: 일간과 병화가 뿌리가 없어 을목 편관용신이다.

49세 정묘년(경진대운). 정은 뿌리가 없으니 길흉 간에 별다른 작용을 못하고 묘는 용신의 관살이다. 장남이 재벌회사에 입사하여 오랬 만에 즐거워해보다. 강한 목은 金(자식)을 허충래(虛沖來)하였기 때문이다.

55세 계유년(신사대운). 신사대운이 흉하다. 시주의 을해용신궁을 아래위로 동시에 충극 해오기 때문이다. 酉년은 묘유충을 하여 용신 관살을 다시 강타한다. 묘유충,자묘형, 사해충으로 사주에 온전한 곳이 하나도 없다. 신유월에 남편 암으로 사망하다.

175) 辛癸壬己　丙丁戊己庚辛
　　 酉酉申酉　寅卯辰巳午未 6대운

기토는 뿌리가 없어 사용이 불가하며 인수가 강왕하여 종강격 이다.

소용신: 금수용신

31세 기묘년(기사대운). 대운에서 신사형을 하고 년운에서 묘유충을 하여 형충으로 용신 금이 상했다. 금은 소장이 되어 장 파열로 수술하다.

35세 계미년(기사대운). 시비로 다투다가 관재(官災)를 당하다. 기신의 기토 관성이 미에 뿌리를 얻어 힘을 쓰서 관재가 발생하고 계수 일주는 미가 묘궁이 되어 무기력해진다.

37세 을유년(무진대운). 을은 뿌리가 없어 별 영향이 없고 유는 용신의 인수다. 회사에서 일 잘한다고 특별 보너스를 받았다.

176) 丙丙壬壬　戊丁丙乙甲癸
申申寅寅　申未午巳辰卯 2대운

초봄에 금수가 왕하여 병화비견 용신이다. 병화일간은 원래 다른 병화가 투출하는 것을 좋아하지 않지만 어쩔 수 없이 사용하며 또한 월지와 충을 하여 형제사이에 쉽게 금이 갈 수가 있다.

소용신: 월일지는 충하여 제쳐놓고 년지와 시지중에서 강도를 계산해보면 시지가 훨씬 강하다. 신에 뿌리한 임수가 더욱 강하여 병화용신이다.

39세 경진년(병오대운). 기신의 재가 왔다. 부친사망

40세 신사년(병오대운). 형님하고 여관업을 같이 하다가 크게 싸우고 그 뒤부터 남남처럼 지낸다고 한다. 辛은 용신 병화를 합거하고(재를 두고 쟁합하니 돈 문제다) 사는 인사신 삼형을 하여 살벌할 정도로 까지 다투었다고 한다(사화 비견 형님이 삼형을 유발했다).

177) 癸壬戊乙　壬癸甲乙丙丁
　　卯寅寅卯　申酉戌亥子丑 7대운.

종아격으로 목용신이다. 무토는 인중 병무에 힘을 얻어 용신하고자 하나 목의 세력에 비해 워낙 미약하여 버리고 목으로 용신한다. 그러나 항상 암초같이 다가서니 상관견관의 요소가 강하게 작용한다. 지지는 도화와 망신이 중중하여 女難에 쉽게 노출될 수가 있다.

소용신: 을목용신.

32세 병술년(을해대운). 병술에 기신 무토관살이 생을 받고 뿌리 한다. 관재수가 발동한다는 의미다. 묘술합으로 용신 목은 묶여버렸다. 성인 PC방을 불법적으로 운영하다가 신사월에 구속되었다. 신사월은 인사형을 하고 형으로 튀어나온 사중 경금에 을목 용신은 합거된다. 개업 2일 만에 당했다고 한다.

178) 己壬癸己　丁戊己庚辛壬
酉子酉亥　卯辰巳午未申 7대운

종왕격으로 수용신, 금희신이다. 기토탁임(己土濁壬)하고 일지 양인에 도화 천지이니 부부 운이 순조롭지 못하고 대운의 흐름도 남방으로 가니 생활에 많은 기복이 생긴다.

소용신: 대용신과 동일.

38세 병술년 (기사대운). 기신의 기토 관살이 병술에 생을 받고 뿌리 하여 맹위를 떨친다. 기신의 관살은 질병, 재난으로 어깨뼈와 팔이 부러지는 대형 사고를 당했다. 또한 병술은 백호대살에다 급각살 이어서 뼈 사고와 연관이 있다.

179) 甲癸丁乙　癸壬辛庚己戊
寅巳亥未　巳辰卯寅丑子 4대운

여명. 계수가 해월에 득령을 하여도 사해 충을 하고 년간 을목과 해미가 해묘미 삼합의 기운을 형성하여 뿌리의 기능을 거의 상실했다. 종아격으로 목용신 화희신이다. 가종격으로 격국이 불안하고 형충이 많아 평온한 삶과는 거리가 멀다. 가택궁은 공망이고 형충을 당해 부부운이 삭막하다.

소용신: 대용신과 동일

47세 신사년(임진대운). 임진은 정화 희신을 합거하여 대운이 흉하다. 신사년은 인목상관 자식궁을 재형(再刑)하여 자궁을 수술하였고 巳亥로 재충(再沖)하여 남편이 사망했다.

51세 을유년(임진대운). 유는 해미 목국에 상문살이 되어 木氣가 상하고 기신의 金이 재살(災殺)로 작용하여 재난이 닥친다. 공장에서 일하다 오른팔의 반이 잘려나갔다. 기축월에 사고가 났는데 급각살이고, 을미 백호를 축미 충하여 백호가 발동하면서 지지가 모두 형충으로 어지럽다.

180) 戊癸甲丁　戊己庚辛壬癸
午亥辰未　戌亥子丑寅卯 8대운

정관용겁격으로 해수가 용신이다. 신약한 사주에 상관과 정관이 마주보고 서로 눈을 흘기니 직장 복이 없어 한군데 오래 붙어 있지를 못한다. 사업가의 사주도 아니어서 기술로 조그만 자영업을 하며 먹고산다.

소용신: 음일간은 인비의 투출이 없을 때 투출된 천간으로 용신을 삼는다. 정관과 상관과 편재가 있어 중간인 재를 용신하고 정관과 상관을 희신으로 삼는다. 종세격인 셈이다.

37세 임오년(신축대운). 진해귀문에 대운에서 축오귀문까지 합세하여 사방팔방이 스트레스다. 임오년은 용신정화 재를 합거하고 뿌리되는 미를 오미합으로 꽁꽁 묶어버렸다. 처를 상징하는 재성이 사라져 이혼하다.

181) 辛丁戊丙　壬癸甲乙丙丁
丑巳戌午　辰巳午未申酉 5대운

여명. 상관격에 토금이 왕하여 병화 비겁용신이다. 술궁에 신정무가 모두 투출하여 천복지재(天覆地載)를 이루어 입격하고 상관생재하여 재복이 있다. 사술귀문에 형인데 상관의 특성과 더불어 예민한 성품이어서 남편입장에서 볼 때는 피곤한 여인이다.

소용신: 병화비겁과 무신 상관, 재를 비교할 때 무신의 뿌리가 더 강하여 병화비겁용신.

36세 신사년(갑오대운). 갑오대운은 신약에 다시 오화 정록을 얻어 길하나 사술귀문에 축오귀문이 합하여져 짜증스럽다. 신사년은 용신 병화를 합거하고 가택궁에 원진이 겹치면서 남편과 이혼하다. 그러나 거액의 위자료를 받아 정신적인 피해를 금전적으로 충분히 보상받았다. 대운이 좋은 덕을 똑똑히 본 셈이다.

182) 庚丙庚辛　甲乙丙丁戊己
寅辰子巳　午未申酉戌亥 9대운

병화 일주가 자월에 금수가 한랭하여 인목 인수 용신이다. 사화 정록도 있어 해동이 되어 좋으나 정편재가 혼잡

되어 사주가 탁해졌다. 년간 辛금은 년지 사에 死宮이고 월간 경금은 자에 사궁이며 시간 경금은 인목에 絶하여 재의 기운이 맺힌 데가 없다.

소용신: 양일간이 신약할 때는 지지에서도 인비를 용신할 수 있으니 대용신과 동일하다.

41세 신유년(병신대운). 39세부터 시작하는 병신대운이 흉하다. 申은 사신형을 하고 인신충을 한다. 희신 용신을 모두 형충 하니 불길하다. 신유년은 기신의 재가 인수를 극한다(貪財壞印). 사유금국하여 인수를 극하고 진유합 하여 진중 을목 인수를 묶어버린다. 모종의 사건으로 인해 집을 날려버렸다.

183) 戊己辛辛　丁丙乙甲癸壬
　　辰卯丑未　未午巳辰卯寅 2대운

여명. 추운겨울에 천지가 얼었는데 조후로 미중정화를 용신한다. 그러나 그것도 충을 당하여 제 구실을 제대로 못해 사주가 편고하다. 묘목 관성은 축축하고 얼어있는 나무라 호강시켜주는 남편이 아니다. 기토가 무토를 보면 경연상배(硬軟相配)하여 대인관계에서 유연성이 있고 추진력이 있어서 본인 스스로가 경제적인 가장역할을 대신하였다. 그러나 조후가 제대로 되지못하면 풍요로운 인생은 그림의 떡일 뿐이다.

소용신: 천간의 신금은 지지에 뿌리를 상실했고 묘목은 천간의 투출이 없어 용신에서 제외한다. 토용신이고 화가 희신이다. 토가 강하면 금도 희신으로 가능하나 토기가 충으로 약해져 금은 기신이 된다.

50세 경신년(병오대운).51세 신유년(병오대운). 병오대운은 길하지만 편고한 사주라서 년운에서 흉이 와도 대운이 흉을 덮어주지를 못한다. 경신 신유년에 토기가 지나치게 설기되고 상관견관하여 파산하였다.

184) 己丙丙己　庚辛壬癸甲乙
丑子寅丑　申酉戌亥子丑 4대운

병화일주가 약하여 인목 인수를 용신한다. 상관이 왕하여 총명하나 나가는 것은 많고 들어오는 것은 적어 실속이 없다. 경제뿐만 아니라 건강과 氣에도 해당된다. 초년 수운에 수생목을 하지만 수가 이미 왕하여 한기만 조장할 뿐 크게 덕 될 것이 없다. 계해대운은 상관견관하고 검은 구름(癸)이 해(丙)를 가리어서(黑雲遮日) 흉한데 상습적인 과음으로 중병을 얻었다.(위장 기타)

소용신: 丙己 화토양신(兩神).

34세 임술년(임술대운). 임술로 대운이 바뀌면서 임술년에 사망하다. 일주가 묘궁에 들어 더욱 허약해지고 중첩된 축술형으로 튀어나온 두개의 辛금에 월간일간의 병화가 모두 합거되어 대흉이다. 덧붙이자면 임수가 상관견관하는 것도 흉을 부른다.

185) 癸戊戊乙　壬癸甲乙丙丁
亥申子未　午未申酉戌亥 2대운

한 겨울 천지가 얼어붙어 미중정화를 용신한다. 용신은 미약하고 재와 살(財殺)은 태왕한데 대운의 흐름 역시 처음부터 서북으로 흘러 인생길이 가시밭 천리 길이다.

소용신: 재와 관이 왕하여 무토 비견 용신이다. 소용신은 천간을 우선적으로 용신한다.

12세 병오년(정해대운). 산에서 나무 타다가 떨어져서 곱추가 되다. 대운을 정밀하게 계산하면 병오년 양력11월부터 병술대운으로 바뀌니까 봄에 사고가 났으니 정해대운이다. 해 대운은 재와 관살이 더욱 강하여져 불길하다.

병오년은 얼핏 보기에 매우 길한듯하나 오미합으로 용신의 유일한 뿌리를 묶어버려 대흉하다. 임진월에 사고가 났으니까 신자진 수국하여 일주는 더욱 약해지고 급각살이 발동한다.

186) 辛乙甲己　戊己庚辛壬癸
巳酉戌亥　辰巳午未申酉 7대운

을목일주가 신약하여 해수 인수용신이다. 든든한 갑목은 갑기합으로 묶여 도와주지를 못하며, 재와 관살이 협공하여도 해수 용신은 저 멀리 있어 제때에 힘이 되지를 못하니 힘들고 어렵다.

소용신: 갑기합은 제쳐놓으면 음 일간에 신금만 남는다. 신금용신

26세 갑자년(임신대운). 여자와 관광여행 다니다 사고가 나서 사망. 신대운은 신유술 서방으로 기신의 관살이 결집되어 무언가 불길한 일이 터질 것만 같다. 년운의 갑은 칠살 소용신에 비겁이며 해에 장생을 얻어 힘이 생겼다고 어설프게 설치다가 오히려 호되게 당한다. 자는 도화이므로 여자와 연관 있었다.

187) 辛壬庚辛　丙乙甲癸壬辛
　　亥午寅丑　申未午巳辰卯 6대운

여명. 임수일주가 입춘절에 금수냉한 하여 인오 화국용신이다. 임진대운에서 기신의 비견겁으로 공부는 뒷전이 되어 대학 공부는 하지 못하였다. 일지에 도화의 재가 되어 직장생활 하다가 상사와 부적절한 관계가 들통 나면서 회사생활을 그만 두었고 그 뒤에 사귀는 남자에게서 금전적인 고통을 받았다.

소용신: 금수 兩神용신. 대용신 오화는 항상 예의 주시한다.

31세 신미년(계사대운). 사귀는 남자가 사업자금으로 도와달라고 해서 빚까지 내어가며 거금을 만들어 주었으나 그때부터 소식이 끊겨버렸다. 오미합하여 돈은 묶여 빚에 쪼들리고 관성인 축미는 충하여 보이지 않는다. 축미충하여 경신금 용신의 뿌리가 상하여 힘이 없으니 주위를 둘러봐도 기댈 곳이 없다.

188) 壬辛甲甲　戊己庚辛壬癸
辰丑戌辰　辰巳午未申酉 4대운

여명. 신금이 술월에 토가 많아 파묻힐 지경인데 갑목이 소토(疎土)하고 임수가 씻어주니(淘洗珠玉) 입격한 사주다. 갑목 용신이고 임수 희신이다. 상관이 깨끗하여 예술적인 재능이 있어 디자이너로 일가를 이루고 있다. 그러나 지지가 충과 형이 되고 관성은 입묘한데다 과숙살이 두개나 되어 부부 운이 순조롭지 않다.

소용신: 음일간에 토의 투출이 없으니 갑 용신 임수 희신이다.

24세 정묘년(임신대운). 대운을 정밀하게 계산하면 무진년 5월에 대운이 바뀌니까 아직은 임신대운이다. 정은 임수 상관(글자 그대로 관성을 상하게 하는 것)을 합으로 묶어 결혼할 마음의 준비가 되었고 묘는 묘술합으로 진술충을 풀어서 수목 용신이 모두 살았다. 결혼하다.

26세 기사년(신미대운).남편이 사법고시 합격하다. 기는 갑기 합하나 하나 남아 있어 상관없고 사화는 관성으로 남편인데 육기(六氣)로서 해수상관 용신을 허충래(虛沖來) 해온다. 그러나 합격하고 난 뒤부터 남편의 태도에 변화가 생기면서 불안해졌다고 한다. 수목용신에 기사는 화토운이어서 결코 길한 운 일수가 없기 때문이다.

27세 경오년(신미대운). 오화 관성이 도화가 되어 축오 귀문관살이다. 남편이 여대생과 깊이 사귀는 것을 알고서 이혼하다.

28세 신미년(신미대운). 일지를 충하여 외국으로 디자이너 공부하러 떠나다. 지지가 전부 충과 형이 되어 어수선한 마음을 달래려 다른 환경으로 떠나고 싶었든 것이다.

189) 丙己庚丙　甲乙丙丁戊己
寅未子申　午未申酉戌亥 4대운

여명. 편재격에 병화 인수용신이다. 인목관성과 병화가 관인상생하여 과천종합청사 고위직의 비서로 일했다. 인미 귀문과 자미 원진에 상관이 있어 성격이 예민하고 괴팍한 일면이 있으나 병화인수로 조절되어 평소에는 잘 드러나지 않는다.

소용신: 수는 투출이 없어 용신에서 제외하고 寅未에 병화

의 뿌리가 강하여 설기하는 상관 경금 용신한다.

35세 경오년(병신대운). 신자반합으로 경금의 사궁이 발동되지 않다가 자오충하여 합이 풀렷다. 용신이 사궁에 들다. 회사퇴직하며 공무원생활을 청산하다.

190) 甲癸甲戊　戊己庚辛壬癸
寅亥子戌　午未申酉戌亥 2대운

여명. 제살태과로 무토 관성용신이다. 한겨울이지만 인중병화와 술중 정화가 있어 다행이다. 酉대운에 미국으로 이민 가서 미용 칼리지를 졸업하고 미용실을 경영하고 있다. 경신, 신유금운은 인수 운이니 공부하고 용신의 병을 제거하여 장래의 기초를 닦았다.

소용신: 인해합으로 갑목은 힘이 없어 무토 용신이다.

18세 을묘년(임술대운). 모친사망. 을목은 용신 무토를 극하고 묘는 뿌리 되는 술을 묶어버렸다. 을은 오운(五運)으로 경금 인수를, 묘는 육기(六氣)로 유금 인수가 같이 왔었다.

26세 계해년(신유대운). 결혼을 굳게 약속했던 남자와 헤어졌다. 남자측 부모가 한사코 반대하여 결혼이 이루어지지 못했다. 계수는 용신을 합거하여 남자는 사라지고 해는 인해합에 다시 합이 와서 육합이 풀렸다. 상관이 뿌리를 내려 관을 극한다.

191) 乙己乙乙　辛庚己戊丁丙
丑巳酉巳　卯寅丑子亥戌 9대운

여명. 식신격에 사화 인수용신이다. 예능계통 교사. 머리가 좋고 심성도 선량하지만 어지럽게 나타난 을목 관살은 뿌리가 없이 허공에 떠 있으니 남편 복이 부족하다. 대운이 해자축 북방으로 흘러 곤고(困苦)스럽다.

소용신: 을목은 뿌리가 없어 용신에서 제외되고 사유축 금국이 제일 강하여 종아로 금용신이다.

25세 기사년(정해대운). 사유축으로 용신의 해다. 강한 금국은 목기(관성)를 허충래(虛沖來)하여 결혼하다. 초겨울에 결혼했다가 3개월만인 다음해 경오년 무인월에 이혼하다. 금 용신에 화운이 와서 화금상전 하였기 때문이다.

192) 庚庚壬戊　戊丁丙乙甲癸
辰寅戌子　辰卯寅丑子亥 2대운

편인용재격으로 인중 갑목 용신이고 임수가 희신 이다. 무토가 바로 옆에서 임수 밥그릇을 엎어버리는 것(倒食)이 흠이다. 유명구두 메이커의 구두디자이너인데 미국에 건너가 사업을 벌렸다가 일 년 만에 큰 손해를 보고 다시 구두디자이너로 일하고 있다.

소용신: 인목은 목의 투출이 없어 용신의 대상에서 제외한다. 월지 술 토에 뿌리 한 토금이 왕 하여 임수용신이고 목은 희신.

40세 정묘년(병인대운). 회사퇴직하고 미국 건너가서 사업시작. 인묘진 방합을 하여 큰돈을 잡을 수 있는 기회가 왔다. 그러나 용신임수를 합하고 자묘형을 하여 吉중에 凶이 자리 잡았다.

41세 무진년(병인대운) 무토가 도식(倒食)을 하고 진술충으로 튀어나온 지장간 정화가 용신임수를 합거했다. 또한 진은 용신의 임수의 묘궁이다. 적자가 커지고 간경화까지 생겨 사업을 접고 귀국. 건강회복 후에 다시 직장생활을 하고 있다.

193) 戊庚甲甲　戊己庚辛壬癸
寅戌戌午　辰巳午未申酉 4대운

여명. 경금이 술월에 토가 많아 갑목으로 소토하는 용신을 삼는다. 그러나 임수가 있어야 윤토를 만들고 경금을 씻어줄 것인데 수가 없으니 사주가 조열하다. 지지는 인오술 화국하면서 모두 관살을 암장하고 있어 남자관계가 복잡하다.

소용신: 대용신과 동일

34세 정묘년(신미대운) 정밀하게 계산하면 무진년 9월에 대운이 바뀌니까 아직 신미대운이다. 시집가서 얼마 뒤 未대운에서 기신 인수가 술미 형하고 갑목 재는 입묘하니 경제사정이 갈수록 어려워진다. 정묘년은 관성과 도화와 같이 오므로 홧김에 서방질한다고 딴 사내를 사귀며 본 남편과 이혼하였다.

37세 경오년(경오대운) 오화 관성으로 새 남자가 생겼다. 기신의 관성이 午午 자형을 하고 갑목재가 사궁에 들어 돈이 고갈된다. 복덕방을 하는 애인이 이 여인에게서 빌린 돈을 꿀꺽 삼키고 갚을 생각을 아니한 것이다. 공장에서 일하며 힘들게 번 돈이었으니 생각 할수록 가슴에 응어리가 생긴다. 게다가 庚辰월에 소파수술을 하여 몸과 마음과 경제가 피곤한 한해였다.

194) 丁甲壬丁　丙丁戊己庚辛
卯寅寅酉　申酉戌亥子丑

갑목이 인월에 아직 어린 싹인데 유금이 년지에 있는 것은 호랑이를 키우는 것과 같은 위험이 있다. 정화 상관 용신. 초년대운이 신축으로 오니 기신의 관살이 공격해옴으로서 상관견관이 되어 질병이 끊어지지를 않았다.

소용신: 대용신과 동일

24세 경신년(경자대운). 대운과 년운의 경금 편관이 년지 유금에 힘을 받아 상관견관 한다. 재난이 백가지로 일어난다는 상관견관 이다. 그리고 인신충으로 튀어나온 지장간에 정화 용신은 합거되었다. 사망.

195) 壬壬己丙　乙甲癸壬辛庚
寅寅亥申　巳辰卯寅丑子 2대운

임수일주가 해월에 수왕한데 무토로 제방을 쌓아야하나 뿌리 없는 기토 뿐이어서 높은 벼슬자리에 도전하는 인생은 아니다. 대신 병화를 용신하는 식신생재의 사주라 장사를 하면서 승승장구하고 있다.

소용신: 인해는 합으로 용신에서 제외하고 양간의 임수일주와 병기 화토 중에서 수가 더 강하여 병화를 용신한다.

37세 임신년(계묘대운). 원래 가는 곳마다 여자가 있으나(寅역마 중에 丙화 재) 도화의 대운이 오니 여자관계가 화려해진다. 년운에서 인신충이지만 운간이 기신이고 병화재를 극하여 이혼. 거액의 위자료를 지불했다.

46세 신사년(갑진대운). 용신 합거되고 사신형, 사해충, 인사형을 하다. 형충으로 연결되어 관재를 당하고 많은 손실을 보았다.

196) 己庚己庚　乙甲癸壬辛庚
卯戌丑戌　未午巳辰卯寅 3대운

일시는 묘술합하여 묶이고 왕한 토금의 세력에 거슬릴 수가 없어 토금 종강격이다. 묘술과 형살이 있어 법조계통에서 출세가 가능하다. 묘유술 삼자는 철쇠개금으로 만인의 고통을 풀어주고 형살은 형권과 통하기 때문이다.

소용신: 종강격으로 대용신과 동일

31세 경진년(임진대운). 사법고시 일차합격. 토금으로 좋은 운이지만 대운과 년운에서 이중으로 진술충을 하여 튀어나온 지장간에 희신의 년간과 일간이 합거되어 최종합격까지 못가고 마무리가 불실해졌다.

32세 신사년(임진대운) 사볍고시 최종합격하다. 신은 용신의 금이고 사는 토금용신의 든든한 뿌리가 된다.

197) 己丙丙丙　壬辛庚己戊丁
　　亥寅申申　寅丑子亥戌酉 4대운

금수가 강하여 인목 인수 용신한다. 인목을 시지 해수가 합으로 받쳐주지만 再沖으로 용신이 허약하다. 財와 인수의 충으로 모처불화 하여 처궁은 불실하고, 한번 파산은 피할 수가 없다.

소용신: 인신 충에 인해 합이 와서 지지가 전부 살아났다. 병화용신이고 목이 희신.

46세 신사년(신축대운). 오랜 불화 끝에 처와 이혼하다.

대운과 년운에서 모두 財가 와서 용신 병화를 합거 했다. 그리고 인사신 삼형 하고 사해 충을 하였으니 지지가 온통 형충으로 쑥대밭으로 변했다.

198) 戊庚辛丙　乙丙丁戊己庚
寅辰丑午　未申酉戌亥子 3대운

여명. 경금 일주가 축월에 한랭한데 병화 태양의 조후가 있어 좋은듯하나 병신합으로 묶였으니 흠이다. 관성이 합거 되었으니 만약 일찍 시집갔다면 이별수를 면치 못한다. 그래도 인중 갑목이 소토하고 화를 생하며, 오중 정화로 금을 단련하고, 인중병화의 조후가 대타로 있어 다행이다.

소용신: 천간의 병신합은 용신에서 제외된다. 토금 兩神 용신

37세 임오년(정유대운). 노처녀로 있다가 자기보다 나이 어린 유능한 남자를 배필로 맞아 결혼했다. 임은 오운으로 정화 관성을 허합래하고 오 역시 관이며 무토 용신의 뿌리다.

199) 壬壬癸壬　己戊丁丙乙甲
寅子卯寅　酉申未午巳辰 7대운

봄철에 약한 수는 아니지만 목이 왕하고 금의 水源이 없는데다 운이 남방 화운으로 흘러 항상 목마름을 느낀다. 년월에 상관이 중중하여 부모 대에 파산하였고 양인이며

수옥살인 자수가 자묘 도화 刑을 하여 인생 가는 길에 형살이 깔려있다. 가택궁 일지가 양인 비겁이고 형이어서 부부운도 순탄치 않다.

소용신: 수용신, 금 희신 이다.

29세 경오년(병오대운). 소매치기하다가 잡혀서 교도소에 가다. 유일한 뿌리인 자수가 대운과 년운에서 이중으로 충을 당하여 메말라 버렸다.

200) 戊癸丙壬　壬辛庚己戊丁
午巳午子　子亥戌酉申未 2대운

심한 재다신약으로 임수비겁용신이다. 아버지가 무능력하여 어릴 때부터 경제적으로 어렵게 자랐고 재와 살이 태왕하여 인생파도가 험난하다. 사주가 워낙 불균형이어서 어지간하게 좋은 운이 오더라도 조화로운 인생은 힘들 것이다.

소용신: 수의 뿌리인 자수가 충을 당하여 임수를 제외하면 천간에 화토만 남는다. 화토용신.

22세 계유년(무신대운).정밀하게 대운계산을 하면 갑술년 양력4월경에 기유대운으로 바뀐다. 신대운에서 사신형을 하니 자오충과 더불어 사주가 형충으로 얼룩진다. 계유년은 소용신에서 기신의 인수다. 기신의 인수가 와서 강한 화기와 싸우다 쓰러진다. 모친사망하다.

201) 戊庚甲丁　庚己戊丁丙乙
　　寅午辰未　戌酉申未午巳 1대운

여명. 경금일주가 진월에 토기가 강한데 갑목이 소토하여 좋은듯하다. 그러나 인오화국에 정미가 합해져 관살이 왕성함으로 오히려 갑목은 왕한 관살에 합세하여 기신으로 변했다. 무토 인수용신. 명암부집(明暗夫集)하여 남편복은 없어도 애인은 항상 있다.

소용신: 대용신과 동일.

36세 임오년(무신대운). 신대운은 일주의 정록으로 든든한 뿌리가 되어 좋은데 시지 인과 충을 함으로서 오는 복이 깎여 버렸다. 임오년은 관살이 태왕하여 재난이 되고, 년지와 오미합하여 무토용신의 뿌리가 약하여 졌다. 그리고 갑목 편재가 입묘하여 아버지가 뇌출혈로 사망.

37세 계미년 무오월(무신대운). 용신 무토 합하면서 사주와 년월운의 강한 화기를 따라 무계 化火하여 기신덩어리가 되었다(何知其人凶 忌神轉輾攻). 본인과 남동생이 사고를 당하다.

202) 戊辛庚庚　甲乙丙丁戊己
　　子卯辰子　戌亥子丑寅卯 10대운

여명. 식상과 재가 왕하고 일주는 약하여 무토 인수를 용신한다. 관살이 없고 식상이 왕하면서 가택궁에 형살이니 부부운이 아름답지 못하다. 운이라도 토금으로 흐르면 좋으련만 거꾸로 수목으로 흐르니 인생길이 험난하다.

소용신: 음일간에 금은 뿌리가 없어 무토용신, 금 희신이다.

34세 계유년(정축대운): 남편이 간암으로 사망. 임신년에 병세가 악화되었는데 申금은 일주의 뿌리가 되어 좋지만 신자진 수국으로 변하여 기신이 되었다. 설기가 심하니 생활에 균형을 잃어버렸다. 계유년은 용신 무토 합거 되고 용신의 뿌리인 진토역시 진유 합으로 묶였다. 용신이 없어져 믿을 곳은 아무데도 없다. 일주와 비견겁의 뿌리가 없으니 형제자매는 도움이 되지 않고 천지는 적막강산이다.

203) 乙甲壬癸　丙丁戊己庚辛
亥午戌卯　辰巳午未申酉 3대운

실령, 실지하였으나 수목의 득세가 강하여 편재격에 편재용신이며 화가 희신 이다. 편재격에 재용신은 강한 개척타개력으로 타인의 구속을 받지 않고 환경을 지배하면서 사는 스타일인데 이 사주는 술토 편재가 묘술합으로 묶여 있어 자기의 역량이 제대로 발휘하기가 힘들다.

소용신: 수목 兩神 용신.

35세 정축년 계축월(무오대운). 부친사망. 임술 재 백호를 정축백호로, 계축백호로 연달아 가격하니 백호대살이 발동하여 튀어나온 지장간에 임계수 용신이 합거되어 대흉이다.

204) 癸癸庚丙　甲乙丙丁戊己
亥卯子午　午未申酉戌亥 1대운

여명. 건록격인데 한겨울에 조후가 우선이라 병화 재를 용신하고 목이 희신이다. 식신생재로 좋아 보이나 습목이 생화가 어려우며 또한 멀리 떨어져 무정하고 병화 재의 뿌리인 오화는 충을 당하여 재복이 알뜰하지 못하다. 그리고 일지 가택궁에 묘식상이 앉아 극부(剋夫)의지가 보이고 자묘가 도화 刑하여 부부운에는 파란이 따른다.

소용신: 병화와 경금은 뿌리가 없어 용신에서 제외하면 남는 것은 계수뿐이다. 수용신 목 희신.

25세 경오년(정유대운) 대운에서 묘유충과 자유귀문관살이 성립된다. 목은 신경인데 충으로 상하고 귀문관살(子酉)이 발동하여 정신병을 앓기 시작했다. 다음의 申대운 역시 기신의 인수 운이면서 묘신귀문으로 목이 상하여 완치되지 않았다. 경오년에 기신의 오화가 자오 재충(再沖)이니 불이 난 듯이 소란스럽다(地戰急如火). 정신병원에 입원하다.

205) 乙癸丙乙　壬辛庚己戊丁
　　卯酉戌酉　辰卯寅丑子亥 3대운

여명. 계수일주가 술월에 실령인데 유금으로서 일주를 생조하는 용신으로 삼는다. 병술,유술로서 재관인이 상생하여 길하나 묘유충으로 일주로 통하는 마지막 통로가 끊어져 아쉽다. 寅卯 대운에서 인수와 식상이 맞물려 충극을 하여 힘든 세월을 보냈고 자손궁에 충이 있어 자손의 덕이 없었다.

소용신: 토와 금은 천간에 투출이 없고 목은 뿌리가 충을 당해 용신에서 제외한다. 음 일간에 남아 있는 천간은 술에 뿌리 한 병화뿐이니 병화 재용신이다.

19세 계묘년(무자대운) 손가락 잘리다. 금목 충을 하고 재살(災殺)의 충이다. 묘유충으로 튀어나온 지장간 辛금에 병화용신이 합거 되어 사라졌다.

206) 庚辛戊丁　甲癸壬辛庚己
　　寅巳申酉　寅丑子亥戌酉 1대운

여명. 신금일주가 강왕하여 목화용신이다. 가택궁의 관성이 공망인데 인사신 삼형으로 둘러싸여 부부운이 아름답지 못하고 인생살이에 뜻하지 않는 재난이 따른다. 목화 동남방으로 간다면 刑을 용신하여 그런대로 한자리 할 수도 있건마는 서북으로 무정하게 대운이 흘러가니 애달프고 고달프다.

소용신: 정화용신. 목 희신.

51세 병술년(계축대운). 대운에서는 사유축 금국하고 년운에서는 신유술 서방으로 전부가 비견겁이다. 남편과 이별하다. 병화 정관이 일간과 합하여 애인 생기자 남편과 이별가를 불렀다. 을사,신사,계사일에 관이 투출한 사주이면 애인과 정이 통해 야반도주한다는 추명가가 연상된다.

52세 정해년(계축대운): 인신사해 四沖이다. 역마충도 되어 교통사고로 팔이 부러졌다. 사해충으로 튀어나온 지장간에 정화 용신은 합거되어 사충의 흉이 더욱 확실해졌다. 대운을 정밀계산하면 다음해 무자년 양력5월부터 갑인대운으로 바뀐다.

207) 甲壬乙戊　己庚辛壬癸甲
辰寅卯申　酉戌亥子丑寅 10대운

여명. 식상이 인묘진 동방 목국에 갑을 목이 투출하여 태왕하여 끝내주는 상관사주다. 인수 신금을 용신한다. 진토관이 관성백호에다 가택궁이 공망이며 식상태왕 하여 부부 운은 항상 얇은 얼음 위를 걷는 것과 같이 위태롭다. 나가는 것은 많고 들어오는 것은 적어서 불균형이 심하다. 그래도 운이 금수 서북방으로 가니 다행이다.

소용신: 양간이 신약할 때는 지지의 인비를 용신할 수 있으니 대용신과 같이 신금용신이다.

39세 병술년 정유월(임자대운). 주택마련하다. 기신의 丙丁화로 돈 마련에 큰 고통이 있었음을 알 수가 있지만 사주,년운 ,월운이 합쳐서 申酉戌로 인수 방합을 하였다.

208) 甲己癸辛　己戊丁丙乙甲
　　　戊卯巳巳　亥戌酉申未午 7대운

여명. 계수는 뿌리가 없고 화기가 강하여 묘술은 합하여 火로 변한다. 갑기화토격으로 토금이 용신이다. 사주가 한습하면 인생길에 막힘이 많고 조열하면 예기치 않는 재난을 당한다. 이사주도 습기하나 없이 조열하여 재난은 피할 수가 없다.

소용신: 대용신과 동일

6세 병술년. 병은 신금용신을 합거하고 술은 묘술합에 다시 육합이 와서 육합이 풀렸다. 갑목이 뿌리를 얻어 다시 살아나니 갑기화토격의 격국이 깨어졌다. 기신의 관살은 재난이고 질병이다. 그리고 육합이 풀려 묘가 힘을 얻어 급각살이 활개를 치니교통사고를 당하여 하반신 마비로 평생 불구로 살게 됐다.

209) 丙庚己癸　癸甲乙丙丁戊
戌午未巳　丑寅卯辰巳午 4대운

관살이 태왕하고 살중신경이다. 기토 인수용신. 너무나 조열하여 사막 같은 메마른 인생인데 대운마저 목화이니 고달프기 짝이 없다.

소용신: 대용신과 동일

21세 계축년(정사대운): 대운에서 뜨거운 열기가 엄습한다. 조열한데다 년운에서 축미충 축술형(병술백호에 계축백호)으로 형충이 덮쳤다. 큰 사고를 당하여 다리를 전다.

45세 정축년(을묘대운): 을묘대운은 살중신경에 돈과 여자로 인한 고통을 더 보태어 재살태왕이다. 경제적으로 궁핍하여 지니 처의 요구로 정축년에 이혼하다. 정축년은 축미충, 축술형으로 형충의 한해다.

50세 임오년(갑인대운). 고통스러운 대운의 연결이다. 대운과 년운에서 사오미에 인오술 화국까지 온통 관살이다. 관 직장이 너무 많다는 것은 없다는 것과 같으니 직장에서 퇴직당하다.

53세 갑신년(갑인대운). 기토 용신은 합거되고 사주,대운, 년운이 인사신 삼형이다. 역마의 형살이라 고속도로에서 대형 교통사고를 겪었다.

210) 丙丙癸丙　己戊丁丙乙甲
申午巳戌　亥戌酉申未午 2대운

병화 일주가 사월에 화가 왕하고 조열하여 임수가 있어야 하는데 신중 임수가 있어 용신한다. 申酉 서방 운에서 부동산으로 거액의 돈을 벌었는데 무술대운에서 많은 재산이 눈 녹듯이 사라져버렸다.

소용신: 양일간이 신왕한데 천간의 계수정관은 신금에 뿌리 하여 용신한다.

34세 기미년(정유대운). 기토는 상관이니 회사생활과 상극이고.미는 사오미로 화국하여 재를 극하여 회사를 퇴직하다. 정유대운은 천을귀인의 재이며 희신 이어서 돈 벌 기회가 오고 있음을 뜻한다. 퇴직하고 건축업을 시작하였으며 이때부터 부동산에 눈을 뜨기 시작했다.

39세 갑자년(정유대운). 대운이 좋고 년운도 괜찮아 큰 돈을 벌었다. 자오충으로 화기를 제거하여 재가 보호되고 자오충으로 튀어나온 기토는 기신의 운간 갑목을 합거하여 길하다.

211) 丙己庚辛　甲乙丙丁戊己
寅丑寅丑　申酉戌亥子丑 7대운

입춘절에 아직 한기가 물러나지 않았으니 병화를 용신한

다, 용신 병화의 뿌리가 강하여 좋으나 년월에 상관이 강하여 부모대에 집안이 망하여 성장과정이 어려웠고 공부운도 시원치를 않았다. 정해대운에서 나름대로 직장생활에 충실하였으나 술대운에서 병화 용신이 묘궁에 들고 축술형으로 튀어나온 지장간에 병화용신은 합거까지 되어 좌절을 겪으며 인생의 좌표설정에 흔들림이 많았다.

소용신: 대용신과 동일

41세 신사년 병신월(병술대운). 운간 辛은 병화 용신 합거하고 대운과 축술형이며 년운과는 인사형이다. 한군데 성한 곳 없이 모두가 형이다. 마약 판매하다가 경찰에 잡혔다.

212) 庚庚乙癸　己庚辛壬癸甲
　　辰申卯巳　酉戌亥子丑寅 1대운

금왕하여 巳화 편관용신하고 목을 희신한다. 시간에 경금 비견이 투출하여 을목을 다투는 것이 흠이 되나 년간의 계수가 상관으로 통관되어 무난하다. 초등학교시절인 갑인대운에서는 우등생이었으나 계축 임자대운으로 가면서 엇박자 인생을 살았다. 관살용신에 지지에서 식상운으로 수화상전 하였기 때문이다.

소용신: 을목 용신에 사화 희신이다.

26세 경신년(임자대운). 대운에서 신자진 수국하여 상관이 극히 왕해지고 자묘형이다. 관을 극하고 형하니 교도소문이 보인다. 묘신 귀문에 사신형으로 귀문관살의 작용이 강하게 보이는데 경신년에 을목재를 군겁쟁재하고 다시 사신 형한다. 투기에 실패하였으며 극도의 궁핍을 벗어나려고 어린애 유괴를 하였다.

27세 신유년(임자대운). 을묘 용신을 극하고 충하여 사주를 쓸모없이 만들었다. 검거되다.

213) 壬癸丙甲　　壬辛庚己戊丁
　　 子丑寅申　　申未午巳辰卯 6대운

계수 일주가 인월에 금수가 왕하여 한습 하므로 병화 재를 용신하고 갑목 식신으로 희신한다. 병화 재를 용신하니 세무사로서 평생을 지냈는데 인신충이 없었으면 식신생재 사주여서 사업가의 길로 갔을 것이다.

소용신: 인신충하고 자축합하여 지지에서 용신을 구할 수가 없고 천간은 뿌리를 내리지 못한다. 이럴 때는 대용신을 그대로 사용한다.

31세 갑인년(기사대운). 31세부터의 巳대운은 인사신 삼형이지만 병화용신의 정록이다. 갑인년에 운간 갑은 희신이며 인목은 기신 申금을 다시 충하여 쓸어내어 버렸다. 세무사시험합격.

52세 을해년(신미대운). 일주 관 백호를 대운의 미가 축미충하여 흉사 발동을 유발하고 계수일주는 未에 묘궁으로 들어간다. 을해년은 해자축 북방이 되어 천간 임계와 합세하여 거대한 해일이 형성된다. 병화 용신은 꺼져버리고 인목은 부목(浮木), 습목이 되었다. 간암수술하다. 그래도 해자축의 水가 수생목으로 인신 충당해있는 인목을 살려서 수술경과가 좋아 회복이 빨랐다.

61세 갑신년(임신대운). 사주 대운 년운에서 인신충의 3중 충돌이 생겼다. 운간 갑이 아무리 희신이라 하여도 3중의 충으로 인목이 상하니 별도리가 없다. 뿌리가 없어져 병화는 힘을 잃어버린다. 심장병이 생기고 몇 년째 완쾌되지 못하고 있다.

214) 庚甲丁辛　辛壬癸甲乙丙
午辰酉亥　卯辰巳午未申 3대운

갑목일주가 유월에 庚辛금이 투출하여 금왕한데 정화 상관으로서 상관제살하는 용신으로 삼는다. 갑목은 해에 장생을 얻어 일주가 약하지 않고 용신 정화는 오에 정록을 얻어 단단하니 아름답다.

소용신: 금의 뿌리는 진유합으로 묶여있어 용신에서 제외시키고 목화를 용신한다.

30세 경진년(갑오대운). 진유합에 다시 육합이 오면서 합이 풀렸다. 기신의 경신금 관살이 운간 경과 더불어 유금에 강력한 뿌리를 얻었다. 기신의 관살이 침공해오니 관재 구설 파재 질병등 중에서 어느 하나라도 걸리게 되었다. 주식투자에서 막대한 손해를 보고, 회사에서 잘렸으며, 오랫동안 사귀든 여자와도 헤어졌다.

215) 丙辛辛乙　丁丙乙甲癸壬
申未巳未　亥戌酉申未午 9대운

여명. 신금일주가 사월에 조열한데 지지 화국에 병화 투출하여 너무 뜨거워서 재난이 우려된다(寒濕多滯, 燥熱多災). 다행이 시지 신금이 일주의 든든한 뿌리가 되어주고 암장된 임수가 열기를 식혀주니 다행이다.

소용신: 대용신과 동일

47세 신사년(을유대운). 巳화가 申금과 형합하여 든든하든 뿌리가 큰 상처를 입었다. 사화 남편으로 인해 삶의 근거가 허물어진 셈이다. 사는 일주의 死宮으로 죽음과 연관시켜 볼 수가 있다. 남편이 사망하다.

48세 임오년(을유대운). 배우자를 잃은 슬픔이 극도의 스트레스가 되어 자신도 자살하다. 巳午未로 강력하게 기신의 관살이 형성되어 고통의 연속을 이기지 못하고 이승을 하직한 것이다.

216) 戊甲庚戊　甲乙丙丁戊己
辰寅申申　寅卯辰巳午未 2대운

여명. 목이 신월에는 목기가 쇠약해지는 때인데 병화로서 하늘과 땅을 온난하고 윤택하여야 길하지만 병화는 없고 호랑이 같은 칠살만 왕성하다. 경금으로 가지를 쳐주어 목기를 배양함은 좋으나 그것도 정도문제다. 정화로서제살(制殺)하든지, 계수로서 화살(化殺)하면 좋으련만 정화와 계수는 없고 무정하게 무토만 강하게 칠살을 도우고 있어 암담한 인생을 예고해주고 있다. 寅辰이 있어 종격도 못되므로 辰중 계수를 용신한다.

소용신: 양간일주는 신약 할 때 지지에서도 용신을 잡는다.
대용신과 동일

31세 무인년(정사대운). 巳대운의 막판에 인년은 다시 이중 충돌, 삼중 충돌이며 공포의 인사신 삼형이다.

갑인월에 교통사고가 났으나 차만 찌그러지고 본인은 무사하였다. 월주와 강한 충을 하였지만 명색이 그래도 일주를 도우는 운이니까 그쯤하고 넘어갔다. 경신월은 칠살이 무리를 지어 흉폭하기 짝이 없다. 고속도로에서 중앙선을 넘는 사고가 생겨 본인과 가족이 모두 사망했다. 이 사주와 같이 이중으로 역마충이 되어 일주를 압박하고 있으면 운전대를 아예 잡지를 말아야 한다.

217) 癸甲庚己　丙乙甲癸壬辛
酉戌午未　子亥戌酉申未 1대운

여명. 갑목 일주가 오월 뜨거운 여름에 계수가 있고 게다가 금생수까지 하여주니 단비가 내리듯이 길하다. 그러나 일주의 뿌리가 없고 정인에만 의존하여 지성적이고 심성은 고우나 험난한 세상의 파도를 헤쳐 나가기에는 온실속의 화초같이 너무 기(氣)가 약하다. 계유대운에서 중국유학하다.

소용신: 양간일주가 인수가 있으면 인수의 뿌리가 없어도 종을 하지 않는다. 계수용신이다.

28세 병술년(계유대운) 병술은 화토다. 조열한 화토는 물을 말려버리고 일주 갑목도 시들게 만든다. 또한 술은 술미 재형을 하여 치명타를 안긴다. 튀어나온 지장간에 계수용신은 합거되고 형으로 얼룩지니 酉酉도 덩달아 자형을 한다. 병술년 정유월 경자일 병술시에 자살하다.

218) 戊甲乙戊　辛庚己戊丁丙
辰申丑寅　未午巳辰卯寅 1대운

재와 칠살이 강하여 을목 비겁용신이고 한랭하여 화가 희신이다. 6개월만에 태어나 인큐베이트속에서 자랐고 왼쪽다리가 불구다. 겨울에 진토를 보아 급각살이다. 그러나 하늘이 무심치 아니하여 대운의 흐름이 동남 목화방향으로 흘러감이 다행하다.

소용신: 대용신과 동일

1세 무인년. 급각살이 있는데 인신충이 덮쳤다. 인신충은 운간이 희신이면 길하게 작용되고 기신이면 불길하게 작용하는데 운간 무토는 기신이어서 인신충이 흉한 작용으로 연결된다. 허약하고 불구로 태어나다.

219) 辛乙癸丁　丁戊己庚辛壬
　　巳丑卯巳　酉戌亥子丑寅 1대운

을목일주가 묘월에 목왕하고 양기가 서서히 기세를 펴는 시기인데 화가 설기하고 계수가 윤택하게 하니 입격한 사주다. 편관칠살이 비록 국을 이루어 강왕하여도 계수인수가 살인상생하니 일인이 가화(一仁 可化)라. 계수용신에 대운도 북방으로 가니 아름답다.

소용신: 신금과 정화 그리고 계수를 비교하면 극과 설기의 힘이 강하여 생조하는 계수로 용신한다.

9세 병술년(임인대운) 대운에서는 인사형 하고 년운에서는 축술형이다. 형이 중첩되니 좋은 일이 있을 리가 없다. 년운에서 축술형하여 튀어나온 지장간에 계수용신이 합거됐다. 기형적인 고환(불알)을 수술하고 이후 정상적인 상태로 회복되었다. 계수는 수기로서 비뇨기계통에 해당된다.

220) 辛己丁丙　辛壬癸甲乙丙
未卯酉申　卯辰巳午未申 1대운

여명. 기토 일주가 유월에 금왕한데 병화로 조후하고 토기를 보충하여 용신으로 삼는다. 용신은 그를듯하지만 식상이 왕 하면서 묘유가 충을 하니 관상이 깨어져 부부궁이 절단 났다. 묘신귀문에 묘유충이 겹쳐 남편과 사소한 문제라도 생기면 확대재생산하며 막다른 길로 가지 않았는가 싶다.

소용신: 득령한 辛금식신이 왕하여 미에 뿌리한 화를 용신한다.

47세 임오년(임진대운). 41세부터 시작하는 임진대운에서 남자가 생겼다. 오운으로 임은 정임합하며 목(남자)까지 허합래 하고 묘유충으로 묘목남자가 깨어졌는데 진 대운에서 진유합으로 묘목이 살았기 때문이다. 그러나 남편 복 없는 여자에게는 일시적인 환상만 심어줄 뿐이다. 임오년에 암 수술을 하다. 임은 정화합거하고 오는 용신의 뿌리인 미토를 꽁꽁 묶어 힘을 못 쓰게 하였다. 암은 스트레스가 주범이라고 한다. 사주자체가 스트레스에 굉장히 취약한 형태인데 년운이 나쁘게 돌아가니 증세가 심해졌다고 볼 수 있다.

221) 丙壬庚壬　丙乙甲癸壬辛
午午戌子　辰卯寅丑子亥 7대운

임수 일주가 화가 강하여 재다신약하여 임수용신에 경금이 희신이다.

소용신: 병화 편재가 午午 자형하고 오술화국하여 재가 강하여 대용신과 동일

6세 정사년. 용신 임수를 합거하고 巳는 강열한 화국에 동승하여 화기를 더욱 거세게 한다. 재다신약 사주가 재운을 만나면 대흉하다. 갑작스러운 사고로 비명횡사하였다.

222) 丙己丙丙　庚辛壬癸甲乙
寅酉申辰　寅卯辰巳午未 6대운

여명. 기토 일주가 신월에 일지 유금과 합세하여 토기의 설기가 심하다. 신약하여 병화 인수를 용신한다. 기토 대지에 병화 태양이 널리 비추어 줌은 좋으나 인목관성 남편이 공망에 들어 약해진데다 서방 금이 원진과 충으로 극하여 들어와서 남편의 자리가 극히 불안정하다. 계사대운에서 계수 검은 구름이 병화 태양을 가리우니 천지가 어두워졌다. 대운의 지지 巳화는 용신 병화의 정록 이지만 사유금국으로 변하여 대운이 배신하는 형국이다. 기신의 상관이 왕하여져 경제적으로는 나가는 것이 더 많아 생활에 불균

형이 생기고 부부간에는 원진살이 뻗치면서 등 돌리고 지낸다.

소용신: 인목에 뿌리 한 병화 용신이다.

29세 갑신년(계사대운). 사주와 대운과 년운이 인사신 삼형이다. 사주에서 위태롭고 대운에서 위태롭던 인목관성이 갑신년에 삼형까지 당했다. 남편이 술집 아가씨와 바람을 피워 이혼하였다.

223) 辛戊辛丙　丁丙乙甲癸壬
酉寅丑辰　未午巳辰卯寅 4대운

축월의 무토는 병화태양이 우선적으로 필요한데 병화가 투출하여 기쁘지만 합으로 묶여 아쉽다. 寅중 병화에 단단한 뿌리가 있어 병화 편인 용신한다. 상관격에 인수용신하여 재주가 다양하고 대운이 평생 목화로 연결되어 나름대로 뜻한 바는 이루며 살 것이다. 다만 재성입묘하고 부부궁에 원진이 들어 결혼생활에 약간의 기복은 예상된다.

소용신: 인목은 목의 투출이 없고, 년월간은 병신 합되어 용신에서 제외한다. 일간과 시간을 대비하면 시간의 뿌리가 더욱 강하여 토를 용신하고 화는 희신이다.

31세 병술년. 변리사 시험에 합격하다(서울대학교 졸업).
병화 운간은 기신의 상관 辛금을 제거하고, 진술충, 축술형으로 튀어나온 계수 재를 일간이 합으로 챙겨 결혼도 하고 정화 인수를 얻어 부모도움으로 집도 하나 마련했다.

224) 甲丙丙丁　壬辛庚己戊丁
　　午申午卯　子亥戌酉申未 8대운

여명. 오월에 오시의 병화가 양인으로 태왕하다. 일지 申중 임수로서 양인을 제어할 수 있어 임수 편관을 용신한다. 일지 申금 재는 묘목 인수와 귀문관살이 성립되어 부모 간에 등 돌리는 형국이고 신금 재는 군겁쟁재 당하여 부모가 이혼하였다(정미대운). 8세부터 시작하는 정미대운은 양인이 왕한 사주에 다시 양인이 보태어 지니 자기 성질을 주체하지 못한다. 중학교시절부터 깡패노릇을 하며 양인이란 흉기를 유감없이 휘둘렀다. 무신대운에 접어들면서 스스로 인생좌표에 대한 새로운 눈이 생기며 실업계고등학교에서 미용사 자격을 얻고 일본어를 열심히 하였다 . 졸업 후에는 일본회사에 취직하여 주위 친구들의 부러움을 받으며 야간전문대를 졸업하고 다시 4년제 대학을 편입하였다. 무신대운부터 금수로 대운이 흘러감으로 깡패소녀가 철이 들고 또한 앞날에 대한 준비를 하고 있으니 나중에 결실을 거두게 될 것이다.

소용신: 목화용신. 申금은 금의 투출이 없어 용신에서 제외한다.

16세 임오년. 중학교3학년. 양인이 중첩되고, 기신의 임수편관이 신중 임수에 뿌리가 강하여 학생깡패조직의 리더로서 이름을 날리다.

18세 갑신년. 아버지 申과 어머니 卯가 원진살이 되어 부모가 싸움하느라고 집구석이 조용한 날이 없었다.

19세 을유년. 부모가 이혼하다. 유금 재성이 묘목을 충파하여 목화 용신의 뿌리를 깨었다.

24세 경인년 (무신대운). 대졸후 재벌기업에 많은 경쟁을 뚫고 입사하다. 대용신이 대길하여 순풍에 돛 달았다. 원래 사주에서 하나뿐인 재는 충이나 합하면 양명지원(養命之源)이 사라지므로 흉한법인데 인신충을 하여 불리한듯하나 대운의 申이 뒷받침을 해주어 별탈이 없다. 그러나 운간 경이 기신이라 회사생활에 제대로 적응하지 못할까 우려스럽다.

225) 癸甲丁己　癸壬辛庚己戊
酉辰丑亥　未午巳辰卯寅 6대운

여명. 지지가 모두 한습한데다 한 겨울 축월에 계수가 투출하여 천지가 꽁꽁 얼었다. 정화로서 추위를 이겨 날려고 하여도 너무나 미약하다. 춥고 배고픈 한평생이다. 사대운에서 임오대운으로 넘어가는 시점에서 남편과 자식을 두고 가출하여 식당에서 서빙등 온갖 궂은일을 하며 지냈다. 오대운에 들면 미약한 정화가 힘을 받아 서서히 나아지리라 예상하고 있다.

조화원약에 유사한 사주가 있어 참고삼아 적는다.

癸甲丁己
酉辰丑丑

癸水傷丁 貧而且賤 (계수가 정화를 상하니 가난하고 또한 천하다.)

甲甲丁己
子辰丑丑

木見丁吐秀 其人不貴者 地潤下 水濕木性不能生焰故也. 傷官生財格 無丙 一富而已矣 (목이 정화를 보며 빼어난 기운을 나타내는데 귀하지 못한 것은 지지가 윤하로서 습하니 목은 능히 불꽃을 제대로 피울 수가 없기 때문이다. 상관생재격으로 병화가 없어 귀하지 못하고 부자로만 살았다.)

庚甲丁己
午辰丑丑

大富大貴 丑辰夾寅卯 辰午夾巳 木火有氣 庚金劈甲引丁故富而貴 (대부자 대귀인 이다. 축진 사이에 인묘가 끼어있고, 진오사이에 사가 끼어있어 목화가 유기하다. 그리고 경금은 갑목을 쪼개어 정화를 살리니 부와 귀를 누린다.)

소용신: 정화는 뿌리가 없고 진유는 합이 되어 용신의 대상에서 제외한다. 수목이 왕 하여 기토 재로서 용신한다.

45세 계미년. 계는 기신의 수기를 더욱 도우고 미는 축미충하여 기토 용신의 기반을 허물어 버린다. 경제적 고통을 벗어나고자 무작정 가출하다.

50세 무자년. 획기적인 변화를 하고자 부동산 사무실에 나가 중개로서 생업을 삼으려고 하였으나 여러가지 이유로 세번이나 업소를 바꾸다. 년운에서 무 土가 와서 기신의 계수를 합하니 부동산에 뛰어들었다. 그러나 자수는 해축과 해자축으로 합하여 갑목은 부목(浮木)이 되어 뿌리를 제대로 내리지 못하고 방황을 한다.

226) 辛壬乙癸　己庚辛壬癸甲
亥戌卯卯　酉戌亥子丑寅 5대운

일주가 을묘 상관월에 해묘가 더하여 상관이 매우 왕성하다. 辛금인수로서 용신하여 일주를 생하고 설기를 막는다. 원래 임일주가 묘월에 상관이 세력을 형성하여 왕하면 경금으로 쳐주어야 더욱 효과가 있는데 시간의 辛금이 앉은 자리에서 설기하고 뿌리는 묘술합으로 기반되어 용신이 허약한 감이 있다.

년월에 기신의 상관이 왕하여 부친을 일찍 사별하여 방황하는 세월을 겪었고, 모친이 뒷바라지 해주어 전자공학

대학공부를 마쳤다. 기술이 좋고 손재주가 비상하다.

45세부터 시작하는 경술대운부터 좋은 대운이 뻗어가니 서서히 인생에 화사한 꽃과 듬직한 열매를 맺어갈 것이다.

소용신: 인수 辛금의 뿌리는 묘술합으로 기반되어 수목 兩神이 용신이다.

17세 기미년(계축대운). 기신의 기토 관이 오니 상관견관이고 미는 사주와 대운과 축술미 삼형하여 완벽하게 傷官見官하여 온갖 재난이 활개를 친다. 술중 정화 재성 백호대살이 형을 만나 부친이 사망하다.

43세 을유년(신해대운). 묘유충으로 을목의 뿌리가 상하여 수목양신이 흔들려 버렸다. 년운과 대비하여 볼 때는 연월일시지 순으로 하니까 먼저 년지의 묘목과 충을 하는 것이다. 수옥살 끼리의 충이어서 교통사고, 관재수 등으로 은근히 뒷골 아픈 한해를 보냈다.

46세 무자년(경술대운). 기신의 관이 오고 상관을 자묘형하여 회사에서 퇴직하다. 기미월에 퇴직하고 조그만 회사를 동업으로 만들었지만 경신, 신유, 임술월에 창업의 초창기로서 많은 어려움을 겪고 있다. 47세 기축년에도 기신의 관살년이 연결되어 고통스러운 한해를 보냈다.

227) 甲丙壬丁　戊丁丙乙甲癸

午寅寅酉　申未午巳辰卯 4대운

여명. 우수가 지나고 목화가 태왕하다. 임수용신하고 금으로서 水기를 도와주어야 하는데 임수는 정임 합하여 목으로 변하고 유금은 멀리서 외롭게 앉았다. 어쩔 수 없이 유금을 용신해야하나 허약함이 흠이 되어 남편복과 재복에 혜택을 받지 못했다. 미술대학을 나와 미술학원을 경영하지만 사오미 남방 30년을 악몽같이 헤매며 지나왔다. 54세부터 무신 토금운이 연결되어 말년복이 제대로 찾아오니 그나마 다행이다.

소용신: 유금은 금의 투출이 없고 정임은 합으로 묶였으니 목화 용신이다.

23세 기미년(갑진대운). 시주의 갑오 목화가 모두 갑기합, 오미합으로 묶여 버렸다. 부친사망.

228) 乙乙甲丙　庚己戊丁丙乙
酉丑午午　子亥戌酉申未 1대운

월간 갑목은 사궁에 들고, 시간 을목은 살지에 앉아 어쩔 수 없이 종을 해야 한다. 종세격으로 토가 용신이고 화와 금이 희신이다. 상관이 왕성하여 뱃장이 있고 오기가 강한데 축오 귀문관살까지 보태어져 예민하고 때로는 모난 행동을 보이기도 한다. 무술대운은 무난하나 축술형으로 튀어나온 辛금에 희신 병화가 합거 되어 자존심이 상했다며 근무하든 회사를 몇 번 옮겼다. 41세부터의 기해대운은 갑목이 장생을 얻어 종세격을 방해하여 좋은 운이 못된다. 일지 가택궁이 원진에 있지만 축토 재가 희신 이어서 처가 현숙하여 가정을 단단히 지키고 있다.

소용신: 대용신과 동일

43세 무자년(기해대운). 9월초에 스크린 골프를 오픈했다. 미국에서 발생한 금융대란이 전 세계적으로 불경기를 먹구름같이 번지게 하고 있는데 자기의 사주는 대운,년운과 함께 해자축 북방의 겨울철로 연결되어 초장부터 고전하고 있다.

229) 辛丁丙庚　壬辛庚己戊丁
亥亥戌戌　辰卯寅丑子亥 2대운

편재격에 신약하여 병화 비겁용신 한다. 술해 天關이 모두 깔려 예지력이 있고, 역마가 많은데 편재격에 비겁용신이니 활동력,경쟁력이 강한편이다. 그러나 이때까지의 운이 토금수로 흘러 장담만 앞서지 실속이 없었다. 寅대운은 신약에 정인 운이어서 회사생활이 보다 부드러워지고 승진도 가능할 것이다.

소용신: 지지의 해수와 술토는 천간에 투출이 없어 제외한다. 음일간에 투출한 비겁 병화와 경신금을 비교하면 금이 더욱 강하여 병화 용신한다.

43세 계미년. 계는 기신의 칠살이니 재난 질병이고 미는 술미가 만나 급각살에 刑을 당했다. 관절염 수술하다. 형으로 튀어나온 신금이 병화 용신 합거하여 대형수술로 고생이 많았다.

230) 戊戊戊庚　壬癸甲乙丙丁
午辰子戌　午未申酉戌亥 3대운

여명. 무토일주가 자월 정재격이며 한겨울 추위가 매서우나 술토에 溫氣가 있어 능히 금을 생할 수가 있으므로 경금 식신을 용신하고 자수를 희신 한다. 정재격에 정재를 희신하니 심성이 야박하지 않으며 신용 있고 매사에 성실하게 인생을 산다.

13세 부터의 병술대운에 기신의 화토운이 덮쳐 잔병치레 하느라고 편한 날이 없었고 심지어는 거의 사라진 전염병인 천연두까지 앓아 곰보자국이 아직까지 몇 개 희미하게 남아 있다.

소용신: 경금용신에 자수 희신이다.

25세 을해년(을유대운). 정관이 년운에서 들어와 결혼하다. 그러나 경금 용신을 합거하여 결혼 하고 싶은 생각이 아예 없었지만 부모님 뜻을 거역할 수가 없어 결혼하다.

30세 기묘년(을유대운). 먼저 대운과 년운이 서로 천극지충하여 파란이 예상된다. 기토는 습토로서 토생금이 잘

되어 무방하다하나 워낙 토왕하니 별로 달갑지가 않다. 문제는 묘목 관성이다. 자묘형하여 직장에서 문제가 생겼다. 통신회사에 근무하였는데 사소한 일로서도 구설수가 끊이질 않고 상사나 동료가 도와주지를 않아 외롭고 힘든 한해를 보냈다. 왜 왕따가 되었는가? 그것은 묘술합 했기 때문이다. 경금용신의 유일한 뿌리 술토를 합하여 묶어버렸으니 자신은 무력하게 되고 도와주는 사람이 없어 힘들게 지낸 것이다.

31세 경진년(을유대운). 기묘년의 여파로 결국 퇴사하다. 진술충하여 튀어나온 을목에 용신 경금이 합거되지만 운간 경금은 그대로 남아있어 퇴직하여도 오히려 속이 편하였으며 손상당한 자존심도 회복되었다.

37세 병술년(갑신대운) 신강한데 기신의 화토가 오니 답답한 일만 생긴다. 군겁쟁재 형식이어서 재물운이 신통치 않았고, 진술충하여 튀어나온 을목 관성이 용신경금을 합하여 남편이 엉뚱한 짓을 한다. 즉 남편이 바람을 피운 것이다. 당장 이혼하려고 하였으나 남편이 "아내에게 바치는 노래"를 연달아 부르고 앞으로 절대 그런 짓을 않겠다고 각서를 써주며 용서를 구하자 할 수없이 넘어가 주었다.

231) 戊乙甲壬　戊己庚辛壬癸
　　寅未辰子　戌亥子丑寅卯 10대운

여명. 공무원. 구청근무. 정재격에 정재용신하니 알뜰살

뜰한 바를 正字의 사람이다. 30전에는 시집갈 생각이 없다가 30세부터 신축대운이 오면서 중매가 잦아졌지만 년운과 연결되지 않았다.

소용신: 무토 정재용.

33세 갑신년(신축대운). 申중 경금이 정관으로 다가왔지만 신자진 인수국으로 변하여 중매, 소개팅등 소리만 무성했지 결혼으로 연결되지 못하였다.

34세 을유년(신축대운). 유금 편관이 상문조객으로 가택궁 미토를 암충(暗沖)으로 두드렸다. 노처녀의 규방이 열리면서 시집가다.

232) 丙己壬壬　戊丁丙乙甲癸
寅卯寅子　申未午巳辰卯 6대운

경찰관. 인중 병화 투출하여 정인격에 정인용신이다. 재와 살이 왕성하고 임수가 기토탁임하며 병화용신을 괴롭히고 있지만 병화 인수 용신이 뿌리가 단단하여 건왕하고 대운이 용신의 火운으로 연결되어 아주 고위직은 아니더라도 적당한 자리 하나는 차지할 것이다. 사주가 재를 탐하면 인수가 상하는 탐재괴인(貪財壞印)이고 더하여 도화가 자묘 형하여 항상 돈과 여자를 조심하지 않으면 언제 어디선가 재난이란 숨은 복병이 튀어나올지 모른다.

소용신: 병화인수

27세 경진년(을사대운). 경찰관 시험에 합격. 庚은 상관이지만 五運으로 乙 관성을 불러오고 진은 인묘진으로 관국을 이루어 능히 병화 인수를 생한다. 지지의 방합이나 삼합은 사주 안에서 제일 강한 세력이 되어 천간을 생하거나 극할 수가 있다.

35세 병술년(을사대운). 용신의 해가 되어 승진하다.

233) 壬戊丙己　壬辛庚己戊丁
　　戌辰午亥　子亥戌酉申未 8대운

여명. 무토가 오월 양인격이며 병화 투출하여 편인격도 된다. 한여름 더위가 기승하지만 亥에 뿌리 한 임수가 투출하여 해갈이 되어 용신한다. 일시가 진술충하고 가택궁 일지가 공망이어서 부부궁이 약하다. 진술충으로 水氣가 그만큼 약해지고 해수는 저 멀리 있어 임수용신이 외로워진다. 인생은 말복이 좋아야 하는데 말년운이 해자축 북방으로 흘러가니 만물이 소생하고 가는 곳마다 온갖 꽃이 만발한다.

소용신: 임수편재

48세 병술년(신해대운). 대운이 부드럽지만 년운에서 호되게 걸려버렸다. 무진백호에 임술백호의 충이 있는데 다시 병술백호가 기신의 화토로서 충을 하여 흉한 재난이 발생한다. 충으로 튀어나온 지장간 정화에 용신 임수는 합거되어 대흉하다. 유방암 수술하다. 다행이 년운이 亥子(정해, 무자)로 가고 대운이 좋아서 치료경과가 매우 양호하다. 53세 신묘년(신해대운)에 완치되리라 예상하고 있다. 辛은 기신의 병화를 합거하고 묘는 묘술합하여 진술충을 풀어버리니 임수용신은 진에 새로운 수원을 얻어 사주가 더욱 조화되기 때문이다.

234) 庚丁甲辛　丙丁戊己庚辛壬癸
　　　子亥午巳　戌亥子丑寅卯辰巳 1대운

건록격에 신왕 하여 해자 관 용신이다. 얼핏 보면 신왕 관왕 하여 부귀격의 사주 같지만 지지 사오해자가 사해충, 자오충으로 요충하고 있어 약간만 건들어도 안정감을 상실한다. 그리고 년간 辛금은 巳에 사궁(死宮)이고, 월간 甲목은 午에 사궁, 시간 庚금은 子에 역시 사궁이 되어 재성과 인성이 모두 죽은듯하다. 부자 집에 태어났으나 실제로 부모 돌아가실 때 형과 아우에게만 많은 유산이 전해지고 본인은 땡전 한 푼 챙긴 것이 없었다. 형제가 기신이니 자연적으로 형제간에 정이 없어 거의 왕래하지 않았다.

초년 임진대운에는 용신의 정관운 이어서 부자 집 아들로서 부러운 것 없이 자랐다. 31세 경인대운 부터는 부모님이 뒷돈 데어준 장사가 힘을 쓰지 못하고 몰락을 거듭하며 세상살이가 고달프다는 것을 뼈저리게 실감하였다. 기신의 인수운이니 부모와 소원해지고 모든 기회가 차단되며 배신의 찬바람만 맞게 된 것이다. 기축대운에 가서야 처와 합심하여 새로이 시작한 장사가 활기를 띄어 생활의 안정을 찾았으며 대운이 해자축으로 연결되어 말년의 평안을 얻었다. 해중 壬수 관이 천을귀인이면서 용신이니 귀자를 두어 자식 덕을 보았다.

71세-81세의 병술대운에서 인생의 마지막을 고하지 않을 까싶다.

소용신: 해자수는 천간에 수의 투출이 없어 용신에서 제외한다. 음일간에 갑목 인수와 경신금 중에서 일지에 갑목 인수가 장생으로 강하여 경신금 재성을 용신한다. 수가 희신

39세 기미년(경인대운). 사오미 남방으로 뭉쳐서 넘치는 화기가 천지를 불태우고 金(재성)이란 금은 모두 녹여 없애버린다. 비겁태왕하여 알거지 되다시피 전락하여 형제, 동료에 없인 여김 당하는 초라한 신세가 되었다.

52세 임신년(무자대운). 희신의 임수정관이 일간과 합하여 아들이 대 일간지의 기자로 취업하였다. 아들의 입사로 인해 잃어버린 자존심을 회복하고 집안에도 윤기가 도는 계기를 만들었다. 그러나 경신금 재의 뿌리인 사화가 사신형합되어 장사는 어려움이 많았다.

66세 병술년(정해대운). 辛금하나 합거는 무관하나 기신

의 화가 오술 화국하고 巳戌 귀문, 원진 한다. 처가 이혼을 요구하며 일 년 내내 절에 틀어박혀 나오지를 않으니 본의 아니게 홀아비 생활 똑똑히 하다.

235) 甲戊癸壬　丁丙乙甲癸壬
　　寅申丑午　未午巳辰卯寅

무토가 축월에 한랭한데 임계수가 투출하여 눈보라가 휘몰아치지만 인중의 병화와 오화가 있어 추위를 이겨내고 갑목이 도와주니 다행이다. 그러나 천간은 기신의 재살이 뒤엉켜있고 지지는 모두 형충파해로 구성되어 어지럽다. 세상살이에 기복이 생기고, 가택궁이 충에다 공망 되어 온전한 부부생활도 어렵다. 오화 인수용신이다.

소용신: 인신충으로 갑목은 뿌리를 잃어 용신에서 제외된다. 무토와 임계수를 비교하면 무토는 득령하고 양인을 얻었으며 임계수는 축에 뿌리가 강하다. 무토의 뿌리가 더 강하여 임계수를 용신한다.

45세 병인년(을사대운). 대운과 인사신 삼형이다. 병인은 기신의 인수이고 인사신 삼형에 다시 충을 가하여 피격되어 사망하다.

236) 壬癸辛壬　丁丙乙甲癸壬
　　子丑亥辰　巳辰卯寅丑子 7대운

해자축으로 북방수국에다 천간 역시 금수로 되어 있어 윤하격이다. 수가 희신으로 왕하여 속이 깊고 융통성과 지모가 있으며 비겁이 희신이니 인덕이 있고 추진력과 적극성이 뛰어나다. 초년부터 운의 흐름이 좋아 임자 계축대운은 좋은 환경에서 부족함이 없이 지내고 갑인, 을묘대운은 수기(秀氣)유통이 잘 되어 큰 명성을 얻었다.

소용신: 대용신과 동일

47세 무인년(병진대운). 육합보다 방합이 합의 강도가 더 강하다. 寅년은 해자축과 합하여 인해합이 되면서 자축합으로 나누어지는 것이 아니라 해자축은 그대로 있고 인목은 독자적인 활동을 한다. 운간의 기신 무토 관살은 년지 진토에 뿌리하고 인중 병화의 생을 받으며 윤하의 흐름을 막아 재난을 부른다. 피격되어 사망하다.

237) 辛甲戊乙　壬癸甲乙丙丁
未子寅未　申酉戌亥子丑 10대운

건록격에 인비(印比)가 많아 무토 편재를 용신하고 재를 보호해주는 신금 정관을 희신으로 삼는다. 자미원진에 인미 귀문은 기신의 해자축 북방운에서 슬그머니 고개를 든다. 40세 까지의 인수운은 재용신의 사람에게는 매사가 장애라는 뜻이다. 30부터 을해대운이니 울창한 숲속에서 갈 길을 잃어버렸다.

소용신: 대용신과 동일

31세 을축년(을해대운). 을은 기신의 비겁이고 축은 축미충하여 무토용신을 약화시킨다. 그리고 축미충으로 튀어나온 계수가 무토용신을 묶어버린다. 횡사하다.

238) 戊辛丙乙　壬辛庚己戊丁
　　 戌亥戌未　辰卯寅丑子亥

여명. 신금일주가 토왕절에 인수로 신왕하여 파묻힐 위험이 있다. 다행이 해중에 갑목과 임수가 있어 다행이다. 병을 재관을 용신한다.

소용신: 해수는 수의 투출이 없어 용신에서 제외된다. 음일간에 무토 인수가 강왕하여 병을 재관을 용신한다.

25세 기미년(기축대운). 대운과 함께 축술미 삼형하고 년운과는 술미 재형(再刑)을 한다. 기신의 인수가 을미백호와 병술백호를 충동하였으니 두 마리의 백호가 미쳐 날뛴다. 형으로 튀어나온 지장간 辛금에 월간 용신 병화태양은 사라지니 천지가 어두워진다. 사주,대운 년운이 모두 형하여 정신병원에 입원하다.

239) 乙己丁乙　癸壬辛庚己戊
　　 亥酉亥酉　巳辰卯寅丑子

여명. 일주는 외롭고 정화 인수는 뿌리가 없다. 양일간이라면 인수가 뿌리가 없어도 종을 하지 않지만 음일간은 인수의 뿌리가 없으면 미련 버리고 종을 하여 버린다. 을목 편관 용신. 관살이 용신이면 응당 남편복이 좋으련만 년간 을목은 살지에 앉았고, 시간 을목은 사궁(死宮)이 되어 제대로 값을 못하고 있다.

소용신: 유금은 금의 투출이 없어 용신에서 제외한다. 음일간에서 투출한 것은 정화와 을목인데 정화는 뿌리가 없으니 을목 용신이다.

35세 기미년(경인대운).종살에 비겁 년운이니 종격이 깨어져 살중신경(殺重身輕)과 같이 되어 재난 질병이 덮친다. 큰 병을 앓아 고생하다.

37세 신유년(경인대운). 관살을 치는 상관운이다. 시끄러운 한해다. 남편과 이혼하다.

240) 庚庚癸乙　丙丁戊己庚辛壬
辰子未亥　子丑寅卯辰巳午 5대운

미중 을목 투출하여 정재격이며 신약하여 비견용신이다. 정재격에 비견겁 용신은 대개 부모 복이 없는 대신 처복은 있고 자수성가한다. 비견겁 용신이면 형제우애가 돈독할 터인데 이 사람은 많은 형제들과 등지고 산다. 그 이유는 월지 형제궁과 자미원진하고, 庚과 庚이 서로 만나 전격

(戰格)이 되어 양금상살(兩金相殺)하기 때문일 것이다.

15세 신사대운에서 년간년지의 재가 천극지충되어 부친을 사별하였다. 군에서 하사관으로 제대한 후 25세 경진대운부터 시작한 사업이 승승장구하여 어머니를 대신하여 동생들의 뒷바라지를 모두 해주었다. 40세 기대운 까지 15년 동안에 재산을 많이 모아 지방에서 유지노릇을 하였는데 운에서 신왕하여 지니 상관생재가 되어 비상한 두뇌회전과 추진력으로 성공가도를 달린 것이다. 그러나 배탈이 날려면 먼저 찬물만 찾듯이 40지나 묘대운이 되면서 대사업가가 되겠다는 큰 꿈을 안고 번듯한 회사를 차렸지만 몇 년 동안 서서히 골병이 들어 끝내 공장 문을 닫게 되었다. 그래도 다행한 것은 그사이에 공장의 땅값이 올라 약간이라도 자금을 회수할 수 있었다는 점이다.

무인대운은 글자 그대로 부옥빈인(富屋貧人)이 되어 가난을 실감하면서 왕년의 화려함을 회상하며 지내다 정축대운을 맞이하여 다시 늙은 나무에 새롭게 꽃이 피듯이 자식의 도움으로 노후에 안정을 얻었다.

소용신: 대용신과 오히려 반대가 된다. 경금은 인수뿐이지 뿌리가 없으니 을목정재 용신이다.

27세 신축년(경진대운). 암중모색하며 활로를 찾아 헤맸다. 대운이 받쳐주어 사업을 시작했다.

29세 계묘년(경진대운). 계수는 희신의 상관이고 묘는 해묘미 목국하여 노려보든 건수에 대박이 터져 승승장구하는 길을 땄았다.

47세 신유년(무인대운). 을목재는 극을 당하고 酉에 해와 미는 상문조객으로 암동(暗動)하여 서울로 이사 와서 건물을 지었다. 건물주로서 자존심은 살렸으나 자기 건물 안에서 장사를 하다가 돈만 깨먹었다.

73세 무자년(병자대운). 무는 희신 계수 상관을 합거하고 자수는 일주의 사궁이다. 건강이 악화되고 척추가 굽어 노화가 심해지고 있다. 75세 경인년에 생명이 끝날 것 같다. 경은 을목 용신을 합거하고 인은 희신 해수를 합거하여 희신 용신이 모두 무력해지기 때문이다.

241) 辛壬乙戊　辛庚己戊丁丙
丑寅卯子　酉申未午巳辰 6대운

이철. 전 한국철도공사 사장. 임수일주가 을묘상관과 인목으로 강한 상관격이 되었다. 자묘형이 보태어져 상관은 더욱 예리하다. 다행이 시간의 辛금인수가 시지 축에 단단히 뿌리 하여 일주를 도우고 상관을 제어하여 용신으로 삼는다. 상관이 왕 하여도 인수로서 힘 있게 조절되니 입격한 사주다. 처음은 상관의 기질을 버리지 못하여 어렵지만 나중에는 적절히 조화되어 대발하는 유형이다. 대학시절 민청학련 사건으로 사형구형 되었다가 뒷날 사면되고 극적으로 정치가로서 재기하였다.

소용신. 대용신과 동일

27세 갑인년(무오대운). 을목 상관이 갑인목을 만나 더욱 기승을 부린다. 정의의 칼을 뽑으니 군사정권의 칼이 무우 칼 같이 보인다. 국가, 官을 극하는 것이 심하여져 범법자로 당한다. 사형 구형받다.

36세 을축년(기미대운). 신한민주당의 돌풍을 일으키며 12대국회의원 당선. 대운과 년운이 천극지충하여 극도의 혼란하다. 운지 축은 자축합하여 자묘형을 잠재우는데 子수 양인은 자묘형을 하면서 상관을 더욱 부채질 하는 존재다. 그리고 축은 신금 용신의 뿌리도 된다. 이후 13대, 14대 국회의원까지 연거푸 당선되다.

49세 병자년(경신대운). 15대 국회의원 낙선. 대운은 인신충하고 년운은 자묘형 한다. 지지가 온통 형충으로 얼룩진다. 병자년은 용신인 辛丑 시주를 아래위로 모두 합하여 무력해졌다.

57세 갑신년(신유대운). 17대 국회의원 낙선. 대운과 년운과 사주가 어우러져 자묘형, 묘유충, 인신충이 되어 전부 형충으로 도배했다. 또한 운에서 오는 갑목만 만나면 을목 상관은 더욱 활개를 치며 기를 쓰고 극관한다.

58세 을유년 임오월(신유대운). 을목상관의 정록인 묘목이 대운과 년운에서 이중으로 충이 되어 상관의 기질이 꺾이고, 辛금 용신은 대운과 년운에서 이중으로 정록을 얻어 확실한 후원자를 얻는다. 한국철도공사 사장.

242) 癸戊甲戊　戊己庚辛壬癸
丑辰子申　午未申酉戌亥 6대운

최진실. 연예인. 국민의 사랑을 받든 최진실은 악성루머에 시달리다가 자살로서 생을 마감하여 모두에게 큰 충격을 주었다. 이를 계기로 인터넷의 무책임한 악플을 예방하는 "최진실法"이 거론되고 있다..

무토가 자월에 계수가 투출하여 정재격이다. 신자진 수국으로 재다신약이 되어 무토 비겁용신이다. 신자진 삼합, 무계합으로 합이 많아 남과 친화력이 좋고 시지에 천을귀인이 있어 인기인의 소질이 있다.

재다신약 이어서 부모덕이 없고, 초년 계해, 임운은 더욱 재성이 기승을 부려 어려운 소녀시절을 보냈다고 전해진다. 火는 밝음이고 희망이며 미래인데 일점 화기(火氣)가 없으니 어쩔 수 없이 인생을 어둡게 보며 우울증에 쉽게 빠지게 된 것 같다.

갑목 편관은 비겁 무토용신에 기신인데 신자진 수국위에 떠 있어 뿌리를 내리지 못하고 정처 없이 떠도는 형국이라 남편 덕이 없다.

21세부터의 술대운에서 "남자는 여자하기 나름"이라는 깜직한 광고 멘트로서 일약 스타에 자리매김하며 부상하였는데 술은 기신 국을 진술 충으로 깨고, 동시에 용신 운이었기 때문이다.

소용신: 대용신과 동일

23세 경오년(술대운). 인기가 천정 모르게 높이 올라가다. 경는 기신의 갑목을 제거하고 오는 자오충하며 기신국을 깨며 튀어나온 기토는 갑목을 합거했다. 이어 다음해 신미년에 각종 신인상을 휩쓸었다.

29세 정축년(辛대운). 辛대운은 역시 길하다. 갑목을 제거병하기 때문이다(사실 辛金 주옥(珠玉)은 갑목을 제어할 능력이 없다 다만 흉내만 낼 뿐이다). 정축년은 기다리든 화토운이니 연기대상등을 받으면서 최우수연기자로 인정받았다. 사주의 신자진 삼합에 축이 와서 자축 합은 되지 않는다. 육합보다는 삼합의 응집력이 강하기 때문이다. 축은 그냥 토의 든든한 뿌리가 될 뿐이다.

33세 경진년(酉대운). 기신의 갑목편관을 제어하여 야구선수 조성민씨와 결혼. 酉대운은 유축금국을 하면서 신약사주에 상관으로 더욱 설기시켜 좋지 않은 운인데 결혼 후 몇 년간 심한 부부갈등을 겪으며 지냈다

37세 갑신년(경대운). 申금은 신자진수국을 하여 재다신약되고 기신의 갑목이 가세하니 견디지 못하고 이혼하다. 대운의 庚이 제살해주니 과감히 결단을 내린 것이다.

39세 병술년(경대운). 경대운은 기신의 갑목을 제어해서 명성이 올라가고 병술은 진술충하여 수국을 깨어버리는 희

신의 화토작용을 한다. 그러나 년월일시간이 진술충과 축술형으로 튀어나온 지장간에 모두 합거 되어 겉의 성공과 달리 내부의 우울증은 더욱 심해졌으리라 추측된다. 결혼실패 등으로 좌절하다가 드라마 “장미빛 인생”에서 재기에 성공하여 최우수연기상을 수상했다. 그러나 드라마 “장미빛 인생”의 우울하고 절망적인 배역에 혼신의 연기를 쏫아부으며 몰입한 것이 오히려 잠재되어있든 우울증을 더욱 심하게 한 것이 아닌 가 추측된다.

41세 무자년(申대운). 申 대운부터 신자진 수국이 되어 물이 넘쳐 모든 것이 떠내려간다. 드라마 “내 인생 마지막 스캔들”에 열연하며 인생의 마지막 불꽃을 화려하게 피우고 신유월 을해일에 목매어 자살했다. 子년은 대운과 사주가 신자진 삼합으로 더욱 옭아매어 대흉(大凶)하다. 그리고 시지와 자축 육합하여 용신의 뿌리가 사라진다. 허망하다.

243) 甲戊己庚　乙甲癸壬辛庚
寅辰卯辰　酉申未午巳辰

삼명통회에 일덕격으로 소개되어 있는 사주다. 일덕격은 갑인, 병진, 경진, 무진, 임술일로 五日이다. 일덕격은 복이 많아 德이란 글자가 붙은 것이다. 그러나 형충파해와 괴강을 꺼리며, 지장간의 재관을 쓰고 재관이 투출하면 파격으로 본다.

이 사주는 갑목 편이 투출하여 일덕격으로는 파격이다.

"갑인이 경진을 만나 상극함이 흠이요 임오대운은 일덕이 꺼리는 재성과 양인이 함께 오고 정사유년에 인사형이 되어 을사월에 38세의 나이로 사망했다. 평생 동안 구두쇠로서 적선은 하지 않아 평판이 좋지 않고 악질이 끊이지 않았다"라고 적혀있다.

이 사주는 무토일주에 칠살 갑목이 태왕하여 제살하는 경금 용신이다. 초년 경진 신사대운은 토금운으로 경금용신을 방조하여 유복하게 지냈고 임오대운은 재성과 양인이 함께 와서 칠살을 도우고 용신을 극설하여 아름답지 못하다.

소용신: 경금은 뿌리가 없어 용신의 대상에서 제외하고 무기 토와 갑목을 비교하면 갑목의 뿌리가 훨씬 강하여 기토 비겁을 용신한다.

38세 정사년 을사월(임오대운). 정은 길하나 사는 인사형을 하고 형으로 튀어나온 지장간 갑은 기토 용신을 합거하여 무력화 시켰다. 사망.

244) 辛丙辛庚　丁丙乙甲癸壬
卯寅巳寅　亥戌酉申未午

적천수천미에 있는 사주다. 내용을 번역하여 옮겨본다.

병화가 초여름에 태어나고 지지는 두개의 인목과 묘목인데 巳화는 득령하여 인중 병화를 인출(引出)하였다. 천간에는 경신금이 많으나 모두 허부(虛浮)하여 뿌리가 없다. 초운 임오, 계미대운은 임계수는 뿌리가 없고 금을 설기시키며, 지지 오미 남방화는 왕 한 화를 도우면서 재를 극한다. 조상유업이 제법 있었으나 일찍이 형상(刑喪)을 만나 부모를 떠나보내고 고생이 많았다. 갑운에는 申이 있어 본래 큰 재난은 없을 터인데 유년이 목화로 흘러 처자식을 잃고 가세(家勢)가 적막하였다. 그러나 申대운에 접어들자 기신 인목을 충하고, 천간의 힘없는 재가 뿌리를 얻어 메마른 싹이 단비를 만난 것과 같이 갑작스럽고 화려하게 피어나기 시작했다. 을유 대운까지 15년간 조상의 유업보다 훨씬 크게 발전시켰는데 申운은 역마의 재가 되어 해외 무역으로 큰 이익(大利)을 얻고 수십만 금을 벌었다.

병술대운 병자년에 凶은 많고 吉은 적어 중풍에 쓰러져 일어나지 못하였다. 丙丙은 비견쟁재하고 자수는 화를 극하기에는 역부족이고, 반대로 기신인 인묘목을 생하기 때문이다.

소용신: 대용신과 동일. 경신금이 사중 경금에 뿌리하여 용신한다.

47세 병자년(병술대운). 대운과 년운의 丙丙은 월간과 시간의 辛금을 합거하고 하나 남은 경금은 子수에 사궁(死宮)이다. 합거되고 사(死)하였으니 용신이 모두 죽어버렸다. 살아날 길이 없다.

245) 丙庚甲辛　戊己庚辛壬癸
子寅午卯　子丑寅卯辰巳 9대운

일주 경금은 인수가 없고 辛금비겁은 절지에 앉아 무력하다. 재관, 식상이 모두 있어 종살 격이다. 화가 용신이고 목은 희신이며 토금수는 기신이다. 자수 시지가 수극화 하는 것은 깊이 호랑이가 숨어서 노려보는 같아 불길하다. 재가 희신으로 단단하여 재무계통 고위직에 있었다. 경인대운 임신년에 깊이 숨어있든 흉물(凶物深藏)이 튀어나와 대흉하다.

소용신: 경신금은 뿌리가 없으니 화용신 목희신.

42세 임신년(경인대운). 인신충할 때 운간이 기신이면 흉하다고 하였는데 임은 용신을 극하여 기신이고 申은 인신충하여 목화의 뿌리를 꺾어버리고 다시 흉물 子수를 도와 흉이 절정에 이르게 한다. 사망

246) 甲戊戊戊　甲壬癸辛庚己
寅戌午辰　子亥戌酉申未

무토일주가 양인의 달에 인오술 화국으로 일주가 태왕하다. 갑목 용신이 뿌리내릴 수 있는 습한 진토는 천리밖에 저 멀리 있고 갑목의 정록인 寅은 화국으로 변하여 신태왕에 관살이 너무 미약하다.

초년 기미대운은 갑목 용신 합거하고 술미형하여 조열한 토가 형발(刑發)하여 더욱 메말라간다. 寅未 귀문관살까지 발동하여 어려서 부터 정신이 오락가락하여 임신년에 추락사하였다.

소용신: 대용신과 동일

5세 임신년(기미대운). 기 대운은 갑목 용신 합거하여 흉하고 대운과 술미 형에 년운은 인신 충으로 충형(沖刑)이 중첩됐다. 미약하나마 뿌리 역할 한 인목을 沖去한 것이 흉을 불렀다. 사망.

247) 丁庚戊乙　癸甲乙丙丁
丑辰子未　未申酉戌亥

적천수천미에 있는 사주다. 내용을 번역하여 옮겨본다.

경진일주가 자월에 태어났는데 미토가 자수를 파(破)하고 천간 목화는 모두 진미의 여기(餘氣)를 얻어 능히 목으로 목생화가 가능하다. 병대운에서 벼슬길에 올랐다. 을대운 계유년에 癸는 무토와 무계합하여 화로 변하고 酉는 정화의 장생으로 모두 길하여 대발할 것이라고 말하지만 이것은 틀린 이론이다.

을유대운은 을목이 유금에 다리가 잘려 목이라기보다 금에 해당하며 계유년은 계수가 금생수를 받고 또한 겨울철이라 어찌 무계가 합하여 화가 될 수 있는가. 반드시 정화용신을 극해버린다. 유는 순수한 금이고, 화의 사지(死地)일 뿐 정화의 장생이라고는 볼 수 없는 것이다. 8월이 다시 신유월인데 사주의 목화가 모두 상하여 갑작스러운 재난으로 사망하였다.

소용신: 미진축에 뿌리한 무토 인수가 강하여 을목을 용신하고 화를 희신한다.

27세 신유년(을유대운). 유유가 자형하며 쇳소리가 나고 辛금 날카로운 비수에 을목은 잘려버린다. 금이 많아지니 불은 저절로 꺼져(金多火熄) 인생에 막을 내린다.

248) 丁己辛壬　己戊丁丙乙甲癸壬
卯丑亥午　未午巳辰卯寅丑子 2대운

기토일주가 겨울철에 한습하여 병화가 있어야 만물이 생기를 얻을 것인데 정화로 대신하니 대격이 못된다. 해월에 임수가 투출하여 정재격이며 편인 정화 용신이다. 정재격에 인수 용신으로서 부모의 덕이 있고 정직하며 성실하다. 목화토금수 오행이 상생하고 대운의 흐름이 좋아 풍파 없는 세월을 보냈다. 편인을 용신으로 교제력이 좋다하나 정재격에 신약하여 평생 남에게 시원하게 술 한잔 살 줄 모르고 알뜰살뜰히 하며 재산을 모았다. 일지가 비견이지만 희신 이어서 부부는 화목하다.

소용신: 오화에 뿌리한 정화를 용신한다.

28세 기유년 을해월(갑인대운). 갑인대운이 아름답다. 기유년에 오운으로 갑기합하여 갑목관성을 부르고 유금은 묘목을 충하나 갑인대운과 을해월이 카버 해준다. 대학졸업 후 ROTC장교로 복무하고 제대하면서 공기업에 입사했다.

30세 신해년(갑인대운). 결혼하다. 辛은 오운(五運)으로 丙을 허합래 하면서 水재성을 부르고 해는 재성이며 상문, 조객으로서 일지가택궁을 휘저어 안방주인을 불러들인다.

57세 무인년(정사대운) 사대운이 사해충하여 튀어나온 임수가 정화 용신 묶는 것은 바람직하지 않지만 무인년은 인해합으로 다시 안정시켜 별다른 흉이 없다. 거액의 퇴직금을 받고 명퇴하다. 기신의 재를 합하여 묶어버리니 큰돈이 들어왔다. 짠돌이로 모아온 기존의 재산에 퇴직금이 보태어져 생활은 안정되고 편안한 노후를 보낸다.

249) 丁乙壬辛　乙丙丁戊己庚辛
亥酉辰巳　酉戌亥子丑寅卯 1대운

정인격에 신약하여 정인 임수 용신한다. 을목이 진월에는 오행이 편파됨을 싫어하는데 오행이 막힘없이 상행하여 길하다. 살인상생하여 대회사에서 고위 간부로 지냈다. 병술대운부터 임진 월주를 기신의 화토인 병술백호가 천극지충하여 건강에 이상이 오기 시작하였으며 정축년에는 고혈

압으로 고생하였다.

소용신: 진유는 합하여 용신대상에서 제외한다. 음일간이니 임수 인수와 정화 신금을 비교하면 화와 금이 합한 세력이 더 강하여 임수 용신한다.

57세 정축년(병술대운). 정은 용신임수를 합거하고 대운과 년운의 백호 두 마리가 사주와 어울려 축술형,진술충을 한다. 진유합이 진술충으로 풀려 임수용신은 진에 묘궁이 되었으니 용신입묘(入墓)다. 여름에 뇌출혈발병.

58세 무인년(병술대운). 무토에 임수는 극을 받고 인은 인사형과 인해합을 한다. 인사형으로 튀어나온 병화가 년간 辛금 관성을 합거하여 퇴직을 하다. 辛금 수원(水源)이 막히고 임수용신의 록인 해수를 인해 합으로 묶으니 용신은 힘이 빠진다. 뇌출혈이 재발하여 재활치료중이다.

250) 庚丁丙甲　庚辛壬癸甲乙
　　戌酉子辰　午未申酉戌亥 3대운

이선희 가수. "J에게"를 불러 돌풍을 일으켜 가요계를 흔든 가수다. 노래가 고음으로 맑고 힘이 있는데 사주 역시 다부지다. 신약하여 갑목 인수로 용신이다. 그러나 목화토금수가 상생하고 한 겨울에 병화 태양이 해동을 하여 활기가 살아나며, 갑목은 든든하게 일주를 생조하고 유금 재는 천을귀인으로 받쳐주고 있다. 인수 용신하니 명성이 높고 천을귀인이 있어 팬들의 사랑을 받는다. 각종 가요대상을 받았고 시의원으로도 활동했으며 대구계명대학교수를 역임하였다.

소용신: 음일간에 병갑과 경중에서 경금의 뿌리가 더 강하여 병갑 인비(印比)를 용신한다.

21세 갑자년(갑술대운). 관성과 인수가 같이 왔다. "J에게"를 불러 명성이 천지를 진동시킨다.

23세 병인년(계유대운). 가요대상 수상. 신약에 인수비겁으로 생조 받으니 온몸에서 힘이 넘친다.

27세 경오년(계유대운). 가요대상. 경금은 벽갑인정하여 정화의 횃불을 높이 타오르게 한다.

39세 임오년(임신대운) 대운과 사주가 신유술 금방하고 신자진 수국했다. 임이 정관이니 명예는 오르지만 자오충을 하여 튀어나온 기토가 용신 갑목을 합거하여 겉은 화려하나 속으로는 피곤한 한해다. 대학로 라이브극장 대표 되다.

251) 乙癸庚壬　甲乙丙丁戊己
　　卯巳戌辰　辰巳午未申酉 2대운

여명. 정인격에 정인용신이다. 임수는 진술충으로 뿌리를 상실하고 목화토가 왕하여 사주가 불실하다. 신약에 巳戌 귀문관살하고 충이 가해져 정신질환에 쉽게 노출되어 있다.

소용신: 진술충(양간의 붕충이라 토기는 남는다.)은 토의 투출이 없고 임수는 진술 충으로 뿌리를 잃어 용신에서 제외한다. 시간 을목이 정록을 깔고 앉아 강하여 사중 경금에 뿌리한 월간 경금 인수용신이다.

21세 임자년(무신대운) 사주와 대운과 년운이 신자진 수국하여 신약을 보강하여 대길한 것 같지만 자세히 보면 중간 중간이 지뢰밭이다. 申대운은 사신형을 하였고, 임자년은 자묘형을 하였다. 진술충, 사신형, 자묘형으로 사주가 성한 곳이 없고, 경금 용신은 子년에 사궁이 되어 용신이 무력하다. 사술귀문관살에 본래 진술 충이 있어 정신병의 우려가 있었는데 형살이 가중하여 정신병원에 입원하여 장기요양을 하였다.

252) 庚壬癸辛　丁戊己庚辛壬
　　 子子巳丑　亥子丑寅卯辰 9대운

장학량. 만주 군벌 장작림의 아들. 巳월에 화토가 재와 살로 강왕하여 신약한데 양인이 일시에 있고 천간에 경신임계가 금수로 연결되니 오히려 신왕하여 격국이 기이하여졌다. 巳화가 천을귀인 이면서 편재이고, 용신이니 부친의 덕이 두터움을 알 수 있다. 강성한 화토 재관이 희신으로 변하여 대귀할 사주인데 아쉽게도 운이 북방으로 흘러 파란을 면치 못한다. 양인이 강한데 화토운이 약하여 쓸데없는 자만심이 강하고 감정의 기복이 심하여 때로는 예사로 부하를 권총으로 쏘아 죽였다고 한다.

소용신: 금수 兩神. 유일한 재이며 대용신인 사화는 년운에서 계속 관찰대상이다.

22세 임술년(신묘대운). 축술형을 하여 튀어나온 무토에 천간의 계수가 합거되고, 튀어나온 정화는 운간 임수를 합거하여 아름답지 못하다. 그러나 축술형에서 살아남은 지장간은 기토정관, 신금인수, 계수비견등 알짜박이는 남아있어 아버지 부대에서 사령관으로 대 승진하다.(형으로 튀어나온 지장간이 사주와 운간에 합거 되지 않은 것과 그리고 일간과 합한 것은 모두 사주의 희기를 떠나 관살과 인수면 명예 비견겁이면 귀인등으로 내 것이 된다)

28세 무진년(신묘대운). 아버지 장작림이 불의 사고를 당하여 사망하다. 기신의 관살이고 일주는 묘궁에 들었다.

32세 임신년((경인대운). 바람 앞의 등불 같은 중국의 국운이 꺼져가는 때에 본인도 돈과 권력이 사라져갔다. 유일한 재를 巳申형합하였으니 무력한 신세다. 재는 양명지원(養命之源)으로서 하나뿐인 재가 충이나 합으로 사라지면 흉운으로 작용한다(대용신일 때는 더욱 확실하다). 더하여 대운과 삼형으로 연결되었으니 심각한 상황이다.

34세 갑술년(경인대운) 인대운은 인사형으로 형하지만 오히려 대발한다(刑發). 축술형하여 튀어나온 기토에 운간 갑목이 합거되고 남은 지장간은(癸辛己, 辛丁) 모두 일간이 챙긴다. 충은 튀어나온 지장간이 합하지 않은 것은 모두 없어지지만 형은 그대로 남아 내 것이 되기 때문이다. 다시 병권(兵權)을 쥐었다.

36세 병자년(경인대운). 국공합작문제로 장개석을 서안에서 구금하였으나 얼마 뒤 도리어 장개석에 체포되어 늙도록 가택 연금되었다. 병자년은 子수 양인이 3개나 만났으니 흉사가 꿈틀거린다고 볼 수 있으나 구체적으로 살펴보면 병화는 신금을 합하고 자수는 축토를 합하여 희신을 모두 묶어버렸기 때문에 허무하게 당한 것이다.

253) 庚壬戊癸　癸甲乙丙丁
　　　戌寅午丑　丑寅卯辰巳

임수가 오월에 계수가 화기를 제거하고 경금이 수원(水源)이 되어 길명(吉命)인듯 하다. 그러나 계수가 월간과 무계합되어 火로 변하니 사방에 기신 火로 둘러싸인 격이 되어 吉이 변해 흉명(凶命)이다. 경금 용신은 앉은 자리 술에 단단히 뿌리박았다고 하나 인오술화국으로 변해 제대로 생조받을 수가 없고, 멀고 먼 년지 축토에 뿌리 할 뿐이다. 어릴 때부터 허약하다가 을묘대운에서 경금용신 합거되어 사망했다.

소용신: 무계는 합하고 지지의 인오는 천간에 목화의 투출

이 없어 제외하면 남는 것은 금수뿐이다. 금수용신.

22세 갑술년(을묘대운). 계축백호를 축술형하여 기신의 관살을 들썩거리게 하고 다시 인오술화국하여 천지가 불에 탄다. 금수가 상하여 폐병으로 사망했다.

254) 丁癸庚戊 丙乙甲癸壬辛
巳巳申子 寅丑子亥戌酉 1대운

이남이. 가수. 정인용인격으로 경금 인수용신이다. 편재 역시 왕하여 기본적인 재복도 갖추었다. 일시지 巳화가 천을귀인으로 길한데 刑으로 복이 깎이는 것이 아쉽다. 부부궁에 형이어서 부부의 애정에 공을 들이지 않으면 파경도 가능하다.

소용신: 丁戊 재관이 왕하여 금이 용신 수가 희신 이다.

41세 무진년(을축대운). 을대운은 을경合化金하여 인수의 기운을 도운다. 진은 신자진 삼합 수국을 하여 도도히 흘러가는 기세를 만들고, 삼합으로 풀려난 巳화는 천간의 재(丁화),관(戊토),인(庚금)의 뿌리가 되어 돈과 명성이 한꺼번에 쏟아졌다.

무진년에 허스키한 목소리로 노래한 "울고 싶어라" 한곡으로 가요계를 평정한 것이다.

62세 기축년(정묘대운). 정축월에 폐암으로 사망하다.

51세부터의 병인 정묘 목화대운에서 金氣인 폐가 완전 절단 났었다. 지독한 담배골초로서 병원 입원하고 나서야 담배 못 끊었든 것을 후회하였지만 때는 이미 늦어버렸다. 사신형이 있는데다 대운에서 자묘형까지 겹치니 형살이 중중하다. 기축년은 기신의 칠살로 재난이며 축은 금을 화로부터 보호하는 자수 정록을 합거하여 폐의 보호세력이 무너진 것이다.

255) 丙戊庚乙　甲乙丙丁戊己
　　辰辰辰未　戌亥子丑寅卯

적천수에 나오는 사주다. 번역하여 옮긴다.

무토일주가 봄에 태어나고 을목 관성이 투출하였는데 지지의 미와 진에 뿌리가 단단하여 용신으로 쓰고자하나 월간 경과 합하여 합으로 인해 극함을 잊어버리니 쓸모가 없다. 합해도 화하지 않았으니 경금은 양간이라 용신으로 가능하다. 그러나 합되고 시간의 병화가 극해 와서 용신이 빈약하다. 21세 을묘년에 지방에서 치르는 과거에 떨어졌다. 그 뒤부터 책과 담을 쌓고, 일하기를 싫어하며 술을 끼고 살면서 평생을 허랑방탕하게 보냈다

소용신: 경금은 천간 합되고 뿌리마저 없어 용신에서 제외한다. 화토(兩神)이 용신이다. 식신과 정관의 두 길성이 합으로 무력하다는 것은 식신의 예지력, 순발력 남에게 베푸는

후덕한 마음씨가 없어지고 정관의 책임감, 위엄 등이 사라진 용렬한 인간이란 뜻이다. 대운에 金식상운이 아예 보이지 않으니 대오각성하여 재기를 다짐하는 계기도 없었다.

21세 을묘년. 용신 토를 극하는 기신의 관운이다. 과거 불합격.

256) 丁庚己癸　癸甲乙丙丁戊
丑寅未未　丑寅卯辰巳午 8대운.

경금이 미월의 기토사령으로 토는 왕하고 금은 완강하다. 미월에 아직 화기가 강한 것 같아도 실제로는 쇠하고 있어 정화를 용신한다. 인중 갑목의 생이 있어 입격이다.

소용신: 토금이 왕하여 대용신과 같이 정화용신이다.

50세 임신년, 51세 계유년(갑인대운). 대운이 비록 길하나 임신년부터 용신, 희신이 충극을 당하여 사업에 검은 구름이 짙게 깔렸다. 계유년 말에 더 견디지 못하고 사업을 접었다.

257) 壬丁丁乙　辛壬癸甲乙丙
寅酉亥丑　巳午未申酉戌 5대운

손문. 중국의 혁명가. 자는 일선(逸仙)이고 호는 중산(中山)이다. 공화제 창시자로 그의 정치는 민족주의, 민권주의, 민생주의 세 가지를 일컫는 삼민주의(三民主義)로 대표된다. 국민정부시대에는 국부(國父)로서 최고의 존경을 받았다.

정화일주가 해월에 임수가 투출하여 정관격이며 을목 편인 용신이다. 을목용신은 해와 인에 뿌리 하여 건왕하고 월일지에 천을 귀인이 자리 잡고 있다. 그러나 시간 임수가 기신인데 뿌리가 강하고 첩신하며 일간과 합이 되어 기신전전공(忌神輾轘攻)하였으니 평생을 파란만장한 영웅의 삶을 살았다.

정화는 왕이불열, 쇠이불궁, 여유적모, 가추가동(旺而不熱, 衰而不窮, 如有適母, 可秋可冬) "戊가 있으면 강하여도 뜨겁지 않고, 쇠약하여도 궁해지지 않으며 정인갑이 있으면 가을이나 겨울이라도 정화는 두려워하지 않는다." 라고 하였으니 을목 대신에 갑목이라면 더 좋았을 것이다.

소용신: 대용신과 동일

36세 경자년(계미대운).청조에 항거하며 군사를 일으켰으나 실패. 경은 용신 을목을 합하여 묶었고, 자는 해축과 해자축으로 기신의 수국이 되어 재난이 된다.

47세 신해년(임오대운). 외국에서 피신중에 신해혁명이 일어났다는 이야기를 듣고 귀국하여 중화민국을 발족하다. 그러나 군벌세력이 강대하여 정권을 지키지 못하고 원세개에게 이양하였으니 기복이 심하였다. 辛은 용신 을목을 극하고, 해는 용신의 강력한 뿌리인 인목을 합하여 묶었으니 완전한 성취를 이루지 못하였다. 그래도 임오대운은 오화가 희신 丁화의 정록이 되어 든든한 동지들의 후원을 많이 받아 외롭지 않았다.

61세 을축년(신사대운). 축은 정화일주의 묘궁이며 기신 임수정관의 새로운 뿌리 역할을 하여 재난, 질병이 닥친다. 신사대운은 기신의 금국이 되어 용신 을목을 상하게 하여 간암이 발병하여 사망하다.

258) 甲甲戊乙　甲癸壬辛庚己
戌寅子未　午巳辰卯寅丑 6대운

여명. 갑목이 자월에 생하여 정인격이다. 신왕하여 무토를 용신하고 인중 병화를 희신한다. 초년 경인, 신묘대운은 庚辛금이 천간의 기신 갑을 목을 제거함은 좋으나 인묘로 더욱 신왕하여져 아름답지 못하다. 임진대운은 자진 수국으로 기신의 인수가 되어 火 식상은 더욱 허약해진다. 식상은 자궁에 해당하여 자궁을 들어내는 수술을 받았다.

소용신.: 술미에 뿌리 한 무토 용신이다.

43세 정축년(임진대운). 대운과 진술충하여 火氣가 깨어지고 축미충으로 미중 정화 자식궁이 상하고 튀어나온 계수에 무토 용신이 묶인다. 자궁수술하다. 을미 백호에 정축 백호대살이 맞붙었으니 흉사가 발생한다.

259) 壬丙甲丙　戊己庚辛壬癸
辰子午寅　子丑寅卯辰巳 3대운

여명. 양인격에 임수 편관용신이다. 병화가 임수와 강휘상영(江暉相映)하여 사주가 범상치 않다. 그러나 금의 수원(水源)이 없고 자오 충하여 쉽게 임수는 고갈될 수가 있다. 임수 편관 남편은 진에 입묘인데 자진합에서 충을 만났으니 항상 묘궁이 발동되어 남편자리가 위태롭다. 만약 남자이라면 대운이 금수로 흘러가 높은 자리 하나는 능히 얻을 수 있는 사주다.

소용신: 자오충을 빼버리면 지지에는 인과 진이 남는다. 목화가 강하고 수가 약해 임수 편관용신이다.

33세 무술년(신묘대운). 정밀 대운 계산을 해보면 34세 기해년양력8월에 경인대운으로 넘어간다. 대운에서 묘목은 인목과 합세하여 수기를 더욱 고갈시키고 남편자리가 자오충인데 자묘형까지 보탠다. 무는 임수를 극하고 술은 인오술화국하여 水氣를 말려버린다. 진술충하여 튀어나온 정화는 임수 합거하니 水 남편이 존재불가능이다. 남편사망. 간단히 보면 관용신에 상관운이다.

260) 戊甲丙己　庚辛壬癸甲乙
辰辰寅巳　申酉戌亥子丑 8대운

갑목이 인월에 건록하고 진진에도 뿌리하여 일주가 건왕하다. 그러나 화토의 세력이 더욱 강하여 재다신약으로 인중 갑목 용신한다. 정편재가 혼잡하여 본처 외에 첩을 얻어 첩과 같이 살았다. 편재가 첩신하고 일지 가택궁에도 편재가 있기 때문이다.

소용신: 대용신과 동일

42세 경술년(임술대운). 갑진, 무진 재성백호에 임술 백호대살이 뛰어든다. 대운에서 재성에 문제가 발생한다는 암시다. 그리고 인사형과 진진자형에 사술귀문이 곁들여져 편재로 인해 신경질적인 불쾌지수가 끝없이 올라간다. 경술년에 기신의 경금 편관이 압박해 들어오고 술은 다시 가택궁을 진술충하여 동거하든 첩과 대판 싸우고 이별했다. 그리고 충으로 튀어나온 지장간 계수가 편재 무토를 합거하여 사라지고 년간의 기토 정재 즉 본처만 남았다.

261) 庚乙辛乙　乙丙丁戊己庚
　　 辰酉巳未　亥子丑寅卯辰 6대운

을목이 사월에 화기가 강한데 庚辛금 관살이 중첩하여 계수로서 조후하고 통관하고자 하나 진중 계수는 제 역할을 제대로 못하고 있다. 관살혼잡하고 극설이 섞여서 매우 신약한데다 용신(계수)이 허약하여 인생이 암울하다.

무인대운은 을목 일주가 인중 갑목을 만나 든든하지만

목과 금이 상전하면서 강한 금에 목이 상하고 인사형이 되어 튀어나온 지장간 경금에 희신 을목이 합거되어 길한듯 하여도 흉함이 내포된다. 간기능이 악화되다.

소용신: 미에 뿌리를 둔 을목 비견용신이다.

43세 정축년(정축대운). 정축대운에서 사유축 금국이다. 기신 칠살이 국을 이루었으니 쓰나미같은 재앙이 코앞에 닥쳤다. 정축년에 을목용신의 유일한 뿌리인 미토(을미백호)를 정축백호로 충 하면서 깨트려버렸다. 간경화로 사망.

辛乙癸辛
巳丑巳未

앞의 사주와 같이 살중신경, 극설교집이다. 그러나 이 사주는 大貴를 누렸다. 왜 그런가? 뿌리가 단단한 계수가 일주 바로 옆에서 생조를 한다. 그리고 관살을 통관시키고 화기를 제어하면서 조화를 시켰기 때문이다.

262) 辛己乙癸　辛庚己戊丁丙
未丑丑巳　未午巳辰卯寅 1대운

여명. 일주가 태강한데 을목관성은 축미충으로 뿌리가 잘려 쓰지 못한다. 신금 식신을 용신한다. 여명에 일주가 태강하면 부부운이 좋지 못한데 관성은 꺾이고 시지 공망에 일시 충하여 더욱 분명하다. 결혼을 못 할 줄 알았는데 29세 신유년에 결혼했다.

소용신: 辛금용신. 계수희신

29세 신유년(무진대운). 사유축 삼합 금국한다. 극즉반(極則反)이라! 용신이 강하게 세력을 형성하니 반대의 세력 목 관성을 허충래(虛沖來)한다. 시집가다.

263) 己丙庚庚　甲乙丙丁戊己
　　丑子辰寅　戌亥子丑寅卯 2대운

여명. 신약하여 인중 갑목을 용신한다. 시상 상관에 관성이 지지에 번잡스러워 부부운은 항상 변수가 가능하다.

소용신: 경금은 뿌리가 없고 자축은 합으로 용신의 대상에서 제외한다. 기와 일간 병중에서 기는 진월에 득령하여 일간 병화의 뿌리가 되는 인목 인수를 용신한다(음일간은 자기를 제쳐놓고 세력 계산하지만 양간은 자기를 포함하여 세력 계산한다.).

24세 계축년(정축대운). 계는 정관이고 축은 자축육합에 다시 합이 되어 합이 풀린다. 子수 관성이 묶였다가 풀려서 남자가 생겨 동거하다. 그러나 기신의 관살이어서 동거가 달콤하지만은 아니하다.

27세 병진년(정축대운). 동거하든 남자 버리고 새롭게 시집가다. 병은 비견이고 진은 식신인데 왜 시집가는가? 병은 오운(五運)으로 신을 병신합하여 水관성을 불러오고 진은 육기(六氣)로서 한수(寒水) 관성을 허충래(虛沖來)하기 때문이다.

264) 丁丙丁丁　癸壬辛庚己戊
酉辰未亥　丑子亥戌酉申 1대운

여명. 병화일주가 정미월에 화염이 강하고 비겁이 또 투출하여 신왕한듯 하지만 미월이라도 입추 3일전으로 진기하여 기세가 떨어진다. 해미 목국을 용신한다. 해중 임수 남편은 비록 천을 귀인이지만 많은 비겁과 정임으로 암합하려고 덤비니 다른 여자 넘보기 바빠서 내 남편이기를 포기한 상태다. 경술대운은 기신의 재운으로서 경제적인 고충이 가중되고 술미형, 진술충으로 식신, 상관을 충형한다. 진해 귀문관살에 진술 충을 하여 귀문발동으로 사소한 스트레스에도 과도한 반응을 보이고, 왕한 식상을 충동시켜 날뛰게 하니 남편을 극하고 자식과도 정이 떨어진다.

소용신: 화용신, 목과 토는 희신.

29세 을묘년(경술대운). 대운의 戌에서 이미 부부사이는 막판까지 가버린 상태다. 을묘년은 해묘미 목국하여 길하나 목국이 되면서 해중 임수 남편이 없어졌으니 이혼하다.

265) 癸癸癸壬　庚己戊丁丙乙甲
亥未丑午　申未午巳辰卯寅 4대운

수기가 태왕한데 천간에 토가 없어 아쉬운 대로 지지의 화토를 용신한다. 을묘대운은 해묘미 목국하여 학업에 공을 들이지 않아 이류대학을 졸업하고, 정사대운에는 역마 충동하여 미국 가서 연줄을 잘 활용하여 신문기자를 하였다. 가택궁에 축미충이 있어 무오대운에서 처는 유학중인 애들과 같이 남고 혼자 귀국하였다. 재가 희신인데다 강한 수기는 강한 스테미나와 연결되어 짬짬이 이성교제를 즐기며, 대운의 흐름이 역시 좋아 별다른 어려움 없이 지내고 있다.

소용신: 지지의 화토는 천간에 투출이 없고 음일간에 천간은 수기뿐이므로 수가 용신이고 목은 희신이 된다.

67세 무자년 임술월(경신대운). 대용신 화토에 수기태왕을 도우는 경신대운은 홍수가 난다. 서서히 운세는 기울어지고 있다. 무자년은 기신의 토가 오니 재난이고, 자는 축미충이 있는데다 다시 자오충하며 재를 깨트리고, 임술월은 축술미 삼형하여 바다 밑 화산이 폭발한다. 무자년에 미국에서 시작된 대공황이 전 세계를 덮쳤는데 임술월에 한국에서는 환율은 오르고 주가는 끝없이 추락하였다. 이 사람은 그 사이 주식투자로 많은 재미를 보다가 추락하는 주가에 사라져가는 자기의 재산을 보며 망연자실하였다.

266) 甲甲丙壬　壬辛庚己戊丁
戊午午辰　子亥戌酉申未 7대운

진상관용인격으로 임수 편인용신이다. 편인이 유기(有氣)하여 교제력이 좋고 임기응변이 뛰어나 장사하면서 큰돈을 벌었다. 기유,경운에서 금생수로 수기가 보강되어 장사가 활발하다가 그만 술운에서 코가 걸려 재기불능일 정도로 망해버렸다. 임수의 유일한 뿌리인 진토를 충하여 수기가 고갈되었기 때문이다. 그러나 천만다행하게도 다음의 대운이 수운으로 연결되었으니 신해대운에서 기사회생하였다.

소용신: 대용신과 동일

43세 갑술년(경술대운). 대운에 이어 년운 까지 진토를 충하여 완전히 작살났다. 뿌리가 상하였는데다 충으로 튀어나온 정화가 임수용신을 묶어서 대흉하다. 투자를 잘못하여 막대한 손해를 보다.

267) 甲甲壬庚　戊丁丙乙甲癸
　　 戌午午寅　子亥戌酉申未 8대운

갑목일주가 오월에 허약하고 조열한데 적셔줄 임수와 수원이 될 경금이 있어 그릇을 이룬듯하나 인오술 화국하고 임수와 경금은 뿌리가 없어 허공에서 헛돌아 만사가 허무하다. 차라리 종아격이 되면 나을 것인데 양간일주는 인수가 있으면서 뿌리가 없어도 종을 하지 아니하니 어쩔 수 없는 일이다. 임수용신 경금희신으로 申酉금운에서는 용신이 생을 받아 이렇저렇 넘겼으나 병술대운은 천지가 화염에 둘러싸여 임수는 말라버리고 갑목나무는 타버려서 사망하다.

소용신: 대용신과 동일

42세 경오년(병술대운). 인오술 화국하여 천지가 불바다이고 오오 자형하여 충출된 정화가 임수용신 합거하다. 사망

268) 丁乙甲壬　丁戊己庚辛壬癸
　　丑亥辰寅　酉戌亥子丑寅卯 0대운

여명. 정인격에 식신용신이다. 정인용식신격은 일단 신왕하여 정신이 충만하고 목적의식이 강하여 사회활동을 하여야 한다. 그러나 여명은 대체적으로 남편궁이 불실하여 화목한 부부생활은 힘들다. 정화 식신이 북방에 앉아 허약한데 대운의 흐름도 중년에 해자축 북방으로 흘러 인생살이에 검은 먹구름이 감돌고 있다.

소용신: 대용신과 동일

40세 신사년(경자대운). 40세부터 기해대운이라 하여도 정밀하게 계산하면 다음해인 임오년 양력10월에 대운이 바뀌므로 아직 경자대운이다. 子대운은 사주와 해자축으로 거대한 파도를 만드니 정화 불길은 꺼져버린다(倒食). 辛은 식신용신에 관살로서 남편문제, 질병, 기타 재난이 오고, 巳는 인사형과 가택궁의 사해충으로 커다란 변화가 생긴

다. 해자축 삼합에 충을 가하니 을해 일지 묘궁이 발동하여 심신이 암울하다. 충으로 튀어나온 임수가 용신 정화 합거하여 구름은 더욱 검어진다.

그러나 巳는 상관으로 정화에 뿌리가 되어 낙담하여 주저앉지 않았다. 식상 운이 와서 안주 하려는 인수를 충극하여 활로개척에 적극성을 띄게 된 것이다. 남편에 대한 불만, 경제적인 고충을 벗어나고자 가정에서 살림만 살다가 과감히 생활일선에 나섰다.

269) 丙壬甲壬　庚己戊丁丙乙
午午辰寅　戌酉申未午巳 7대운

식신격에 비견용신이다. 진월 초기사령으로 목기가 왕하고 갑진,임인으로 식신이 강력하여 상관과 같은 성격을 가진다. 오기와 뱃장은 있으나 쓸데없는 구설수를 몰고 다닌다. 재왕하지만 화기를 흡수할 진토관성이 식신과 어울려 기능을 망각하니 자제력이 없어서 직장생활을 제대로 할 수가 없다. 그렇다고 재다신약으로 사업할 팔자도 아니니 이 세상 한 세월을 허송세월하기 안성맞춤이다.

소용신: 대용신과 동일

40세 신사년(무신대운). 사주와 대운, 년운이 인사신 삼형이다. 巳화는 재성이니 돈과 여자문제로서 관재를 당하였다. 삼형은 원래 충과 형이 같이 모여 서로 사정없이 치고 박는 것이어서 충격파가 크다.

丙壬甲壬
午午辰辰

앞의 사주와 글자하나만 틀린다. 앞의 사주는 건달이지만 이 사주는 국립대학 교수로 재직 중이다. 글자 하나가 바뀌어도 전체의 기운은 엄청나게 바뀐다.

270) 丙乙丙丙　壬辛庚己戊丁
戌酉申寅　寅丑子亥戌酉 5대운

천간에는 병화 상관이 왕하고 지지에는 신유술 서방으로 관살이 강하다. 申중 임수 인수 용신한다. 극과 설이 심하여 신약하고 신중 임수도 충을 당하여 吉命이 못된다.

인신충과 묘유술중 유술 금침살과 상관이 있어 의사 출신이다.

소용신: 신유술이 방합하여 인신충은 풀려 인목이 살아난다. 인중 병화에 뿌리한 병화 상관용신이다. 음일간 사주는 일간을 제외하고 투출한 세력이 용신으로 일차 후보가 된다.

43세 무신년(경자대운). 子대운에서 신자수국하여 무난하나 무신년 들어서 戊 는 토생금하여 기신의 관살을 도우고 申은 인목을 재충(再沖)하여 병화 용신의 뿌리를 잘라버렸다. 돌연사하다.

271) 甲乙戊乙　壬癸甲乙丙丁
申卯子未　午未申酉戌亥 4대운

을목이 자월에 병화 태양이 있어야 해동이 될 터인데 없으니 미중 정화로 용신하고 무토가 희신이다. 을목이 갑목을 보고 등라계갑하여 즐거워 하려해도 갑목이 더욱 세게 군겁쟁재하니 기신으로 변한다. 묘신과 자미로 원진살이 중중하고 자묘형이 있어 육친간의 어두운 일면을 보여주는 듯하다. 酉와 申대운에서 비겁을 제어하여 재성이 살아나 사업을 하였으나 계미대운에 들자 무토 재성은 무계합으로 사라지고 믿음직한 미토는 묘미목국하여 겁재로 변하여 공장문을 닫았다.

소용신: 무토용신. 火와 金은 희신.

45세 기묘년(계미대운). 대운에서 이미 판가름이 났지만 년운에서 세게 치명타가 들어온다. 묘미목국하여 재의 유일한 뿌리인 미토는 겁재로 변하여 돈의 유통은 완전히 사라졌다. 묘신귀문관살에 자묘형이 겹쳐 미치기 일보직전이다.

272) 丙辛甲丙　庚己戊丁丙乙
申卯午午　子亥戌酉申未

시지에서 유일하게 힘이 되는 申금 용신이다. 심한 살중신경이고 재살태왕이다. 좋은 운이 와도 크게 발전할 수가 없고 나쁜 운에서는 피하거나 가볍게 하지 못하고 고스라니 당한다. 초년을미 대운에서 재와 살(財殺)이 태왕해지여 일찍 부모를 잃고 고아가 되어 어린 나이에 말할 수 없는 고생을 하였으며 이어서 申酉대운에서는 필요한 금운이 와서 가정을 이루고 소강상태를 유지하였다. 그러나 무술대운에서 조토가 금을 제대로 생하지 못하고 오술 화국을 하여 대흉하다.

소용신. 음일간에 뿌리가 강한 목화가 용신이다. 그러나 재살태왕등 불실한 사주는 대용신도 반드시 참고해야 한다.

48세 계사년(무술대운). 계는 申에 뿌리 하여 기신의 식신 운이 되어 흉하고 사는 대용신 신금을 사신刑 한다. 재살태왕한 사주에서 대용신이 형을 당하면 엄청난 재앙으로 다가온다. 폐병으로 사망하다.

273) 庚甲庚壬　丁丙乙甲癸壬辛
午辰戌申　巳辰卯寅丑子亥 10대운

편관격에 임수용신으로 살인상생격이다. 갑목일주의 뿌리가 되는 진토가 충을 당한 것이 아쉽다. 양팔통에 편관편인이 왕하여 야심차고 적극적인 인생을 살았다. 을묘대운에서 중첩된 편관하나를 제거하여 임수용신과 더욱 가까워져 사주가 맑아진다(關內有織女 關外有牛郎, 此關若通也, 相邀入洞房). 묘 대운은 묘술합하여 진술충이 풀리면서 진토에 일주가 단단한 뿌리를 내려서 길하다. 승진하며 활발한 직장생활을 보내다.

소용신: 대용신과 동일

57세 무진년(을묘대운). 무토는 기신의 금을 생하면서 용신 임수를 극하고 진토는 진술 재충(再沖)을 하여 흉사가 발동한다. 진술충으로 튀어나온 정화에 용신 임수가 묶여버린다. 뇌출혈로 반신불수되다.

274) 癸丙甲癸　戊己庚辛壬癸
巳午寅酉　申酉戌亥子丑

양계초. 중국 청말, 중화민국초의 계몽사상가. 문학가. 계몽적인 잡지를 발간해 신사상을 소개하고 애국주의를 고취해 중국개화에 공헌했다. 일지에 양인이 있고 신왕하여 계수관을 용신한다. 유금이 재생관을 하여 열정적인 인생을 삶에 뒷받침이 된다. 子운에서 양인을 충동하여 해외에 망명하였으나 국내외에서 그의 애국 충정은 멈추지 않았다.

소용신: 계수는 뿌리가 없고 유금은 투출이 없다. 소용신은 목화 양신이며 대용신 계수의 향방은 끝까지 지켜보아야 한다.

55세 기사년(戊대운). 대운에서 계수 합거하여 위기가 닥쳐온다. 기사년에 소용신 갑목은 합으로 묶이고 뿌리되는 인목은 인사 형을 당하여 대흉하다. 형으로 튀어나온 무토는 대운에서 합되고 하나 남아있든 대용신 계수를 마저 합거하였으니 피할 길이 없다. 사망

275) 戊戊戊辛 甲癸壬辛庚己
午申戌亥 辰卯寅丑子亥 7대운

명성황후. 무토 일주가 신왕하여 상관생재격이다. 년주에 희신 용신이 있어 좋은 가문에서 출생하고 조상의 음덕이 두텁다고 볼 수 있다. 양반 집안에서 출생하였으나 어릴 때 고아가 되었으나 대원군 부인의 눈에 들어 왕비로 간택되었다. 상관이 수가(秀氣)한데 관성이 없으니 정결하고 총명하다. 그러나 무신일주로 일지에 식신이 있고 상관이 왕하여 남편(고종)한테 고분고분하게 순종하며 살아가지는 않는다.

소용신. 천간의 신금용신하고 해수 희신한다.

23세 계유년. 중국의 역사서 "여씨 춘추" 등을 정독하며 정치에 눈을 뜨기 시작했는데 흥선대원군의 실정이 심각해지자 고종의 친정(親庭)을 앞세우고 과감히 시아버지 대원군을 실각시켰다. 계는 조토인 무토 하나 제거하고 유는 신유술로 용신의 상관국을 이루었다. 金은 변혁이고 식상 역시 변화이니 과감하게 개혁을 밀어붙인 것이다.

32세 임오년(신축대운). 임오군란으로 피신하다. 오술 화

국하여 용신 금이 상한다.

45세 을미년(寅대운). 寅대운이 심히 불길하다. 인해합, 인신충, 인오합 모두가 좋은 것이 하나도 없다. 乙은 상관견관 되어 백가지 재난이 오고, 未는 술미형하여 인신충과 더불어 피바람을 부른다. 주한 일본공사 미우라 고로가 사주하여 궁 안으로 습격한 일본 낭인무리들에게 피살되다.

276) 甲乙乙乙　己庚辛壬癸甲
申酉酉巳　卯辰巳午未申 7대운

허재. 농구감독. 갑을 목이 뿌리가 하나도 없다. 종살격. 금으로서 유유가 자형하고 사신형하여 가을의 백호 같은 파워가 나온다.

소용신: 대용신과 동일

30세 갑술년(임오대운). 이후 몇 년 사이에 농구천재로서 유감없이 실력을 떨치고 명성은 필립핀등 동남아까지 진동하다. 신유술 서방 금국을 이루었으니 능히 가능하다.

32세 병자년(임오대운). 대운과 년운이 천충지충 한다. 필시 무슨 일이 생긴다. 자수는 신자수국하여 천간 목을 생하니 불리하고 병화는 사화에 뿌리하여 상관의 역할을 똑똑히 한다. 음주운전으로 구치장 신세지다.

39세 계미년(신사대운). 계는 申금에 뿌리하여 일주를 생하고 미는 목의 뿌리가 되어 종살격에 거역한다. 접촉사

고로 운전면허취소

41세 을유년(신사대운). 전주 kcc이지스 감독에 취임하다. 사유금국하니 감독으로서 권위가 묵직하다.

277) 庚丁乙丙　己庚辛壬癸甲
子亥未申　丑寅卯辰巳午 4대운

여명. 미중에 을목 투출하여 편인격이고 신약하여 편인 용신이다. 을목이 해미와 더불어 은근히 해묘미 목국을 이룬 것과 같아 용신이 건왕하다. 교제력이 좋고 천관, 지축이 모두 있어 예지력과 임기응변이 뛰어나다. 경금 재성은 申금에 뿌리 하여 이재능력은 있으나 앉은 자리 子수에 사궁이 되어 큰 재물은 못된다. 재와 인성이 유기하여 부모는 장수하고 관성은 투출이 없고 지지에만 있으면서 도화가 되어 대단한 미모의 소유자다. 지살이 중중하여 일본에 유학하여 미용기술을 익혔다.

소용신: 음일간에 해자 水는 천간에 투출이 없어 용신에서 제외하고 천간에 목화와 금을 비교하면 목화가 더욱 강하여 경금 재를 용신한다.

34세 기사년(신묘대운).사신 형합(刑合)을 하여 경금 용신의 뿌리가 묶이고, 사해충으로 가택궁의 관성이 깨어진다. 이혼하다.

38세 임신년(신묘대운).역마에 용신의 금운이다. 일본유학하며 세상은 넓다는 것을 배우다.

44세 기묘년(신묘대운). 정밀계산하면 44세지만 묘대운에 해당한다. 묘대운은 해묘미 목국하여 대길하며 연운도 해묘미 목국한다. 묘대운은 대용신이니 좋지만 년운에서 삼합목국은 어떠한가?

음일간에서 일주가 약하여 印比를 대용신하고 소용신으로 식상, 재, 관살을 쓸 때 년운에서 인비가 방합이나 삼합으로 형성될 때가 문제다. 거대한 세력이 형성되니 그 때는 양일간과 같이 인비를 용신하여 길하게 본다. 다만 운간이 방합, 삼합과 거역되면 신통치 않은 한해가 된다.

卯년은 해묘미 목으로 대길하고 己운간은 목국에 거역하지만 월지 미는 목국으로 변하여 기토의 뿌리역할을 할 수가 없으니 무관하다. 기묘년에 큰돈을 모아 장래의 경제에 발판이 되었다.

278) 己丁庚辛　丁丙乙甲癸壬辛
　　 酉酉寅卯　酉申未午巳辰卯 3대운

여명. 정인 용인격이다. 인수용신이니 항상 배움에 열심이고 정편인이 같이 있어 인터넷을 통한 유용한 정보를 수집, 편집, 활용하여 경제생활에 활력을 넣는다. 남방화운에서 만만찮은 재산을 형성하였다.

소용신: 음일간에 인묘목은 목의 투출이 없어 용신에서 제

외하고 경신금 재를 용신한다.

14세 갑진년(계사대운) 인묘진 동방 목국이다. 그리고 운간은 갑목으로 삼합목국과 거역함이 없는 비겁이다. 음일간이 지지에서 印比가 삼합, 방합하면 양 일간과 같이 印比를 쓰는 경우에 해당한다. 시골에서 도시 초등학교로 전학하였는데 바로 반장이 되면서 학교전체로 이름을 날렸다.

26세 병진년(계사대운), 역시 인묘진 목국이고 운간 丙은 목국을 거역하지 않고 혼잡한 재성을 하나 합거하여 맑게 한다. 회사에서 중책을 맡으며 보람을 느끼고 재물도 풍요로웠다.

27세 정사년(계사대운). 정은 오운으로 壬수 관성을 허합래(虛合來)하고 사는 亥수 관성을 육기로서 허충래(虛沖來)하여 결혼하다.

38세 무진년(갑오대운). 인묘진 목국이다. 운간 무는 목국과 거역하지만 사주에 토의 뿌리가 없어 무관하다. 알찬 재산을 형성하다.

50세 경진년(을미대운) 인묘진 목국이다. 그러나 운간 庚은 酉酉에 뿌리하여 인묘진과 상극한다. IMF의 여파로 큰 재미는 보지 못했다.

58세 무자년(병신대운). 대운이 용신 인목을 인신충하여 즐겁지 않은 데 무자년의 자는 소용신 金을 설기시키고(무는 사주에 뿌리가 없어 별 영향이 없다) 자묘형을 한다.

기신의 자수 관성이 형을 하여 남편이 심장수술을 하면서 사경을 헤맸다. 결국 자묘형을 함으로서 연쇄폭발 하듯이 인신충, 유유자형까지 하여 힘겨운 한해를 보내게 된다.

279) 丁乙丁甲　辛壬癸甲乙丙
亥亥丑辰　未申酉戌亥子 9대운

을일주가 축월에 편재격에 정화식신으로 용신한다. 사주가 한습하여 인생길에 막힘이 많고, 한랭한 급각살로서 다리를 전다.

금속공학과를 졸업하고 전기기술분야에서 종사하고 있지만 대운이 동남이 아닌 서북으로 흘러 언제 화사한 햇살이 비추어줄지 기약하지 못한다.

소용신: 丑辰토와 亥亥수는 천간에 토와 수의 투출이 없고 천간의 정화는 뿌리가 없어 용신에서 제외한다. 갑을 목 一行이 소용신이고 火가 희신 이다.

4세 정미년. 급각살에 충이 와서 급각살이 발동하고 충으로 튀어나온 기토가 용신 갑목을 합거하여 대흉하다. 주사를 잘못 맞아 그 때부터 평생 다리를 전다.

280) 辛甲辛辛　丁丙乙甲癸壬
未寅丑亥　未午巳辰卯寅 4대운

여명. 정관용겁격이다. 정관이 중중하지만 인수로서 통관이 하든지 식상으로 제살(制殺)함이 시원치 않아 흠이다. 정관이 많고, 축 과숙살에 관성입묘하여 남편궁이 불실하다. 갑인 목으로 성격은 어질지만(仁) 귀문관살에 충이 있어 예민한 일면이 있다. 34세 을사대운에 접어들면서부터 많은 시련을 겪고 있으나 44세부터 시작하는 병오대운에는 밝은 화기가 집안에 가득하며 인생의 즐거움을 만끽할 것이다.

소용신: 寅목 비겁

36세 병술년(을사대운).을사대운이 흉하다. 사해충, 사축금국, 인사형으로 희신은 형충을 당하고 기신은 합세하여 더욱 강해지기 때문이다. 병술년은 정관하나 병신합으로 제거함은 길하지만 축술형과 술미형을 한다. 戌과 未속에 있는 丁火 상관들이 지글지글 거린다. 남편이 다른 여자와 깊은 관계가 있음을 알고 이혼하다.

37세 정해년(을사대운) 갑일간의 기둥격인 일지의 인목이 인해합으로 묶여버린다. 좋은 일이 생길리가 없다. 마음의 의지하였든 아버지 사망.

丙庚壬己
戌戌申卯

병술년에 8세인 딸이다. 묘목재성 아버지는 묘술합으로 사라져 아버지와 이별하고 엄마하고 산다.

281) 壬丁己戊　乙甲癸壬辛庚
寅亥未申　丑子亥戌酉申 8대운

앞의 사주 남편. 제살태과격으로 임수 정관용신하고 혼탁한 식상을 제거하는 목이 희신이다. 정관용신이니 직장에 충실하고 지살의 정관 해가 있어 중국에서 근무 한다. 일시지 寅亥가 모두 홀아비살로 엮어져 부부운에 파란을 면하기 어렵다.

소용신 대용신과 동일

38세 을유년(병술대운). 酉금 재성은 도화이고 천을귀인이라 마음에 쏙 드는 중국여자를 만나 살림을 차렸다. 대운, 년운이 사주와 신유술 금국으로 희신이어서(소중한 인목이 상하지 않았다) 한국에 있는 본처는 그런 사실을 일체 몰랐다.

39세 병술년(병술대운). 정밀계산하면 병술년末부터 대운이 바뀐다. 대운과 년운이 번갈아 술미 재형(再刑)을 한다. 기신의 식상이 형발(刑發)하여 흉하고, 형으로 튀어나온 지장간 정화에 용신 임수가 합거 된다. 수상한 낌새를 느낀 본처의 기습으로 딴살림 차린 것이 들통 나고 이혼을 당하다. 그리고 다니든 회사에서 퇴직하고 다른 화사로 옮기다.

282) 癸戊壬丁　丙丁戊己庚辛
丑申寅未　申酉戌亥子丑 3대운

신약하여 비겁용신이다. 지지가 전부 충과 형이어서 욱-하는 성깔머리는 인생에 역풍(逆風)을 불러들인다. 직장에 변동이 잦고 처와의 인연도 바꾸어 버린다. 월간의 임수 재성은 정임합거하여 본처는 이별하고 새장가 가서 시간의 계수 재성하고 산다. 戊대운이 비견이 되어 좋아 보이나 지지를 전부 충형(沖刑)으로 바꾸어 파란만 일으킨다.

소용신: 정임합과 인신충은 용신에서 제쳐놓고 무토 일주와 계수 중에서 일주의 뿌리가 더 강하여 계수 용신한다. 양일간이므로 대용신인 비겁은 계속 예의주시한다.

31세 정축년(기해대운): 정계충하고 축미충한다. 인미 귀문관살이 인신충인데 축미충을 더하여 사소한 일에도 자기 성질을 죽이지 못한다. 처와 이혼하다.

283) 辛己丁己　辛庚己戊丁丙
未丑卯酉　未午巳辰卯寅 7대운

여명. 앞 사주의 처. 음팔통에 지지가 전부 충이다. 부부는 팔자동창생끼리 만난다는 말이 실감난다. 가택궁은 충하고 묘목 관성은 공망이며 충을 당하니 아예 남편 복이라고는 씨가 말랐다. 29세 정축년에 일주는 묘궁에 들고 축미 再沖하며 묘목관살을 상문조객으로 암충하여 부부 이별하다.

壬丁戊庚
寅亥子戌

이 여자는 앞 사주의 후처다. 정해일주가 관성이 투출하면 애기 놓고 살다가도 애인생기면 야반도주한다는데 43세부터의 申대운을 무사히 지낼 수 있을 런지 의문이다.

284) 戊戊戊庚　乙甲癸壬辛庚
午午子子　未午巳辰卯寅 9대운

철기(鐵驥) 이범석장군. 독립운동가미여 정치가. 청산리전투를 승리로 이끌어 민족의 자부심을 한 끗 높였다. 해방 후에는 조선민족청년단을 창설하고 정부수립 후 초대 국무총리 겸 국방장관을 지냈다.

이 사주는 년월일시가 子午로만 이루어져 감(坎)과 리(離)궁이 수화기제를 이루었다. 또한 자오는 북과 남의 정기(正氣)이며 지지 모두가 재살(災殺)이 충으로 되어있어 만주벌판을 누비며 달리는 장군의 모습이 여실히 나타난다. 식신생재격으로 子수가 용신이다. 목 관성이 없어 목운오면 재생관 하면서 통기를 하니 목이 희신 이다.

소용신: 경금은 뿌리가 없고 자수는 수의 투출이 없어 용신에서 제외한다. 토 일행이 용신. 화와 금이 희신이다.

21세 경신년 (신묘대운). 희신운이다. 청산리전투 대승리.

47세 병술년(임진대운) 임진대운이 대용신의 水운으로 대길하다. 그러나 사주에 충이 있는데 대운과 년운이 천충지충하여 어지럽다. 사실 해방직후 좌우익으로 갈라져 혼란스러웠던 우리나라의 모습을 본 뜬듯하다. 소용신이 토에 화와 금이 희신인데 병술년은 희신의 화토가 되어 조선민족청년단을 창설하여 새로운 한국의 창조에 일익을 담당하다.

49세 무자년(계사대운) 정부수립 후 초대 국무총리 겸 국방장관. 무는 토 一行에 용신이고 자는 자오 충하여 튀어나온 지장간 계수에 사주의 무토 하나를 합거 하지만 희신의 운간 무토는 그대로 남아있다.

57세 병신년(계사대운). 巳대운으로 오면서 기세는 서서히 하향한다. 병은 토 일행에 무난하나 신은 신자수국하여 기신운으로 변했다. 대운과 년운이 함께 힘을 잃어간 것이다. 부통령선거에 낙선

285) 乙己壬戊　己戊丁丙乙甲癸
亥未戌申　巳辰卯寅丑子亥 2대운

백두진. 정기일주에 재관격이다. 기 일주는 토로서 중앙이고 중심을 지키는 것이 법과 통하고 또한 재관과 연결이 좋으면 법정계통에서 출세가 가능하다. 술해 천관(乾)과 신미 지축(坤)이 모두 있어 예지력이 있는데 신왕관왕하고 시상일위귀격(時上一位貴格)이 되어 대귀할 수 있는 사주다.

소용신: 대용신과 같이 토 왕하여 을목 편관을 용신하고 수를 희신한다.

44세 신묘년(정묘대운). 재무장관. 묘대운은 해묘미 삼합하여 대길하다. 묘년 역시 해묘미 삼합하여 용신국이다.

45세 임진년(정묘대운). 국무총리서리. 진술충하여 튀어나온 지장간 정화에 월간 임수가 합거되어 근심스럽지만 운간임수가 짱짱하게 남아있어 진로에 장애가 없다.

46세 계사년(정묘대운) 국무총리. 계는 년간 무토 합거하여 길하고 사는 신금을 사신 형합하여 금극목 당할 우려를 제거한다. 그러나 형으로 튀어나온 지장간 경금에 을목 용신이 합거되어 吉중 凶이다.

63세 경술년(기사대운). 국무총리. 경은 용신을목을 합거하고 술은 술미 재형하여 튀어나온 정화에 희신 임수는 합거된다. 용신 희신이 모두 힘이 없어져 재직중 힘든 일들로 많은 고초를 당한 것 같다.

64세 신해년(기사대운) 국회의장. 임수재가 해에 정록을 얻었다.

286) 甲乙壬戊　丙丁戊己庚辛
　　申卯戌申　辰巳午未申酉 2대운

여명. 정재격에 인수용신이다. 정재, 정관, 정인으로 三奇를 얻었고, 모두 바를 正자이니 바르고 반듯한 인품이다.

그러나 자세히 풀어보면 허술하기 짝이 없다. 임수 용신은 밑과 옆에서 무술토에 협공을 당하고, 뿌리 되는 일지 묘목은 공망에다 합으로 묶였으며, 믿음직한 의지처인 갑목은 살지에 앉아 힘이 없다. 어릴 때의 신유 경신대운은 비록 임수정인으로 통관된다고 하나 금기가 너무 강해 폐가 약하였으며 22세부터의 기미대운은 인수용신에 재운이어서 흉하다.

소용신: 목과 토는 지지에서 묘술합으로 묶여 임수를 용신한다.

28세 을해년(기미대운). 폐병이 심해지다. 대운과 년운과 사주가 해묘미 삼합을 하였다. 삼합으로 묘술합이 풀리니까 기신인 무토재가 술토에 뿌리하고 임수용신을 사정없이 극해온다. 그리고 亥는 일주의 사궁(死宮)이기도 하다.

30세 정축년(기미대운). 사망. 정은 임수 용신 합거하고 축은 대운과 사주가 축술미 삼형한다. 기신의 재가 삼형으로 지진을 일으키니 모든 것이 허물어진다.

287) 癸乙戊丙　甲癸壬辛庚己
未丑戌戌　辰卯寅丑子亥 7대운

일주는 뿌리가 없고 계수 역시 힘이 없어 가종재(假從財)다. 병화 희신은 입묘하고 재성 용신은 삼형으로 이루어졌으며 대운의 흐름도 무정하게 수목 부종(不從)의 운으로 흘러 가시밭길 인생길이다.

소용신: 종재

50세 을해년(계묘대운). 대운과 해묘미 삼합이 되어 일주는 거대한 힘을 얻었다. 종격이 깨어지니까 심한 재다신약과 같은 현상이 되어 사망하다. 土가 병이 되어 위암으로 사망

288) 戊戊丁乙　辛壬癸甲乙丙
午寅亥未　巳午未申酉戌 9대운

여명. 영화배우, 우피 골드버그. 정관격에 정인용신이다. 일주와 정화용신이 건왕하고 정관 역시 득령하여 강건하니 신왕관왕으로 부귀격이다. 한 때는 극히 곤궁한 시절을 겪었다지만 30대 후반 들어 폭발적인 인기를 얻으며 승승장구하였다. 잘 생긴 외모와는 거리가 멀지만 뛰어난 재능으로 인생찬가를 불렀든 것이다.

소용신: 인해가 묶인 상태에서 일주가 강하여 을목 관성을 용신한다.

28세 임술년(을유대운). 인오술 화국하여 인해합이 풀려서 해중갑목에 을목 용신이 더욱 힘을 쓴다. "시티즌"으로 데뷔하다.

37세 신미년(갑신대운). 오화를 합거하여 기신의 인수가

무력해진다. 미국아카데미시상식 여우조연상 수상

38세 임신년(갑신대운). 임은 기신 정화합거하고 신은 인해합을 충하여 합을 풀었으니 용신 을목 관성은 더욱 강하여져 명성을 크게 날린다.

49세 계미년(임오대운). 오미합으로 정화 기신은 힘을 잃었다. 아카데미시상식 수상.

289) 甲壬己壬　癸甲乙丙丁戊
　　辰寅酉戌　卯辰巳午未申 3대운

여명. 정인용인격이다. 정미대운이 이름답지 못하여 전문대 졸업으로 학운이 끝나고 병오대운에서 경찰관 시험에 몇 년째 도전하고 있지만 계속 불합격이다. 병오대운은 금수용신이 힘을 쓰지 못하기 때문이다. 일지에 식신을 깔고 진토관은 공망이며 기토탁임으로 남편궁이 불실하여 시집가도 한 남자와 평생해로는 힘들 것 같다.

소용신: 갑과 기의 세력이 어느 것이 더 강한가를 보면 寅辰에 뿌리한 갑목의 세력이 더 강하여 제살태과로 기토 용신한다. 화가 희신이다.

27세 무자년 (병오대운). 대운이 좋지 않을 때는 년운에서 확실한 길운이 아니면 성사가 어렵다. 무토는 무난하나 자수는 기신의 비겁이다. 불합격

290) 戊庚戊丙　甲癸壬辛庚己
寅戌戌辰　辰卯寅丑子亥 5대운

편인용재격으로 병화 칠살을 용신하려해도 무진토에 설기되어 쓰지 못하고 인중 갑목 용신한다. 인수로 둘러싸여 있어 집안의 실세는 어머니이며 아직 어머니의 극성스러운 보호를 벗어나지 못하고 있다. 경금 괴강일주에 병화 칠살과 진술 나망살(羅網殺)이 있어 법대를 졸업하고 사법관이 되기 위해 노력하고 있다. 그러나 33세가 되도록 해마다 고시에 도전하지만 계속 쓴잔을 맛보며 아직 포기를 모르고 있다. 수목운이 반가운데 25세부터의 신축대운 10년은 토금이라 헛되이 세월만 흘러갈 뿐이다.

소용신: 인수로 신왕하여 병화칠살 용신하고 인목은 희신이다.

33세 무자년(신축대운). 기신의 무토 인수로 더욱 답답해지는데 시험공부가 제대로 될 수가 없다. 자수는 경금일주의 사궁이 고 자진 수국하여 병화 용신은 꺼진다. 대운이 좋으면 자수가 수생목이라도 하련만 대운이라는 환경이 좋지 못하니 제대로 행세를 못한다. 사법고시 불합격.

34세 기축년(신축대운).다시 불합격. 기는 기신의 인수이고 축도 기신의 인수인데 축술형으로 튀어나온 지장간에 용신 병화는 합거 되기 때문이다.

291) 辛庚壬丁　丙丁戊己庚辛
巳子子亥　午未申酉戌亥

적천수에 있는 사주다. 그대로 번역하여 옮긴다.

경금이 한 겨울에 태어나서 상관이 태왕하여 설기가 심하다. 용신은 토에 있지 화에 있는 것이 아니다. 사중 병화로 조후하고, 사중 무토로서 수극화하는 것을 막으니 화는 능히 토를 생할 수가 있어 이른바 원기암리존(元氣暗裏存)이다. 무운에 이르러 병진년에 화토상생하고 巳중 원신이 같이 발(發)하여 고위직에 올랐다.

소용신: 년월간 정임은 합하여 용신에서 제외하고 亥子水도 천간에 수의 투출이 없어 역시 용신에서 제외한다. 사에 뿌리 한 庚辛금 一行이 용신이며 토와 수가 희신이다.

30세 병진년. 병은 신과 합하여 丙辛合化水가 되어 희신이 되고, 진은 희신의 토이며 신자 수국으로 희신의 수이다. 토금의 좋은 대운이 받쳐주고 희신의 년운이 와서 우의정이 되다.

292) 丙庚甲己　戊己庚辛壬癸
子子戌亥　辰巳午未申酉

적천수에 있는 사주다. 그대로 번역하여 옮긴다.

경금이 술월에 태어났는데 지지에는 두개의 자와 해가

있고 천간에는 병화가 있어 극과 설이 뒤섞였다. 월지가 강한 인수가 있어 기쁘고 비록 갑목이 화를 생하고 토를 극하는 것이 좋지 못하지만 갑기합화토(甲己合化土)하여 이른바 청득진(淸得盡)이다. 기사년에 인수가 도우고 해수 갑목의 장생을 충거(沖去)하여 이름이 한림(翰林)에 올랐다.

소용신: 갑기합은 제쳐놓고 경과 병의 강약을 비교하면 득령한 경금이 강하여 병화를 소용신한다.

31세 기사년. 사해충하여 튀어나온 지장간 갑목이 기신의 운간 기토를 합거하여 흉이 변해 길로 변했다.

293) 辛庚丙己　庚辛壬癸甲乙
　　巳子子亥　午未申酉戌亥

적천수에 있는 사주다. 그대로 번역하여 옮긴다.

경금이 한겨울에 태어났다. 지지에는 두개의 자와 해가 있으며 천간에는 병화가 있어 극과 설이 뒤섞여 있다. 그러나 다행히 기토가 투출하여 화를 설기시키고 금을 생하여 이른바 청득진(淸得盡)이며 토를 극하는 목이 없어 길하다. 기사년에 인수가 도와 翰苑에서 명성은 높았지만 인수가 득령하지 못하고 멀리서 허(虛)하여 지현으로 좌천되었다.

소용신: 천간에 토금과 火중에서 어느 것이 강한가를 살펴

본다. 천간에 己庚辛과 丙은 모두 사에 뿌리하고 기경신 토금의 세력이 강하여 병화를 용신한다.

31세 기사년. 사해충하여 튀어나온 지장간 병갑에 시간 신금과 년간 기토가 합거되어 길하다. 토금은 기신이고 병화는 용신이기 때문이다. 그러나 운간 기신의 기토가 그대로 남아 있어 좋다가 말았다.

294) 戊乙辛庚　丁丙乙甲癸壬
　　寅卯巳戌　亥戌酉申未午

적천수에 있는 사주다. 그대로 번역하여 옮긴다.

을목이 사월에 나서 상관 당령(當令)하여 족히 관살을 제어한다. 일지에 정록으로 일주를 도우고 인시가 등라계갑이다. 경진 년에 이르러 지지에 인묘진 동방이 되어 향방에 올랐으나 과거에 오르지 못한 것은 사주에 인수가 없고 술토가 화를 설기시키고 금을 생하였기 때문이다. 쌍둥이로 태어나서 본인은 인시이고 쌍둥이 동생은 묘시인데 비록 정록을 얻었다하나 인중 갑목에는 미치지 못한다. 늦게 기해년에 인수가 생부(生扶)하여 중향방(中鄕榜)을 시작했다.

소용신: 음일간에서 토금이 투출하여 토금 용신이다.

31세 경진년. 년지 술과 진술충하여 튀어나온 지장간에 용신의 년간 경금과 시간 무토가 합거된다. 그래도 운간 경이 남아 있어 실패라고 할 수는 없지만 무토 재가 날라 가 버렸으니 큰 희망을 가졌으나 기대치에는 미치지 못하였다.

50세 기해년. 사해충이다. 충으로 튀어나온 지장간 병화에 월간 신금이 날아가며 관살혼잡을 제거하여 길하다. 희신의 운간 기가 충으로 튀어나온 지장간 갑목에 합거 됨은 아름답지 못하나 무토가 든든하게 버티고 있어 큰 흉이 되지 못한다. 그리고 지장간 경금 관성이 일간과 합하여 벼슬 복이 터졌다.

295) 癸庚壬戊　戊丁丙乙甲癸
未寅戌子　辰卯寅丑子亥

적천수에 있는 사주다. 그대로 번역하여 옮긴다.

경금이 술월에 태어나서 인수가 당령하고 금 역시 유기하여 용신은 수이며 화가 아니다. 경신년에 임수가 장생을 만나고 또한 토기를 설하여 명성을 얻었다. 꺼리는 것은 무토 원신이 투출하여 도식하는 것이며, 중년에 대운이 목화로 연결되어 손재수가 많았다.

소용신: 천간 토금과 수의 강약을 비교하면 술토와 미토에 뿌리한 토금의 세력이 강하여 壬癸水 식상을 용신한다.

33세 경신년. 신은 신자수국하고 경은 금생수 한다. 용신을 생하여 성공이다.

296) 戊辛己戊　乙甲癸壬辛庚
子亥未子　丑子亥戌酉申

적천수에 있는 사주다. 그대로 번역하여 옮긴다.

신금이 늦여름에 태어나서 사주에 비록 조토가 많아도 묘한 것은 일지의 해수와 년시지의 자수가 윤토양금(潤土養金)함이다. 해자수는 또한 목을 생하여 목을 용신한다. 토가 많은 것이 병인데 정묘년에 지지가 해묘미 목국으로 명약(名藥)을 얻어 큰 성공을 얻었다.

소용신: 음일간에 천간에 토밖에 없어 토를 용신한다. 소용신을 정하는 법에는 다양한 변칙들이 있다. 음일간이 신약하여 대용신으로 지지의 인비를 쓰고 소용신으로는 인비의 투출이 없어 천간의 재관식상을 쓸 때는 년운에서 인비의 방합, 삼합이 되면 대용신을 그대로 사용한다

또한 음일간에 인비의 투출이 많아 대용신을 지지의 재관을 쓸 때 년운에서 재관이 방합이나 삼합이 되면 대용신을 그대로 사용한다. 그러나 길운으로 작용하려면 방합이나 삼합된 오행이 운간과 서로 거스르는 오행이 되어서는 아니된다.

40세 정묘년. 해미와 묘가 해묘미 목국하였다. 재가 삼합하여 대용신 그대로 사용한다. 운간 정과 목국은 거스르지 않고 상생하여 대발(大發)

297) 庚丙甲癸　戊己庚辛壬癸
寅戌寅巳　申酉戌亥子丑

적천수에 있는 사주다. 그대로 번역하여 옮긴다.

병화가 초봄에 태어나고 관이 투출하여 용신하니 맑고 순수하지만 경금과 계수가 멀리 떨어져서 상생하지 못하는 것이 애석하다. 목과 화가 아울러 왕성하고 금수의 뿌리가 없어 학문을 계속할 수가 없었다. 잠시 벼슬자리에 있어 보았으나 필경 재관이 불통(不通)하여 빛을 보지 못하였고 술대운 정축년에 화토가 당권하여 병을 얻어 죽었다.

소용신: 사와 술에 뿌리한 경금을 용신하고 계수를 희신한다.

45세 정축년. 술대운은 일주가 묘궁에 들어 무기력해진다. 정화는 사주 지지의 화에 힘을 얻어 경금용신을 강력하게 극을 하고, 병술 일주 백호에 년운의 정축백호가 서로 형(刑)하면서 살기(殺氣)가 충만하다. 묘궁과 백호대살의 형이 어우러져 예측불허의 흉사를 불러들였다. 사망.

298) 己辛壬癸　丙丁戊己庚辛
丑巳戌亥　辰巳午未申酉 4대운

술월은 辛금의 여기(餘氣)가 아직 왕성할 때다. 정인 무토가 당령하고 토가 많아 금이 파묻힐(埋金) 위험이 있다. 갑목으로 소토하고 임수로서 윤토를 만들어야하는데 모두 갖추어서 입격한 사주다. 신금일주가 임수상관으로 도세주옥(淘洗珠玉)하여 총명이 뛰어나며 술해 천관(天關)과 형이 있어 사법계통이 적성이다. 서울법대를 나와서 고시 공부중인데 아직 합격이라는 좋은 소식이 없어 답답해하고 있다.

소용신: 음일간에 기토의 뿌리가 더 강하여 임계수를 용신 한다.

24세 병술년(기미대운) : 24세부터 시작하는 기미대운 십년이 기신의 토가 되어 바람직하지 않다. 병은 임계수 상관과 싸우고 술은 대운과 함께 축술미 삼형한다. 형으로 튀어나온 지장간 정화,무토는 용신 임계수를 무정하게 합거 한다. 사법고시 불합격.

25세 정해년(기미대운): 정은 임수합거하고 해는 사화를 사해충한다. 충으로 튀어나온 무토에 계수마저 합거한다. 사법고시불합격.

26세 무자년(기미대운). 무는 용신 계수 합거하고 자는 임계수의 뿌리가 되는 축과 자축합해 버렸다. 사법고시 불합격.

27세 기축년 (기미대운): 기는 기신의 인수이고 축은 다시 대운과 함께 축술미 삼형 한다. 형으로 튀어나온 지장간에 용신 임계수는 합거되어 사라진다. 사법고시 불합격. 28세 경인년 역시 전망이 밝지 못하다. 인은 임계수의 뿌리인 해수를 인해합으로 묶어 좋은 결과를 기대하지 못한다.

299) 丁甲甲庚　庚己戊丁丙乙
卯寅申申　寅丑子亥戌酉 5대운

갑목일주가 신월에 태어났다. 가을의 갑목을 그릇으로 만들고자할 때 경금 도끼가 있어야 하고 정화로서 경금을 조화시켜야 한다. 만약 정화가 없으면 갑목은 반드시 상한다고 하는데 이 사주는 정화가 시간에 있어 아름답다. 상관제살로 정화용신이다. 그러나 금과 목이 싸움이 치열하고 다시 55세부터의 경인대운에서 천간지지가 모두 재충(再沖)을 하며 강한 금기에 목이 상하여 간질환으로 사망했다.

소용신: 인신충으로 정화는 뿌리를 상실하여 쓸 수가 없고 금은 득령으로 강하여 비견급 목을 용신한다.

62세 경신년. 천간 지지가 함께 용신 목을 공격하니 배겨낼 도리가 없다. 사망

300) 戊丙庚丙　甲乙丙丁戊己
戌辰寅戌　申酉戌亥子丑 3대운

여명. 식신이 많아 인목 인수 용신한다. 여명에 식상이 많으면 아무래도 남편 궁이 불실해지는데 일시지 가택궁이 충을 하고 진중 계수 관성이 깨어져 남편 복이 없는 것이 더욱 확실하다. 해자 수운에는 인목 용신이 생조를 받아 무

난하나 33세부터의 병술대운은 기신의 토로서 그리고 백호대살로서 일지궁을 재충하니 인생에 커다란 충격과 상처를 남겼다. 쟈충(再沖). 재형(再刑). 삼형(三刑)은 항상 큰 파도가 되어 덮치며 어지간하게 그냥 넘어가지는 않는다.

소용신: 진술충은 양간의 붕충이라 토기는 남는다. 토금이 강하여 병화용신. 인목 희신.

37세 임술년(병술대운). 대운과 년운이 모두 백호대살이 되어 일지궁을 충한다. 식신이 여럿이 합하니 영락없는 상관이다. 진술 충에 대운과 년운이 줄줄이 다시 충 한다. 튀어나온 지장간에 병화 용신 외에 천간 모두가 합거 되고, 대운간 丙, 소운간 壬까지 모두 합거 되어 꽁꽁 묶였다. 남편사망하다.

301) 壬丙乙庚　辛庚己戊丁丙
辰戌酉午　卯寅丑子亥戌 2대운

병화일주에 임수가 강휘상영(江暉相映)하여 좋은듯하나 뒷받침 하여줄 을목이 합하며 재성으로 화하고 시주 임진이 일주를 충극하여 재살태왕으로 삶이 고달프게 되었다. 멀리 있는 오화를 용신해야하지만 초년 해자 수운에서 수극화하여 암울한 상황이다.

소용신: 대용신과 동일

32세 신축년 무술월(무자대운). 정밀대운 계산하면 다음해 임인년 양력10월에 기축대운으로 넘어가니 아직까지 무자대운이다. 대운에서 자오충은 유일한 생명줄이 끊어지는 듯한 아픔이다. 진술충에 자오충인데 다시 년운에서 축술형이다. 사주에 충형(沖刑)이란 폭탄이 연달아 터져 희기를 가릴 것도 없이 모두 파괴되어버렸다. 기신의 유축 재금국이니 목구멍이 포도청이라 절도범으로 잡혀 감옥가다.

302) 壬乙癸庚　己戊丁丙乙甲
　　午丑未午　丑子亥戌酉申 9대운

을목이 미월에 임계수가 있고 경금이 수원(水源)으로 관인상생하여 아름다워 보이나 지지의 충으로 용신과 희신의 금수가 허약하여진 것이 흠이다. 29세부터 오는 병술대운에서 인수용신 하는 사람에게 상관생재라는 재물에 대한 유혹이 다가왔다. 그러나 丙상관으로 법을 두려워하지 않고 戊재로 재물을 검어쥐고자 하였으나 상관견관하고, 축술미 삼형하여 대박은 커녕 쪽박을 차는 신세가 되어 교도소 가다.

소용신: 오미합을 축미충하여 합이 풀려 모두 살았다. 축에 뿌리를 둔 임계수를 용신하고 경금을 희신한다.

32세 신축년 무술월(병술대운).대운과 축술미삼형하고 년운과는 축미재형하고 월운에서 다시 삼형한다. 어쩔 수

없이 刑을 언도 받는다. 그리고 튀어나온 지장간에 임계수는 모두 합거 되고 경금도 사라지니 세상에서 믿을 사람은 아무도 없다.

303) 己辛庚丁　丙乙甲癸壬辛
　　 亥亥戌酉　辰卯寅丑子亥 6대운

영친왕 약혼녀 민규수. 토금으로 신왕한데 정화 편관은 입묘하고 힘이 없어 수기유행(秀氣流行)하는 해중 갑목 용신이다. 영친왕과 약혼했다가 일제의 압력으로 파혼당하고 오랜 세월을 독신으로 망명생활을 한 것 등은 조선의 국운이 파국으로 들어섰기 때문이기도 하지만 민규수의 개인적인 사주팔자와 전혀 무관한 것은 아니다. 관성은 입묘하여 남편과는 인연이 없는데 가택궁과 일시지는 상관과 역마로 왕성하여 멀고먼 타향에서 외로움을 동무삼아 고신살을 안고 살았든 것이다.

소용신: 토금이 강하여 술에 뿌리한 정화를 용신한다.

11세 정미년(신해대운). 영친왕과 약혼하다. 丁은 용신의 관성이어서 남자가 운명적으로 다가서고 未는 술미형하여 튀어나온 을목에 경금 경쟁자는 합거 되어 사라졌다(다른 처녀들을 물리치고 간택에 성공하다).

21세 정사년(임자대운). 파혼당하다. 사는 亥亥와 이중으로 충하면서 튀어나온 지장간 壬壬에 용신정화 관성과 희신의 운간 정화까지 모두 합거되어 사라져 버렸다.

304) 壬乙癸丙　己戊丁丙乙甲
午酉巳戌　亥戌酉申未午 3대운

몽양(夢陽). 여운형. 독립운동가. 몽양은 명문가의 출생이나 부친과 삼촌이 동학난과 연루되어 피난과정에서 가세가 기울어졌다. 조부에게서 한문공부를 하고 배재학당, 홍화학교를 거치며 신학문을 익혔다. 안창호등이 창립주도한 신민회에 가입하여 국민 계몽운동을 하였고 상해에서는 "신한청년단"을 조직하여 우리민족 독립운동사에 큰 공헌을 하였다.

몽양의 사주는 을목일주가 사월의 병화가 투출하여 상관격이며 임계수가 도와주어 인수용신이다. 상관격에 인수용신은 원래의 성격은 오만하고 약간 삐딱하나 인생을 살면서 수양하며 원숙해지는 특징이 있다. 교육,문화등에 두각을 나타낸다. 을목일주가 유금칠살에 앉아 신약하여 건강은 조심해야 한다.

소용신: 음일간에 임계수 인수는 뿌리가 없고 酉戌은 천간에 토금의 투출이 없어 용신에서 제외하니 남은 것은 병화뿐이니 병화 상관용신한다.

19세 갑진년(을미대운). 을미대운은 백호대살인데 병술과 백호끼리 형하여 흉사가 예견된다. 형으로 튀어나온 정화와 무토에 대용신 임계수는 합거로 사라져서 편인 조부와 정인 모친을 이 기간에 사별했다. 19세 진년에는 년지와 진술충으로 튀어나온 지장간에 용신 병화가 사라지고 계수도 합거 되었다. 모친사별하다.

21세 병오년(을미대운). 국민계몽운동에 뛰어들다. 병화 상관의 발표력, 오기등이 화려하게 피어나기 시작한다.

28세 계축년(병신대운). 나라가 망한 뒤에 중국으로 망명하다. 축술형을 하며 튀어나온 지장간에 용신 병화는 합거되고 사유축 금국으로 기신의 관살국이 되어 심신이 고달프다. 일지 삼합년이니 외국으로 떠난다.

33세 무오년(정유대운). 상해에서 “신한청년단”을 조직하여 우리민족의 독립운동사에 큰 공헌을 하다. 월간 계수와 무계합화 火하고 오술 화국하여 용신의 해다.

59세 갑신년(기해대운). 조선독립에 대한 확고한 믿음을 갖고 결사의 각오로 “조선건국동맹”을 창립하다. 사신형합으로 병화 용신의 뿌리가 약하지만 형기(刑氣)가 몸에서 꿈틀거린다.

62세 정해년(기해대운)정미월. 친일 반민주세력들에 의해 피격당하여 사망. 대운과 년운의 해해가 연달아 사해충을 하여 병화 용신의 뿌리를 무력화시키고 기신의 임계수가 힘을 얻으며, 해는 을목일주의 사궁(死宮)이 되어 죽음에 이르렀다.

305) 己辛甲己　庚己戊丁丙乙
巳亥戌巳　辰卯寅丑子亥 7대운

여명. 사주가 어지럽다. 신금 보석이 땅에 파묻히는 것을 갑목재성으로 제어하여야 하는데 갑기합화토하여 오히려 기신으로 변하였다. 어머니가 재혼하여 같이 살고 있는 새아버지는 폭력을 휘두르는 사람이니 부모 복이 아예 없다. 사중 병화관성은 충과 원진으로 얼룩져 남편복도 없다. 해중임수로 설기하여 멋진 인생을 설계하려고 해도 그것마저 충을 당해 암담할 뿐이다. "용신잡기가 곤란한 사주는 별볼일 없는 사주다". 라는 항간의 말이 실감난다. 구태여 잡아본다면 해중 갑목을 용신한다. 초년 을해대운이 길한듯하나 다시 사해충을 하여 중학교도 제대로 마치지 못하고 노래방 도우미로 일하고 있다. 사술귀문과 사해충이 뒤섞여 언행에서 약간 사이코적인 행태를 보인다.

소용신: 음일간에 갑기 합은 용신에서 제쳐놓으니 남는 것은 기토 뿐이다. 토용신.

19세 정해년(병자대운). 가출하여 노래방 도우미로 일하면서 여러 남자와 문란한 성생활을 하고 낙태수술을 하다. 정화는 기신의 관살이니 덕이 되는 남자일수가 없고 해는 역마충으로 가출이다. 사술귀문에 충이어서 정상적인 판단을 하는 상태가 아니라 흥분되고 상기되어 충동적인 상태다. 해중 임수를 살릴 길이 없으니 아기는 유산된다. 사해충으로 튀어나온 지장간 갑목이 용신 기토를 합거하여 마음에 의지처가 없으니 될 대로 되라는 자포자기적인 상황이었을 것이다.

306) 戊乙辛辛　丁丙乙甲癸壬
寅巳卯亥　酉申未午巳辰 6대운

여명. 건록용재격으로 토용신, 금희신이다. 장녀로서 가장역할을 하다가 결혼 후 남매를 두었다. 을미대운 접어들면서 해묘미 목국으로 기신의 비겁운이 되어 경제적인 어려움이 깊어졌다. 평소에 우울증세가 있었는데 남에게 배신당하고 주위와 불화하여 왕따 당하는 것이 심해지자 아파트에서 투신자살하였다.

소용신: 음일간에 투출된 것은 토금뿐이다. 대용신과 동일

37세 정해년. 무신월(을미대운). 정해년은 다시 해묘미 기신의 비겁운이며 일지 사를 사해충하여 용신 희신의 뿌리를 깨트려 버렸다. 그리고 해는 일주의 사궁(死宮)이 되어 흉한데 무신월은 삼형에다 사충까지 겹쳐 우울증을 이겨내지 못하고 자살하다.

307) 乙癸甲癸　己庚辛壬癸
卯巳寅卯　酉戌亥子丑 5대운

일주가 뿌리가 없어 종아격이다. 식상용신으로 총기가 뛰어나서 장래에 대한 큰 기대를 부모님께 안겨주었다. 그러나 축대운은 사축으로 금기가 왕하여져 목기와 암충(暗沖)으로 흉하며 17세 기미년에 왕목에 토기가 오니 상관견관하여 사망했다.

소용신: 대용신과 동일

17세 기미년(계축대운). 대운과 년운이 천극지충하여 아름답지 못한데 미는 일주의 묘궁이다. 사망.

308) 辛甲庚辛　丙乙甲癸壬辛
未申子亥　午巳辰卯寅丑 4대운

여명. 자월 한겨울에 하늘은 차갑고 땅은 얼었는데 미중에 정화의 가날픈 한줌 화톳불에 의지하여 살아야한다. 정인격에 정화 상관 용신이다. 금수한냉에다 관살은 중첩하여 한걸음 한걸음마다 한숨소리가 새어나온다. 수목이 응결로 정신작용에 위축이 있는데 묘대운에서 묘신 귀문관살이 발동하여 신(神)이 들렸다. 현제 갑진대운은 신자진 수국이다. 북태평양의 거센 파도가 밀려오니 가날픈 촛불은 꺼져가는 상태라 점(占)집을 차려놓고 영업을 하고 있으나 신기가 영험치 못하여 점 보러오는 손님이 없다.

소용신: 해미에 뿌리 한 갑목 보다 申에 뿌리 한 庚辛금이

더 강하여 해미중의 갑을목 용신이다.

31세 신사년(계묘대운). 신(神)들리다. 대운에서 귀문관살의 귀신에 뒷목 잡히고 년운은 귀문에 형(刑)을 가하여 귀신이 활동하기 좋은 무대를 만들어 주었다. 월간 庚은 子에 사궁으로 자리 잡았고 년운의 巳에 辛도 사궁이 되어 사방 천지가 사궁(死宮)이다. 그리고 사년은 용신 해를 사해충하고 미를 상문조객으로 암충하여 亥未 용신이 상하고 木 두뇌, 신경계통에 변화가 생겼다.

309) 己丙庚甲　丙乙甲癸壬辛
　　　亥申午辰　子亥戌酉申未 7대운

병화 일주가 오월에 양인격이다. 토금수가 강하여 살인격(殺刃格)으로 오화양인을 용신하고 갑목을 희신한다. 명색이 그래도 살인격을 이루었으니 입격한 사주다.

소용신: 기경 상관,재와 병갑을 비교하면 병갑의 세력이 강하여 기경 토금용신이다.

11세 갑인년(신미대운). 갑은 용신 기토를 합거하고 인은 경금용신의 뿌리인 신금을 충으로 뽑아버린다. 신장염으로 병원에 입원하다.

310) 甲丙丙壬　壬申庚己戊丁
　　　午申午寅　子亥戌酉申未 4대운

양인은 중중한데 壬과 申 금수는 외롭게 버티고 있다. 무신 기유대운은 신유금의 생조가 있어 무난하였으나 경술대운에서 강한 양인이 화국까지 겹쳐 사망하였다.

소용신: 임수 칠살 용신이고 신금은 용신의 뿌리이며 희신.

37세 무인년(경술대운): 무는 용신 임수를 극하고 인은 인신 충하여 용신의 뿌리인 신금이 손상당했다. 금기(金氣)가 극과 충을 당하여 폐병으로 사망.

311) 庚庚丁乙 辛壬癸甲乙丙
辰戌亥丑 巳午未申酉戌 5대운

신왕하여 을목 재성을 용신한다. 일시지가 진술충하여 부부운이 좋지 못하다. 未대운이 목화의 뿌리가 되어 길하나 축미충으로 깨어져버려 길운으로서 제대로 행세를 못한다. 다시 설명하자면 충으로 튀어나온 지장간 을목 재를 일간이 챙기지를 못하고 시간 경금에 빼앗겨서 재물의 손실이 생긴다.

소용신: 진술충은 양간의 붕충(朋沖)이어서 토기는 남아있어 경일간은 은근히 도움을 받는다. 대용신과 동일

38세 임인년(계미대운). 노름으로 전 재산 날리다. 그리고 처와 이별. 월간 정화는 비견겁으로부터 을목재를 보호해 주고 있는데 임수가 합거하여 재의 보호막이 없어진다.

그리고 인은 월지 해와 인해 합으로 묶어 을목재는 뿌리가 없어지는 형국이다.

312) 甲壬乙丁　己庚辛壬癸甲
辰辰巳丑　亥子丑寅卯辰 3대운

세종대왕. 한글을 창제하고 국력과 문화를 창달시켜 새삼 별다른 설명이 필요하지 않은 조선시대 최고의 명군이다. 천간의 간 관계가 깨끗하다. 壬丁은 간합성기(干合星奇)로 별이 빛나고, 壬乙은 출수홍련(出水紅蓮)으로 붉은 연꽃이 화사하게 피었고, 壬甲은 수중유영(水中柳影)으로 호수 가에 버드나무가 멋들어진 자태를 뽐낸다. 정재의 성실성과 식상의 총명, 예지력이 돋보인다. 일시지 진에 고(庫)를 얻어 뿌리가 든든하나 사축금으로 용신한다. 신강해지는 북방운에서 식상은 힘을 얻어 창의적인 문화사업들을 펼쳐 나라의 등급을 한층 업그레이드 시켰다.

소용신: 대용신과 동일

22세 무술년(계묘대운) 묘대운은 천을귀인이고 역시 천을귀인인 사화(편재, 아버지. 태종)와 축 금국을 상문조객으로 흔들었다. 인수가 움직였으니 은덕이 있다. 술년은 축술형이다. 축술의 지장간중에서 기토는 시간 갑목을 합거하여 별무상관이고(식신과 상관중에서 하나 제거는 오히려 淸), 기신의 운간도 합거 되어 凶은 변해 吉이 된다. 합거하고 남아있는 지장간 辛辛丁戊모두 내 것이니 대박의 한해다. 왕으로 즉위하다.

26세 임인년(임인대운). 임은 년간 정화를 합거하고 인은 巳화 편재를 刑한다. 부친 사망. 신약에 사화 편재 부친(태종)은 두려운 존재이지만 사축금국하고 본인의 천을귀인이 되어 든든한 백그라운드다. 인사형으로 합거되는 천간은 을목 뿐이니 국가입장에서 보면 큰 흉조가 아니다.

47세 계해년(경자대운). 대운과 해자축 북방이다. 큰물을 얻어 사방이 풍요로우니 온 백성은 벽양가를 부른다. 한글창제.

313) 戊戊戊戊　甲癸壬辛庚己
　　 午子午申　子亥戌酉申未

적천수에 있는 사주다. 내용을 요약하여 적는다. 천간의 기운이 신금으로 내리고 수원(水源)이 되니 신금용신이고 자수가 희신이다. 신대운 무진년 사월에 입학해서 구월에 벼슬에 올랐는데 년운의 진은 수국이 되는 묘함이 있기 때문이다. 임술대운은 천간에서 군겁쟁재하고 지지는 화국하여 아름답지 못하다.

소용신: 무토 一行이 용신이고 신금이 희신이다.

21세 무진년. 토용신에 토의 년운이다. 대발(大發).

314) 庚丁丙己　庚辛壬癸甲乙
子亥子丑　午未申酉戌亥

적천수에 있는 사주다. 내용을 요약하여 적는다. 종살격. 갑술운에서 화를 생하고 수를 극하여 완전히 망했다가 임신 계유운에서 용신이 생조받아 재산을 크게 모았다. 未운 병자년에 화재를 만나 재산이 반이나 날라 갔고 무인년에는 금이 절지에 해당하고 화가 생조 받으며 또 해수를 합거하여 미월에 죽었다.

소용신: 지지 해자축 북방으로 천간은 모두 뿌리가 없다. 종살.

48세 병자년(신미대운). 미대운에 축미충으로 해자축이 상하였고 병화는 미에 뿌리하여 종하지 안하려고 한다. 재난
50세 무인년(신미대운). 사망. 무는 수용신에 상반되고, 인은 병정화의 뿌리가 되어 종살격이 깨어진다. 육합보다는 방합의 결속력이 더 강하여 인해합으로 묶이지 않고 병정화의 뿌리가 된다.

315) 壬丙癸壬　己戊丁丙乙甲
辰午丑子　未午巳辰卯寅

적천수에 있는 사주다. 내용을 요약하여 적는다. 천지에 관살로 둘러 쌓여있다. 축,진토가 있으나 습토로서 물을 멈

추게 할 수가 없다. 갑인 을묘대운에는 칠살을 화해서 일주를 생조하므로 학문은 순조롭고 경제도 풍요로웠다. 그러나 병진운으로 바뀌면서 일간을 도와주지 못할 뿐만 아니라 도리어 관살로부터 극을 당하여 처자를 형극하고 가산도 흩어졌다. 신년에 신자진 살국(殺局)이 되어 사망하다.

소용신: 오화 양인용신.

33세 갑신년(병진대운). 갑은 진에 뿌리하여 일주를 생한다고 하나 대운과 년운, 사주가 신자진수국이 되어 힘이 워낙 강대하여 감당하지 못한다. 사망

316) 甲戊丙己　庚辛壬癸甲乙
　　 寅子寅亥　申酉戌亥子丑

적천수에 있는 사주다. 내용을 요약하여 적는다. 인수의 뿌리가 단단하여 살인상생격으로 훌륭해 보인다. 그러나 앉은 자리에 재성이 있어 관살을 도우는 것이 주왕의 잔학함을 도우는 듯하여 칠살이 더욱 난폭하다. 20세 무오년에 향방에 붙었고 기미년에 진사가 되었다. 이 두해가 길한 것은 비겁이 일간을 도우고 재성을 제거하였기 때문이다. 임운에는 재난이 많았고 술운은 많이 회복 되었으나 앞으로 신유운이 불길하다.

소용신: 갑목칠살이 득령 득시로 강하여 병화를 용신한다.

20세 무오년. 향방에 합격. 자오충하여 튀어나온 지장간 기토에 갑목 기신이 합거되어 대길하다. 희신의 운간 무가 같이 합거 됨은 아름답지 못하나 병화용신은 생생하다.

21세 기미년. 진사. 기는 기신의 칠살 갑목을 제거하고 미는 화토의 든든한 뿌리가 된다.

317) 癸丙壬壬　戊丁丙乙甲癸
巳寅子辰　午巳辰卯寅丑

적천수에 있는 사주다. 내용을 요약하여 적는다. 임수당권하여 관살이 중첩되었으나 일지에 인목 장생이 수를 흡수하고 칠살을 화하여 일주를 생함이 좋으며 시지 巳화로 귀록이니 족히 관살에 대적할 만하다. 금이 없는 것이 묘하고 인수로 용신한다. 병진대운은 일주를 도우고 기사년에 관성의 혼잡을 제거하여 벼슬길에 나아가다.

소용신: 대용신과 동일

38세 기사년. 인사형이다. 비록 재형(再刑)이지만 손해가는 형이 아니다. 형으로 튀어나온 지장간 무토에 계수 관성이 제거되어 확실하게 관성이 맑아졌다. 경병. 병갑등 남아있는 지장간은 돈과 귀인등이 되어 푸짐해진다. 申년은 인사신삼형이 되어 겁이 나지만 巳년이나 寅년은 항상 대박이 난다.

318) 癸壬壬壬　戊丁丙乙甲癸
卯子子辰　午巳辰卯寅丑

적천수에 있는 사주다. 내용을 요약하여 적는다. 천간은 모두 수이고 지지에는 왕한 양인이다. 묘진으로 秀氣하나 목의 투출이 없음이 아쉽다. 丙대운 경오년에 수화가 서로 싸워 죽었다.

소용신: 水 一行이 용신이고 금과 목이 희신이다.

39세 경오년. 경은 희신이지만 뿌리가 없어 아무 영향력이 없고 문제는 자오충이다. 오화 재가 운에서 하나 오니 여러 비견겁은 개 때들이 뼈다귀 하나 놓고 싸우듯이 재를 산산조각 내 버린다. 군겁쟁재, 쇠신충왕(衰神冲旺)으로 사망하다. 또한 자오충으로 튀어나온 지장간에 임수용신이 합거됨도 흉하다.

319) 丙戊辛乙　乙丙丁戊己庚
辰午巳酉　亥子丑寅卯辰

적천수에 있는 사주다. 내용을 요약하여 적는다. 화토당권하고 을목은 뿌리가 없어 신금용신한다. 신축년에 국학(國學)에 들어갔으나 인묘운은 과거에 계속 낙방하였다. 축운에서 금국이 되어 과거합격하고 이어서 병자 을해대운은 발전이 없었다.

소용신: 제살태과로 진에 뿌리한 을목을 용신하려해도 진은 너무 멀고 옆과 아래에서 심하게 극을 받아 무력한 상태여서 사용이 불가하다. 신금 상관용신.

17세 신축년. 사유축 금국이다. 상관의 총명이 빛을 발한다.

320) 己甲壬戊　戊丁丙乙甲癸
巳辰戌辰　辰卯寅丑子亥

적천수에 있는 사주다. 내용을 요약하여 적는다. 갑목이 가을에 태어나고 토가 강왕하다. 임수를 극하여 제거하니 갑기화토격이다. 애석하게도 운이 동북으로 흘러 큰 공명을 이룰 수 없었다. 축운 정유년에 화신 설수(洩秀)하여 등과하였으며 무술년에 장원급제하고 주목(州牧)이 되었다.

소용신: 대용신과 동일

30세 정유년. 정은 기신 임수 합거하여 길하고 유는 진유합하니 다시 진술충이다 .진술충은 붕충이라 토기에는 큰 손상이 없다. 등과.

31세 무술년. 일지 진을 충하여 튀어나온 지장간이 임수를 합거하여 길하고 년간 무토도 묶였지만 운간 무가 대신하니 상관이 없다. 장원급제

321) 戊癸辛甲 丁丙乙甲癸壬
午亥未寅 丑子亥戌酉申

적천수에 있는 사주다. 내용을 요약하여 적는다. 계수가 미월에 태어나고 신금은 무기하여 무계화화격(化火格)이다. 해수는 화격에 방해가 되나 강한 화토의 세력에 억제되어 격을 이룸에 큰 장애는 없다. 임신, 계유대운에서 고생이 많았고 갑술운은 지지화국으로 길하고 을해대운은 수생목 목생화하여 재물과 명성이 높았다. 병자대운에서 화가 통근하지 못하여 퇴직하고 임자년에 죽었다.

소용신: 대용신과 동일

59세 임자년(병자대운). 오화가 이중으로 충을 당하였다. 화화격(化火格)의 핵심인 오화가 충을 당하여 격국 자체가 깨어졌다. 대흉(大凶)

322) 丙癸癸丁 丁戊己庚辛壬
辰卯卯巳 酉戌亥子丑寅

적천수에 있는 사주다. 내용을 요약하여 적는다. 수목 종아격이다. 인목대운 갑술년에 國學에 들어가고 병자년에는 향방에 합격하다. 월간 계수가 쟁재하는 것이 흠이지만 비견의 세력이 강하지를 않아 벼슬길은 형통하였다.

소용신: 종격, 화격, 일행득기격 등의 소용신은 항상 대용신과 동일하다.

18세 갑술년. 갑은 용신의 목이고 술은 묘술 합하다가 끝내 진술 충 한다. 충으로 튀어나온 지장간에 시간 병과 월간계수가 합거 된다. 재의 혼잡을 정리하고 쟁재를 못하게 계수를 묶어버렸다. 국학에 들어가다.

20세 병자년. 병은 희신의 재이고 자는 자묘 형하면서 용신의 목을 생한다. 향방합격.

323) 壬戊辛辛　乙丙丁戊己庚
子申丑丑　未申酉戌亥子

적천수에 있는 사주다. 내용을 요약하여 적는다. 무토가 겨울철에 나서 신금 두개가 투출하고 통근하였으며 임수는 신금에 장생을 얻어 사주가 순수하다. 일찍이 국학에 들어갔고 해운에서 해자축 북방이 되어 과거에 급제했다. 무술대운으로 바뀌면서 조토에 임수가 극을 받고, 병인년에는 임수의 뿌리인 신금을 충해서 체(體)와 용(用)이 모두 상하여 죽었다.

소용신: 대용신과 같이 종아격

26세 병인년(무술대운). 먼저 무술대운이 매우 흉하다. 從을 한 사주에 종을 못하게 일주의 뿌리가 온다는 것은 종격 자체가 깨어진다는 의미다. 그리고 축술형으로 튀어나온 지장간 정화에 희신 임수가 합거되는 것도 놓쳐서는 아니 된다. 병인년은 인신충에 운간이 기신의 화다. 금수용신에 목화의 해이니 사주와 년운이 서로 치고 박으며 치열하게 싸운다. 사망

324) 壬辛辛壬　丁丙乙甲癸壬
　　 辰亥亥寅　巳辰卯寅丑子

적천수에 있는 사주다. 내용을 요약하여 적는다. 신금이 초겨울에 태어나 임수당권하고 재는 생왕을 만나 종아격이며 총명이 뛰어났다. 갑인대운에서 장원급제하고 을묘대운에는 고위직에 올랐다. 병진대운은 관인이 함께 오는데 병술년을 만나 인수를 충동하여 상관을 깨어버려 사망.

소용신: 인목과 진토는 천간에 목, 토의 투출이 없고 음일간에 월간 신금은 뿌리가 없어 용신에서 제외한다. 임수상관용신.

45세 병술년(병진대운). 병진대운의 병은 월간 신과 합하여 水가 되어 무난하나 진은 임수용신이 입묘하여 흉하다. 병술년은 임진 용신궁을 천극지충 하는데 그것도 백호대살로서 충이니 살벌하다. 진술충에서 튀어나온 지장간에 임수용신이 합거되는 것 역시 흉을 가중시킨다. 사망

325) 庚己丁戊　癸壬辛庚己戊
午卯巳午　亥戌酉申未午

적천수에 있는 사주다. 내용을 요약하여 적는다. 기토가 초여름에 태어나서 화는 왕성하고 토는 메마르며 목은 타 버린다. 경자년에서 무과에 급제한 것은 금수가 같이 와서 화를 제거하여 토를 윤택하게 한 때문이다. 사주에 수가 없어서 크게 발전하지 못하였다.

소용신: 인수태왕으로 신왕하여 巳에 뿌리를 둔 경금 용신한다. 상관을 용신함에 강열한 화기는 우환덩어리이며 재앙이다.

43세 경자년. 자오충으로 화를 제거하여 토를 윤택하게 하고 금을 생한다(制火潤土生金). 무과급제.

326) 己丙乙戊　己庚辛壬癸甲
丑辰丑戌　未申酉戌亥子

적천수에 있는 사주다. 여명. 내용을 요약하여 적는다. 토가 너무 많아 병화 일주는 기운이 없다. 도와주어야 할 을목도 시들었으니 정(精)과 기(氣)가 메말라 버렸다. 임술대운에서 일주가 손상을 당하는데 신미년에 9월에 용신 을목도 극을 당하여 허약증으로 죽었다.

소용신: 진에 뿌리한 을목 용신이다.

34세 신미년(임술대운) 임술대운이 흉하다. 임은 기신의 칠살인데 병화일주 충하여 재난, 질병을 부르며 술은 일주가 입묘 되고 백호로서 축술형, 진술충한다. 지지를 전부 형충하니 을목은 뿌리가 뽑히고 땅은 성이 나서 출렁거리며 지진이 난다.

신미년의 辛금은 을목 용신을 난도질해버리고 미는 축술미 삼형한다. 재형(再刑). 재충(再沖)에 삼형이다. 살아날 구멍이 없다. 사망

327) 己戊戊戊　甲癸壬辛庚己
　　未申午辰　子亥戌酉申未

적천수에 있는 사주다. 내용을 요약하여 적는다. 여름에 태어나고 토가 태왕하다. 신금을 용신한다. 경신대운에서 유복하게 지나고 신유대운 신축년에 대발운이 와서 화려한 나날을 보냈다. 임술대운에 이르러 재난이 이어지고 좌절을 겪다가 병오년에 사망했다.

소용신: 토 일행이 용신이고 신금이 희신이다.

34세 신축년(신유대운). 대발. 축미충하여 토기가 약화되는 것은 바람직하지 않으나 대운과 더불어 희신의 금기가 왕성하다.

39세 병오년(임술대운). 사망. 대운이 흉하다. 무진백호와 천극지충으로 백호 두 마리가 설쳐 흉사를 예고한다.

술대운은 진술충하여 튀어나온 계수에 무토가 합거되고 午년은 미와 합하여 토용신이 약화되어 흉하다.

328) 丁庚戊癸　壬癸甲乙丙丁
丑寅午酉　子丑寅卯辰巳

적천수에 있는 사주다. 내용을 요약하여 적는다. 경금이 오월에 나서 정화 정관은 정록을 얻었지만 일간은 유축에 통근하여 중화되었다. 인오합으로 인수가 상하지 않아 재관인이 서로 어긋나지 않고, 상관 계는 합되어 사주가 맑아졌다. 일찍이 국학에 들었고 정유년에 등과하였으며 후에 지현이 되었으나 벼슬을 버리고 안빈낙도(安貧樂道)하며 인생을 마쳤다.

소용신: 무계는 합으로 제쳐놓고 경과 정을 비교하면 득령한 정화가 더 강하여 유축을 용신한다.

25세 정유년. 유는 용신이니 과거 합격은 당연하다. 정은 기신이고 앞이므로 한해 중에서 전반보다는 후반이 더 길하다고 볼 수 있다.

329) 丙壬丙壬　壬辛庚己戊丁
午子午子　子亥戌酉申未

적천수 징의에 있는 사주다. 내용을 요약하여 적는다. 수화가 천간에서 싸우고 화가 득령하여 일주는 힘이 약하다.

토가 없어 약한 일주를 극하지 않는 것이 다행이다. 초운 정미대운 무오년에 천극지충하고 재살태왕하여 부모를 잃고 거지가 되었다. 申대운이 되면서 좋은 인연을 만났고 기유대운에서 많은 재산을 모으고 가정을 이루었다.

소용신: 지지가 모두 충일 때는 어쩔 수 없이 지지 네 글자를 모두 살려서 본다. 대용신과 같이 임수 비견용신.

7세 무오년(정미대운). 부모사망으로 고아 되다. 무오년은 기신의 재와 살(財殺)이 태왕 해진다. 가난과 고독이 엄습한다는 의미다. 자수를 다시 충하니 이것은 대단한 충격이고 튀어나온 지장간 정화에 그나마 믿고 있든 년간 임수는 합거 된다.

330) 乙乙甲辛　戊己庚辛壬癸
　　 酉卯午卯　子丑寅卯辰巳

적천수에 있는 사주다. 내용을 요약하여 적는다. 을목이 오월에 묘유충하고 수가 없고 설기가 심하여 비겁을 용신하니 금을 제일 기피한다. 초운 임진 계사대운은 인수의 생조로서 편안하게 지냈고 신묘대운 신유년에 묘목을 충하여 재난을 겪었다. 경운 병인년은 제거 금하여 일시적으로 겨우 안정을 얻었다.

소용신: 신금은 지지의 묘유충으로 뿌리를 잃어 용신에서

제외하고 남은 갑을 목 一行으로 용신한다.

31세 신유년(신묘대운). 년지의 묘목이 유일하게 목용신의 뿌리인데 묘유충으로 뿌리가 뽑혀버렸다. 기신의 칠살이 원인제공이니 재난이 분명하다.

36세 병인년(경인대운). 병화는 무력한 신금을 제거하여 길흉간에 별 역할이 없고 인은 갑목의 정록이니 큰 도움이 된다.

331) 己辛丙甲　壬辛庚己戊丁
丑酉寅午　申未午巳辰卯

적천수에 있는 사주다. 일반 사주 책에 많이 인용되고 있는 사주라서 직역하여 옮긴다.

이 사주는 재가 왕지에 임했고 관은 장생을 만났으며 일주는 정록을 깔고 앉았다. 그리고 인수는 통근하였으니 천간의 네 글자는 지지에 모두 정록으로 왕하다. 오행 중에서 수가 없어 맑고 순수하다. 봄의 금은 비록 약하지만 시에 인수가 통근하여 용신으로 쓸 수가 있어 기쁘다. 庚운은 일주를 도와서 계유년에 등과하고 午운은 칠살이 왕하여 질병과 형상(刑喪)을 겪었다. 辛운 기묘년에 장원급제하고 사림(士林)에 들어갔는데 앞으로의 운이 금수로 도와주니 벼슬이 어디까지 뻗어갈지 측량할 수가 없다.

소용신: 음일간이니 투출한 丙甲과 己중에서 어느 것이 더

강한가를 본다. 병갑재관이 훨씬 강하여 기토 인수용신하며 금을 희신 한다.

40세 계유년(경오대운). 유는 희신의 금이다. 酉酉가 자형으로 힘을 쓰고, 유의 지장간 辛금에 기신 병화 관은 힘을 쓰지 못한다. 등과.

46세 기묘년(신미대운). 장원급제하다. 사주의 기신이 되는 卯재가 와서 어떻게 합격할 수가 있는가? 대운은 생극제화를 주로 본다면 년운은 형충회합의 변화에서 길흉성패를 찾아야한다. 己는 기신의 년간 갑목 재를 묶었으니 길하고 기신의 묘는 희신의 유금을 충하여 불길할 것 같다. 그러나 묘유 충으로 튀어나온 지장간 신금에 기신의 병화 관이 합거 되어 흉은 변해 길로 바뀌었다. 기신이 모두 제거되었으니 걸림이 없다.

332) 甲庚辛乙　乙丙丁戊己庚
申辰巳巳　亥子丑寅卯辰

적천수에 있는 사주다. 내용을 요약하여 적는다. 입하 후 5일이니 土가 당령하고 경금이 일시지에 생부 받아 신왕하며 칠살은 약하다. 재가 뿌리가 약한데다 비겁의 극을 받아 한미한 가정에서 성장했다. 丁운이 되면서 관성의 원신이 나타나고 무인년, 기묘년에 재성이 득지하니 희신 용신이 함께 와서 연달아 장원급제하고 사림(士林)에 들어갔다.

소용신: 庚辛금은 巳巳申에 뿌리가 강하여 진에 뿌리 한 갑을 목을 용신하고 화를 희신 한다.

34세 무인년(정축대운) 무는 기신의 인수이니 일단 불길하다. 그러나 인사형을 하면서 튀어나온 지장간에 년간 을목이 합거 되니 혼잡된 財가 정리되어 맑아지고 월간 辛금도 제거되어 기신의 장애가 사라졌다. 급제.

35세 기묘년(정축대운) 기는 시간 갑목 합거하나 을목은 남아있어 맑아지고 묘는 목용신의 든든한 뿌리가 된다. 장원급제

333) 庚丙丙丁　庚辛壬癸甲乙
寅午午卯　子丑寅卯辰巳

적천수에 있는 사주다. 내용을 요약하여 적는다. 병오일주가 오월생에 인묘가 있는데 경음은 뿌리가 없으니 염상격이다. 토의 설기가 없어 학문은 불리하고 군인으로 출발했다. 묘운에 장교로 승진하고 임운에 실직했다가 인운에 군공을 세워 도사(都司)가 되었다. 신축운은 생화의 기틀이 있어 흠이 없었고, 경자대운 접어들면서 오화 양인을 충격하고 다시 갑자년에 연달아 양인을 충하여 군 복무 중에 죽었다.

소용신: 염상격으로 화용신, 목과 토는 희신

58세 갑자년(경자대운). 원문의 설명 그대로 양인이 연달아 충파당하니 격 자체가 깨어졌다. 자묘 형까지 곁들이니 충과 형의 한해다. 사망.

334) 己甲丁戊　癸壬辛庚己戊
巳寅巳戌　亥戌酉申未午

적천수에 있는 사주다. 내용을 요약하여 적는다. 갑인일주가 사월에 병화 사령하여 일지가 비록 정록이지만 화는 왕하여 목은 타버린 형상이다. 종아격으로 초년 무오 기미대운에서 화토의 흐름에 따라 풍족하게 지냈고 경신대운은 화의 성질에 거역하고 토기를 설하여 불길하다. 계해년에 화의 세력을 충격하여 사망했다.

소용신: 대용신과 동일

26세 계해년(경신대운). 원래 계는 무토와 합하여 火로 변하니 길하다 볼 수 있지만 巳화가 충당하여 火로 변하기가 어렵다. 그러니 무토 희신 합거가 되어 흉하다. 해는 사해충하여 튀어나온 지장간에 월간 정화 용신은 사라진다. 그리고 사주, 대운, 년운에서 인신사해가 모두 충 하는 것(四沖) 역시 대흉이다.

335) 戊丙戊戊　甲癸壬辛庚己
戌辰午子　子亥戌酉申未

적천수에 있는 사주다. 내용을 요약하여 적는다. 병화가 오월 양인이지만 충을 당하고 설기되어 신약이다. 천간의 무토 세 개에도 기운 빠지는데 운마저 서북 방향으로 흘러 되는 일이 없었다. 갑인년에 기신토가 제거되어 장원 급제하다.

소용신: 지지가 전부 충이다. 어쩔 수 없이 충을 생각하지 말고 글자 그대로 본다. 대용신과 동일하게 오화 용신이다.

27세 갑인년. 원문 그대로다. 기신의 토를 제거하고 오화를 살려준다. 인수(공부,학문)로서 용신을 살려주니 머리에 쥐가 날정도로 열심히 공부하고 그것이 모두 자기의 실력이 된다. 장원급제(과거에 1등으로 합격).

336) 壬辛丙己　庚辛壬癸甲乙
辰酉子丑　午未申酉戌亥

적천수에 있는 사주다. 내용을 요약하여 적는다. 금수상관에 병화가 투출하여 한기(寒氣)를 제거한다. 금수상관에 화가 필요한 것은 그냥 조후로 쓸 때가 있고 반드시 용신으로 사용하는 것은 아니다. 이 사주는 일주가 비록 왕 하여도 목이 적고 허화(虛火)가 뿌리가 없어 수로서 용신한다. 계유대운에서 학문과 재산이 늘고 인신대운에서 지현이 되었다. 신미대운 정축년에 화토가 같이 강한데 임수를 합거하고 자수도 상하여 병들어 죽었다.

소용신: 병신화수격이다. 水가 용신

49세 정축년(신미대운). 미대운은 화토의 뿌리가 되어 기신의 인수가 활개쳐서 아름답지 못하다. 정은 용신 임수 합거하고, 축은 자축합에 다시 합이 와서 합이 풀린다. 기신의 기토 편인이 힘을 얻어 도식하여 대흉이다.

337) 丁甲癸癸　丁戊己庚辛壬
卯午亥未　巳午未申酉戌

적천수에 있는 사주다. 내용을 요약하여 적는다. 갑목이 해월에 계수가 나란히 투출하여 범람하는데 시주가 정묘시로서 묘목이 목국으로 수생목 목생화 할 수 있어 좋고 금이 없는 것이 더욱 기쁘다. 기미대운에서 계수를 제어하고 병진년에 남궁(南宮)에 이름이 붙고 대발하다.

소용신: 정화용신, 토 희신

34세 병진년(기미대운). 병은 용신의 화이니 좋으나 진은 왕한 수가 뿌리 하여 좋다고 할 수가 없어 길흉이 반반이지만 기미대운이 워낙 막강하여 덕을 보았다고 할 수 있다.

338) 癸辛己壬　癸甲乙丙丁戊
巳丑酉辰　卯辰巳午未申

적천수에 있는 사주다. 여명. 내용을 요약하여 적는다.

신금이 유월에 나고 사유축 금국하여 임계수가 용신이다. 설정영(洩精英)하여 총명하고 단아하며 시례(詩禮)에도 밝았다. 그러나 애석하게도 19세부터 대운이 정미남방으로 흘러 화생토하여 수를 핍박하는데 경술년에 지지가 다시 토극수하여 자식도 없이 요절했다.

소용신: 사유축 삼합으로 진토는 육합에서 풀렸다. 사유축 금국에다 진토에 뿌리한 기토로 신강하여 임계수를 용신한다.

19세 경술년(정미대운). 년운에서는 진술충하고 사주, 대운, 년운이 축술미 삼형한다. 형충으로 튀어나온 지장간에 합거되어 임계수 용신은 흔적 없이 사라진다.

339) 丁丙癸辛　丁戊己庚辛壬
　　　酉子巳丑　亥子丑寅卯辰

적천수에 있는 사주다. 내용을 요약하여 적는다. 병화가 사월에 건록이지만 목의 생조가 없는데다 재관이 투출하였고 지지에는 자유와 금국이 다시 재관이 되어 마땅치 않다. 사화는 금국하고 정화는 계수에 상하여 일주가 극히 허약하다. 초년 임운이 칠살이고 신해년은 사화를 충하여 정록을 파하니 뿌리가 뽑혀 痼疾(만성소화불량)로 사망했다.

소용신: 대용신과 동일

11세 신해년(임인대운). 사해충하여 용신의 뿌리가 충파

당했다. 충으로 튀어나온 지장간에 용신 정화는 합거된다. 혹시 기신의 운간도 합거되어 길한 것이 아닌가 할지 몰라도 용신의 뿌리가 깨어지고 용신이 합거되어 사라지는 대흉(大凶)에 비할 바가 못 된다. 다시 정리해보면 임대운은 시간 정화, 辛년은 일간 병화, 사해충으로 튀어나온 지장간 무와 병은 년월간 신계를 합거하니 사주의 천간과 운간이 모두 묶였다. 흉으로부터 빠져나갈 구멍이 없다.

340) 己丙壬庚　戊丁丙乙甲癸
　　 亥寅午戌　子亥戌酉申未

적천수에 있는 사주다. 내용을 요약하여 적는다. 병화가 임수 칠살을 용신하니 신강하고 칠살은 약하여 칠살이 권세(權勢)로 바뀌었다. 재가 약한 칠살을 도와주는 것을 기뻐하는 재자약살(財滋弱殺)로서 부귀의 사주다. 그러나 지지가 인오술화국 하고 寅亥 또한 목으로 화하여 목생화 한다. 그러니 년월간의 경임은 뿌리가 없어지고 생조 해주는 것이 적어 애석하게 되었다. 정사년에 임수의 정록인 해수를 사해 충거(沖去)하고 정화는 임수용신을 합거하여 간질증세로 죽었다.

소용신: 인오술화국으로 인해합이 풀려 해수가 살았다. 해수에 뿌리 한 임수용신.

8세 정사년. 정임합거하고 사해 충거(沖去)한다. 용신이 아래위로 모두 상했다. 水가 없는데 金인들 어찌 온전하겠는가?

341) 戊壬戊壬　甲癸壬辛庚己
申申申申　寅丑子亥戌酉

적천수에 있는 사주다. 내용을 요약하여 적는다. 임수가 신월에 지지가 모두 장생이고 천간은 두개의 무와 임이 있다. 대세를 살펴보면 지지일기(一氣)격에 양간불잡(不雜)격이며 살인상생격이니 대귀격으로 볼 수 있겠다. 그러나 금다수탁(金多水濁)이며 모다자병(母多子病)이다. 사주에서 화가 금을 극하지 못하니 금이 도리어 수를 생조하지 못한다. 무토의 기운은 모두 금에 설기되어 편고지상이 되어 키우기가 어렵다. 3세 갑술년에 죽었다.

소용신: 무토는 뿌리가 없으니 용신에서 제외한다. 임수 一行용신이고 무토는 기신으로 변한다.

3세 갑술년. 술에 기신의 무토가 뿌리를 얻었다. 기신의 편관은 재난, 질병이다.

342) 壬丁壬癸　丙丁戊己庚辛
寅亥戌丑　辰巳午未申酉

적천수에 있는 사주다. 내용을 요약하여 적는다. 정화는 음유(陰柔)한데 늦가을에 태어나고 관살이 중첩하여 키우기가 힘들겠다. 그러나 비록 관살이 왕하여도 일주가 술월에 입고하여 능히 수를 제어하며 금이 없어 시지 인목이 상하지 않는 것이 기쁘다. 인목은 족히 많은 수를 흡수하니 키우기가 쉬울 뿐만 아니라 학문도 이룰 수가 있다. 과연 어릴 때부터 병 없이 자랐고 총명하여 갑술년에 國學에 들어갔다. 뒤의 운이 남방화토로 가면서 관살을 제거하고 일주를 도우니 크게 성공할 것이다.

소용신: 인해합은 용신에서 제외되고 토는 천간에 투출이 없어 역시 제외된다. 음간은 인비(印比)의 투출이 없을 때는 일주외의 다른 천간으로 용신 잡는 법에 의해 임계수 관살 용신 한다.

22세 갑술년: 축술 제형(再刑)하여 튀어나온 지장간에 년월간의 임계가 합거 되고 시간 임수 정관 하나만 깨끗하게 남았다. 기신의 운간 인수 갑목도 합거 되어 진로가 열렸다.

343) 己丁甲壬　庚己戊丁丙乙
酉酉辰戌　戌酉申未午巳

진월의 갑목이 월간에 있어 능히 화를 생 할 수 있으며 년간 임수는 갑목을 생하고 일시지에 酉酉 장생이 자리 잡아 왕 하다고 하겠다. 그러나 지지에는 토금이 강하고 천간의 수목은 뿌리가 허약하여 무기(無氣)하니 정화도 덩달아 기운이 빠진다. 진유합하여 금으로 변한즉 갑목은 무력하고 술토가 막고 있어 금생수도 못하니 애석하다. 계유년에 죽었다.

소용신: 진술 충에 진유 합이 와서 모두가 풀려 버렸다. 己와 壬이 극설교가하여 갑목으로 용신한다.

12세 계유년. 酉가 다시 와서 진유합으로 갑목의 뿌리를 묶어버린다. 갑목이 무력하자 癸는 관살혼잡으로 작당하여 일주를 덮친다. 사망.

344) 乙丙戊辛　甲癸壬辛庚己
未申戌巳　辰卯寅丑子亥 8대운

여명. 병화일주가 년지에 정록이 있고 술과 미에 뿌리 있어 허약하지 않은데 을목이 생조하니 식신용인격으로 일단 입격한 사주다. 어느 정도 품격은 지니고 살았지만 을목 대신 갑목이 있었더라면 강왕한 무토를 충분히 제어하여 행복지수가 올라갔을 것이란 아쉬움이 남는다. 임인대운에서 인은 을목 용신의 강력한 후원자가 되지만 인사형, 인신충되어 제대로 행세를 못하고 인미 귀문관살까지 겹쳐 심한 신경쇠약으로 신유년에 사망했다.

소용신: 대용신과 동일

41세 신유년(임인대운). 木은 인체에서 신경에 해당된다.

辛금은 용신 을목을 극하고 유는 신유술 서방으로 금기가 똘똘 뭉쳐 사주에 있는 목기는 모두 전멸되어 버린다. 신경쇠약으로 사망.

345) 癸戊丁甲　丙乙甲癸壬辛庚己
亥戌丑子　戌酉申未午巳辰卯寅 7대운

정재용인격이다. 정재격에 정인이니 성실하고 바르게 인생을 열심히 살았든 사람이다. 관인상생하여 평생을 공직으로 지냈으며 용신 정화가 힘이 없어 변두리의 장(長)으로만 뱅뱅 돌며 큼직한 한자리와는 인연이 없었다. 재다신약 하여 돈을 제대로 벌어주지 못하니 목소리는 커지만 처에게 목에 힘주며 살지를 못했다. 미대운에서 축술미 삼형하며 튀어나온 지장간에 갑목합거로 자기의 관성이 없어져 정년퇴직했다. 공직에 있을 때 사귀어둔 업체에 재취업하였으나 축술미 삼형의 여파가 연결되어 얼마가지 못하였다. 그때부터 만사에 초연하게 인생 고해(苦海)를 지나다가 酉대운 무자년에 이승을 하직했다.

소용신: 대용신과 동일

27세 경인년(정진대운). 미스코리아 못지않은 미인을 처로 맞이하다. 경은 벽갑인정(劈甲引丁)하여 정화용신을 살리고 인은 정화의 뿌리가 되면서 기신의 재인 해를 인해합으로 제거하다.

85세 무자년(을유대운). 유대운에서 유축금국으로 설기가 심하여 노화는 촉진된다. 자축합에 다시 子로서 합하여 자축 합이 풀린다. 자와 축의 계수로 재는 더욱 왕성 하여져 재다신약에 재운이면 반듯이 망한다(必亡)에 해당하여 사망.

346) 癸己丙己　庚辛壬癸甲乙
　　酉未寅巳　申酉戌亥子丑 3대운

아브라함 링컨 전 미국 대통령. 기토 전원(田園)이 寅월중에서 우수(雨水)전인지라 아직 추위가 맹위를 부릴 때인데 병화태양이 높이 떠서 따뜻하게 비추고 있으니 만물이 생기를 얻는다. 그런데 병정화가 왕성하여 토기가 두툼하여(厚土) 진데다 계수가 투출하여 윤기를 더하여서 조화를 마무리 한다. 인목 관과 유금 식신이 바로 옆에서 서로 대립구조가 아니고, 월지 인목부터 목생화,화생토,토생금,금생수로 기의 유통이 좋아 부귀격으로 손색이 없다. 정인용재격, 식신생재격이다.

23세부터의 계해대운이 금수용신에 수운이어서 겉은 대길운 같지만 해수가 사해충하여 사중무토가 계수 용신을 합거하고 인해 합목하여 내용은 불실하다.

링컨대통령의 지나간 족적을 살펴보면 의외로 기복이 많았지만 “나는 천천히 걸어가는 사람이다. 그러나 뒤로 가지 않는다”. 라고 말했듯이 결국은 대통령이 되어 분열된 미국을 대통합하고 발전시킨 큰 공적을 이루었다.

소용신: 계수는 뿌리가 없어 용신에서 제외된다. 화토兩神 용신. 유금은 희신.

23세 신묘년(계해대운). 사업실패. 병화용신 합거와 묘유충으로 흉하다.

24세 임진년(계해대운). 주 의회 의원선거 낙선. 임수와 용신화토가 싸우고 진유합으로 희신을 묶었다.

29세 정유년(계해대운). 변호사 개업. 용신, 희신이니 무난하다.

32세 경자년(계해대운). 대통령 선거 낙선. 자는 기신 계수가 활개 치게 하여 화기를 죽인다.

39세 정미년(임술대운). 연방하원의원 당선. 희신의 화토다.

50세 무오년(신유대운). 대운이 본격적으로 화끈하다. 그러나 년운에서 오미합으로 용신의 뿌리가 묶였다. 일리노이 상원의원 낙선.

53세 신유년(신유대운). 대통령당선. 병화 용신합거지만 대운과 년운이 신유, 신유로 희신이 자형하며 작열한다.

57세 을축년(경신대운). 피격되어 사망. 대운은 인사신 삼형인데 년운에서 축미충으로 지지가 전부 충과 형으로 얼룩져 대흉. 축미충은 천간의 토기를 약화시키고 튀어나온 지장간 신금에 병화도 합거되어 사라진다.

347) 丁丙戊己　壬癸甲乙丙丁
酉寅辰丑　戊亥子丑寅卯 5대운

아돌프 히틀러. 2차 세계대전을 일으켜 많은 사람들에게 악몽 같은 세월을 안겨주고 유태인들을 학살한 원흉이다.

히틀러의 사주는 병화일주가 무기토로 설기가 심한데 일지 인목으로 설기를 막고 일주를 생하는 용신으로 삼는다. 식상이 발달하여 예술적인 재능이 있었고 발표력이 뛰어나 대중연설로서 독일국민들의 민심을 휘어잡았다. 시지에 유금이 원진으로서 목기를 상하는 것이 탁기(濁氣)로 작용한다. 금목상전하여 사망 전에 정신분열 증세가 있었으며 정기적으로 필로폰을 복용하였다는 이야기도 있다.

소용신: 대용신과 동일

20세 무신년(병인대운). 어머니 사망. 용신 인목이 충당하여 슬픔이 대단하였으리라 추측된다. 인신충에 운간마저 무토 기신이니 흉한 한해다.

45세 계유년(계해대운)독일수상. 기신의 무진토 월주를 간합지합(무계합, 진유합)으로 제거했다. 식신과 상관이 같이 투출한 것을 하나 제거하였으니 맑아졌다. 대중연설은 더욱 화려해지고 수하들을 확실히 장악하여 카리스마로 광채가 난다. 대운에서 용신을 생하여 탄력을 받았다.

46세 갑술년(계해대운). 대통령겸 수상. 갑은 년간 기토

합거하고, 축술형하여 튀어나온 계수에 월간 무토까지 합거했다. 기신이 모두 없어졌으니 걸림이 없다.

51세 기묘년(계해대운). 제2차 세계대전을 일으키다. 인목용신이 인묘진 목방으로 세력을 확대하니 이 세계가 작아 보인다. 본인에게는 대 길운이지만 인류에게는 재앙이다.

57세 을유년(임술대운)경진월. 대운에서 낙조(落照)가 드리웠다. 임은 희신 정화 합거하여 동지들은 서서히 떨어져 나가고 술은 일주가 묘궁이 되어 생기를 잃어간다. 임술백호가 무진백호를 천극지충하고 축술형하여 재난을 예고한다. 56세 갑신년에 대운과 신유술 금방하여 인목을 완전히 깨트려 버렸으니 세계대전의 대세는 이미 결정나버렸다. 을유년 경진월에는 파국을 자살로서 마무리하는 수순만 남은 것이다. 구태여 설명을 붙인다면 사주대운 년운 월운이 진술충. 진유합을 되풀이 하면서 금기만 더욱 강열해졌다고 볼 수 있다.

348) 丁辛甲丙　庚己戊丁丙乙
酉巳午戌　子亥戌酉申未 1대운

실베스타 스탤론. 영화배우. 권투영화 "록키"에서 큰 고기덩치를 피 묻히며 두들기면서 참피언전을 준비하든 강열한 인상이 아직도 생생하다. 실베스타의 사주는 재와 칠살이 강하지만 사유금국하면서 일주를 도우니 일주가 어느 정도 힘이 있어 운만 제대로 오면 능히 재관을 자기 것으로 만들 수 있다. 대운의 흐름도 알맞게 금수로 흘러서 재물과 명성을 함께 얻었다. 갑목 재가 사궁이어서 부친과 인연이 약하였고 부부운은 좋은 편이 못되었다. 31세 부터의 무술대운은 신약사주에 정인운으로 발전을 거듭했다. 그러나 41세 부터의 기해대운은 갑목 기신 재가 장생을 얻어 재물의 손상이 생기고 사해충으로 사유금국이 깨어져 우호세력이 흩어지는 형상이다.

소용신: 음간인 신금일주가 인비의 투출이 없어 득령한 병정화 관살을 용신한다.

32세 정사년(무술대운). 록키1로서 대성공을 거두다. 정사는 간지가 모두 火이고 용신의 관살이니 큰 명성을 얻는다.

34세 기미년(무술대운). 록키2 흥행에 성공하다. 갑목은 뿌리가 없으니 기토가 합거하여도 별무상관이다. 하지만 사오미 남방이 되어 명성은 거대한 불길이 되어 피어올랐다.

38세 계해년(무술대운). 람보1 성공. 계는 화용신에 상관견관하고 해는 巳亥충하여 불길해 보인다. 그러나 아니다. 사해충하여 튀어나온 임수가 시간 정화 합거하는 것은 년간 병화가 있으니 큰 장애가 없고 지장간 병화는 일주와 병신합하여 명성을 내 것으로 만든다. 그리고 튀어나온 지장간 무토에 운간 계수가 합되어 상관견관 못하도록 만들었으니 야구에서 9회말 역전 홈런같이 대길한 한해다.

40세 을축년(무술대운). 음일간이 신약하여 대용신을 지지의 인비로서 사용하고 소용신은 인비의 투출이 없어 천간의 재관식상을 쓸 때 년운에서 인비의 방합 삼합이 되면 양일간과 같이 대용신을 그대로 쓴다는 용신정법에 부합된다. 을축년은 사유축 금국으로 대용신의 삼합 년이다. 람보2로서 성공의 고속도로를 계속 힘차게 달린다.

45세 경오년(기해대운). 신금 음일간에 기신의 경금 비겁이 나타났다. 사유에 뿌리 하였으니 강력하게 탈재(奪財)하며 경쟁자에 밀리는 형국이니 인기순위는 아래로 쳐진다. 람보를 자꾸 우려먹다가 경오년에 람보5를 만들고 대실패를 하다.

349) 庚庚辛己　乙丙丁戊己庚
辰寅未亥　丑寅卯辰巳午 5대운

헤밍웨이. "노인과 바다" "무기여 잘 있거라" 등의 명작을 남긴 20세기의 대표작가다. 아버지는 수렵 등 야외스포츠를 좋아하고 어머니는 음악을 사랑하고 종교심이 깊은 사람이다. 헤밍웨이의 행적을 보면 부모에게서 야성미가 물씬한 스포츠, 문화적인 소양 등을 흡수하며 성장한 것 같다.

경금이 미월에 태어나 기토가 투출하였으니 정인격이다. 토금이 강하여 인목 편재를 용신한다. 역마에 편재용신이니 왕성한 활동력과 모험정신으로 세계를 누비며 각종 전투에 참가하고 집필활동을 하였나 보다.

소용신: 기토가 강력한 뿌리가 있어 토금 양신(兩神)으로 소용신을 삼는다.

20세 무오년(기사대운). 제일차 세계대전 때 의용군으로 참전하여 이태리 전선에서 다리에 중상. 기사대운은 역마운이다. 젊은 나이에 역마 발동하여 외국에 나갔고 역마형충(사해충, 인사형)으로 대용신이 상하였으니 필시 흉조가 있다. 무오년은 오미합하여 기토 소용신의 뿌리를 묶어서 무력화(無力化)시켰다.

31세 기사년(무진대운). "무기여 잘 있거라"로서 文名을 날리다. 사해충으로 튀어나온 지장간 갑목에 기토용신이 합거되었으나 운간 기토는 남았다. 인사형이 있지만 여기서는 손해 보는 형이 아니라 관인을 함께 얻을 수 있는 실속파 刑이다.

42세 경진년(정묘대운). "누구를 위하여 종을 울리나"로서 홈런을 한방 때리다. 대운은 사주와 인묘진 동방목으로 용신 재가 방합하여 재물이 풍요로워진다. 경진년은 토금 소용신의 해이니 대발이다.

54세 임진년(병인대운). "노인과 바다" 발표하다. 늙은 어부의 대어에 대한 집념이 바다와 자연과 함께 그림같이 펼쳐진 작품이다. 이 작품으로 세계적인 대작가로서 확실한 자리매김이 되었다. 정묘대운 부터 대운이 대통(大通)하여 도도히 흘러간다. 임진년에서 운간 壬은 별로 좋은 것은 못되지만 진은 역시 소용신의 토다.

55세 계사년. 퓰리처상을 받았지만 비행기 사고로서 중상을 입었다. 사해충으로 튀어나온 갑목에 기토 용신 합거하여 여행도중 중상을 입었고(역마형충), 그래도 인사형으로 관인은 남아 큰 상을 받았다.

56세 갑오년(을축대운). 대운이 불길하여 이때까지 강력하든 운세가 급전직하한다. 인미 귀문관살에 축미충하여 귀신에 발목을 잡힌다. 갑오년에서 갑은 용신 기토를 합거하여 불길하나 오는 대운과 축미충한 것을 오미합으로 풀어서 용신 기토는 정록을 얻었다. 노벨문학상 받다.

63세 신축년(을축대운): 축미충을 재충(再沖)하여 기토용신을 허약하게 만들고, 축미재충은 인미 귀문관살에 엽기적인 요소가 첨가되었다. 엽총으로 자살하여 일생을 마감하였다.

350) 己辛戊戊　甲癸壬辛庚己
丑丑午午　子亥戌酉申未 5대운

김두한. "장군의 아들" "야인시대" 등의 영화와 드라마에서 우리에게 친숙한 사람이다. 독립운동가 김좌진 장군의 아들이며, 일제시대에는 조선의 주먹으로 명성을 날렸고 해방 후에는 정치활동을 하며 파란만장한 생을 마감하였다.

신금일주가 오월의 뜨거운 계절에 조토가 중첩하여 답답

하다. 그러나 일주는 축에 뿌리하고 축중 계수가 화기를 제거하고 윤토가 되게 하니 숨통이 틔였다. 금이 용신이고 수가 희신이다. 금일주에 금기가 단단하고 편관이 강한데다 살인상생하여 군경계통의 리더로서 총칼의 이미지를 풍기는 사주다. 비견겁이 용신이고 식상이 희신이니 항상 동료와 부하를 아끼며 살았을 것이다.

초년의 기미대운은 화토중탁하고 많은 토에 신금일주는 파묻히게 되어 흉운이다. 드라마에서 보면 어린나이에 다리 밑에서 거지들과 어울리며 지낼 정도로 비참한 세월이었다. 15세 이후 경신대운에 들어서자 백호대살 같은 가을의 금기(金氣)가 폭발하며 주먹계에서 두각을 나타내고 이후 계속 금수운이 연결되어 조선의 주먹계를 평정하였다.

소용신: 음일간에 투출한 것은 토뿐이니 토가 용신. 금이 희신.

28세 을유년(신유대운). 해방. 민족의식이 강한 그에게 일제에서 해방은 남다른 감회를 안겨줬을 것이다. 을은 뿌리가 없어 상관이 없고, 유는 희신의 정록이다.

37세 갑오년(임술대운). 3대 민의원으로 정계에 진출. 갑은 시간의 기와 합하여 갑기합화토하여 용신 토로 변하고 오화는 토의 뿌리가 된다.

48세 을사년(계해대운). 술대운은 아름답지 못하지만 계해대운은 윤토생금(潤土生金)으로 길하다. 을사년의 을은 뿌리가 없으니 상관없고 사는 巳중 戊庚에 토금용신은 힘을 얻는다. 사는 비록 일주의 사궁이지만 사축 금국하여 사궁을 벗어난다. 국회의원 당선.

55세 임자년(갑자대운). 사망. 갑자대운은 왕신 오화를 격발시켜 흉한데 대운, 년운의 두개의 子가 년월지의 두개의 오화를 충격하여 대흉(大凶)하다. 충으로 튀어나온 지장간에 년월간의 용신 무토가 합거되어 사라진다.

351) 癸壬己庚　乙甲癸壬辛庚
卯辰丑辰　未午巳辰卯寅 2대운

대원군. 대원군의 역사적인 평가는 역사가에 맡기고 여기서는 그냥 사주만 보자. 임수가 축월에 기토가 투출하여 정관격인데 축중의 토금수가 모두 투출하여 천간으로 덮어주고 지지에는 실어서 뿌리가 단단히 박혀있는 천복지재(天覆地載)가 되어 길하다. 그러나 계수가 투출하여 충천분지(沖天奔地)되어 그 기세가 맹열하고 겨울에 차가운 진눈개비가 내리는 형국이라 천지가 한랭하다. 주위를 둘러봐도 한줌의 불길도 없어 운에서 火氣가 오는 것을 간절히 바랄뿐이다. 갑오대운 전까지 화기가 오지 않아 불우한 시절에는 비록 왕족으로 태어 났다하나 상가 집의 초라한 개같이 궁색하게 지냈다. 육친으로 보아서 계수는 며느리, 즉 명성황후가 된다. 당대의 뛰어난 관상가인 백운학이 명성황후가 왕비로 간택될 때 대원군에게 며느리로 선택하지

말라고 강력히 말렸다는 이야기가 전해지고 있다. 결국은 며느리에 의해 권력을 잃어버렸으니 며느리가 기신이 되는 것은 틀림이 없다.

소용신: 묘목은 목의 투출이 없어 용신에서 제외한다. 경임계의 금수와 기토 중에서 금수의 뿌리가 더 많고 강력하여 기토를 용신한다.

44세 계해년(갑오대운). 고종즉위하면서 대원군으로 봉해지다.

42세 부터의 갑오대운은 바라마지 않든 火氣를 불러들이면서 모든 얼어있든 주위를 녹이며 생기가 살아난다. 계해는 비견겁으로 정적인 안동김씨 세력으로 볼 수 있는데 비록 집권은 하였지만 강력한 적대세력 속에서 살얼음 밟는 듯한 상황이었으리라 추측이 된다. 이후 갑자, 을축, 병인, 정묘로 이어지면서 화기가 기토용신을 도와주어 확고하게 권력을 장악했다.

54세 계유년(을미대운). 실각하여 운현궁으로 은퇴. 여기의 계수는 며느리인 명성황후다. 며느리에 의해 실각되었으니 며느리가 기신의 역할을 똑똑히 하였다. 酉는 진유합하여 기토용신의 뿌리를 약하게 하고 유축합하여 기신의 경금을 더욱 강하게 하여 아름답지 못하다. 이후부터 사망할 때까지 파란만장한 많은 세월이 있었지만 계유년으로서 좋은 세월은 끝난 것이 아닌가 싶다.

352) 癸壬己庚　癸甲乙丙丁戊
卯戌丑辰　未申酉戌亥子 3대운

여명. 일본 명리책에 자주 등장하는 사주다. 역시 한습(寒濕)하여 술중 정화를 용신한다. 여명은 지지에 진술축미가 많을수록 인생이 암울해진다. 일주가 관백호에 괴강이며 과숙살에 관 공망이니 남편궁은 엉망이다. 괴강과 강한 비겁으로 인해 무모할 정도로 자제력이 없다.

소용신: 묘술합은 묶여서 용신의 대상에서 제외하고 금수와 기토 중에서 금수가 더 강하여 기토 용신한다.

24세 계묘년(병술대운). 결혼하다. 술대운은 진술충 축술형으로 지지 전체가 술렁거리지만 23세부터 시작하는 병대운은 한습한 사주에 태양이 비추어 주니 대길이다. 계는 오운(五運)으로 무토 관살을 허합래(虛合來)하고 묘는 묘술 육합에 다시 합이 와서 묘술합이 풀려 술토 관살이 살아났다.

353) 甲丁癸戊　己戊丁丙乙甲
辰卯亥辰　巳辰卯寅丑子 6대운

정인용인격으로 목화가 희신이다. 일주는 뿌리가 없어도 용신이 워낙 견고하여 삶에 큰 어려움은 없다. 정인이 용신이니 지성적이고 합리적이며 사업을 하여도 지식산업 쪽이다.

소용신: 갑목용신. 화 희신.

40세 정미년(정묘대운). 정화일주가 정대운을 만나서 두 개의 불꽃이 화려하게 피어오른다(兩火爲炎). 다시 정미년을 만나니 해묘미 목국이 되어 영원히 꺼질 것 같지 않은 목화통명(木火通明)이 된다. 38세 을사년에 시작한 새로운 사업이 튼튼하게 뿌리내리다.

354) 乙己乙辛　己庚辛壬癸甲
　　丑丑未卯　丑寅卯辰巳午 3대운

淸代 함풍제. 토가 많고 목 또한 강하여 신금식신 용신한다(식신제살). 용신이 년간에 있으니 청나라를 세운 조상들의 음덕이 깊고 크다. 그러나 기토 일주를 에워싸고 양쪽에서 을목 기신이 협공하고 있어 흉한데(何知其人凶, 忌神輾轉攻) 사실 그의 재위 11년간은 흉사가 이어져 편할 날이 없었다. 증국번,좌종당등 유능한 젊은 한족을 과감히 기용하며 치정에 힘은 썼지만 대세를 돌이킬 수가 없었다. 유명한 서태후의 남편이기도 하다. 일지 처궁의 축은 희신의 신금과 기토의 안식처인데 충을 당하여 처궁의 편안함은 사라져 자기의 분수에 넘치는 여자(서태후)를 배필로 삼을 수밖에 없었다.

소용신: 축미충으로 월지와 일지를 제쳐놓고 시지 축에 뿌리 한 신금이 강한가, 년지 묘목에 뿌리 한 을목이 강한가를 비교를 해본다. 원래 천간에 투출한 오행의 뿌리로서 강도는

월일시지 그 다음에 년지 순으로 가기 때문에 축에 뿌리 한 신금이 훨씬 강하다. 소용신은 을목 편관이 된다.

대용신은 식신제살로서 식신 신금이고 소용신은 제살태과의 형식이 되어 편관 을목인데 대소용신이 서로 정반대가 되어 곤혹스럽다. 묘미목국하여 두개의 을목 편관이 협공하니 신금으로 제살하는 것은 분명하여 금운에서 좋아야 한다. 그러나 금의 년운에서 큰 곤욕을 당하고 그리고 사망에 까지 이르는 것을 볼 때 소용신의 개념이 정립되어 있지 못하면 해답을 찾지 못하여 사주 책을 던져 내버리고 싶어진다.

20세 경술년(계사대운). 황제위에 오르다. 을경합으로 을목 용신하나는 제거되지만 또 하나 있어 무방하나 묘술합으로 을목의 뿌리가 묶여버렸다. 황제가 되어 좋은 듯하나 즉위직후부터 태평천국의 난이 일어나 천하가 어지러웠으니 심란함이 오죽했겠는가.

30세 경신년(임진대운). 임진대운이 흉하다. 경신년에 영국과 프랑스의 연합군이 북경으로 침입하여 열하(熱河)로 피신하다. 경신은 소용신 을목을 아래위로 공격하니 숨 돌릴 틈이 없다.

31세 신유년(임진대운). 사망. 용신을 천극지충한다. 사주에 축미충이 있는데 다시 묘유충 까지 겹쳤으니 대흉하다.

355) 癸庚壬丙　戊丁丙乙甲癸
未辰辰辰　戌酉申未午巳 3대운

清代 동치제. 함풍제의 유일한 자식이고, 생모는 서태후가 된다.

경금일주가 진월에 계수 투출하여 상관격 이다. 괴강이 중중한데다 상관격이니 성격이 어머니인 서태후 못지않게 강열하였다고 한다. 병화 용신에 임계수는 기신이다. 함풍제가 죽고 6세에 황제위에 올랐을 때 황후인 동태후와 생모이자 후궁인 서태후가 같이 섭정을 하였으니 지지가 전부 인수로 되어 있어 어머니가 두 분인 셈이다.

소용신: 진에 뿌리 한 임계수가 미에 뿌리한 병화보다 훨씬 강하다. 제살태과로서 병화용신.

6세 신유년(계사대운). 함풍제의 사망으로 황제즉위. 황제가 되어 경사스러운 것이 아니라 어린나이에 하늘같이 뒤를 봐주든 아버지를 잃은 대흉의 한해다. 병화용신 합거하여 태양이 꺼졌다.

18세 계유년(갑오대운). 성인이 되어 공식적으로 국가대사를 자신이 주재하기 시작했다. 그러나 섭정을 하고 있든 서태후의 입김이 워낙 거세어 황제의 권위는 사라지고 서태후의 꼭두각시로 전락하였다. 계유년은 병화태양이 계수구름에 가려워 버렸으니 무슨 광채가 나겠는가?

19세 갑술년(갑오대운). 태세를 일주가 천극지충하면 대흉하다.(日犯太歲). 갑술년을 경진일주가 천극지충하여 여기에 해당한다. 다시 凶을 하나 더 보태면 진출 충으로 튀어나온 지장간에 사주의 천간이 모두 합거 되었다는 점이다(진중 乙癸戊와 술중辛丁戊가 병신합, 정임합, 을경합, 무계합). 천연두로 사망하다.

356) 丙乙丁乙　癸壬辛庚己戊
子丑亥未　巳辰卯寅丑子 3대운

자희후(慈禧后.서태후). 입동절의 추운 을목 일주가 병화 태양을 반기며 용신으로 정하니 만물이 살아난다. 상관용신에 축중 辛금 남편(함풍제)은 해자축 큰물에 빠져 남편과 평생 해로하는 팔자는 아니다. 寅운에서 남편이 죽고 그 후 계속 동남으로 대통운이 연결되어 45년간 수렴청정을 하며 최고의 권력을 누렸다. 지지에 인수국은 총장학장이라 하였으니 그에 준하는 지적인 소양을 지녔다고 보아야하고 을목이 병화상관을 만나(艶陽麗花) 총명함은 타의 추종을 허락하지 않았을 것이다.

소용신: 지지에 해자축 북방으로 인수국이 되어 을목 일주라도 양일간과 같이 본다. 未에 뿌리 한 병화를 용신한다. 목 희신.

41세 을해년(신묘대운). 묘대운이 희신의 목국이 되어 대길이다. 년운도 삼합에 합세하니 원래 겁 없는 여걸이지만 이젠 무서운 것이 없다. 해는 일지의 사궁이어도 합이 되어 사궁은 발동하지 않는다. 동치제가 죽자 가까운 친척되는 광서제를 즉위시키고 수렴청정하며 국정의 실권을 장악하다. 광서제의 부모는 아들이 서태후의 결정에 따라 황제가 된다는 이야기를 듣고 공포에 질려 벌벌 떨었다고 한다. 언제 어느 때 자기의 아들이 서태후에게 죽임을 당할지 모른 다는 우려 때문이었다.

54세 무술년(계사대운). 광서제가 강유위 등을 기용하여 입헌군주제를 추진하자 수구세력들을 모아 쿠테타를 일으켜 광서제를 유폐 시키고 권력을 재 장악하다(무술정변). 대운에서는 사해충인데 년운에서 다시 술미형, 축출형으로 해자축 대하(大河)에 큰 파도가 생겼다. 형충으로 튀어나온 지장간에 병화 용신과 운간 무토가 합거 되었으니 이겨도 이긴 것이 아니다. 워낙 긴박하게 국내와 국외의 상황이 돌아가고 있었기 때문이다.

56세 경자년(계사대운). 대운에서 사해 충하여 자축이 남았는데 자가 오면 자축 육합이 풀려 뿔뿔이 낱개가 된다. 경 관살은 축에 뿌리 하니 병정 화와 상관견관이다. 화(禍)가 백가지로 일어나니 의화단운동이 일어나고 열강의 군대가 북경에 입성하여 열하(熱河)로 피신하다.

357) 己丙己辛　癸甲乙丙丁戊

亥辰亥未　巳午未申酉戌 6대운

증국번(曾文公). 청나라 말기의 정치가이며 학자. 태평천국을 진압한 지도자이며 근대화 추진의 양무운동의 중심인물이다.

적천수보주에 있는 설명을 그대로 번역하여 옮긴다.

천간은 화토금으로 상관생재이며 지지는 해미진이다. 식상과 관살과 인수가 뒤섞여 사주가 좋아 보이지 않는다. 그러나 해미가 합하여 상관과 칠살이 인수로 화하여 탁(濁)이 청(淸)으로 변하였음을 알아야 한다. 그리고 지지의 네 글자에 모두 인수가 있어 사람이 자상하고 기개가 있다. 현묘한 기운이 암장하여 공명을 이루고 뭇사람들 중에서도 뛰어난 존재가 되었다. 그리고 천간에는 화토가 수기유행(秀氣流行)하여 과거급제 출신이란 것을 알 수가 있다.

소용신: 미중 정화 을목용신.

50세 경신년(갑오대운). 양강(兩江)총독에 임명되다. 갑대운은 기신 기토 제거하여 길하다. 그러나 경신년은 印比용신에 재운이니 길운이라고 보기 어렵다. 추측컨데 태평천국 전란의 와중에서 노심초사 하며 지내지 않았나 싶다.

54세 갑자년(갑오대운). 태평천국이 주둔하고 있든 남경을 탈환하다. 대운과 년운의 두개의 갑이 역시 기신의 기토 두개를 제거하여 승리를 만끽하다.

72세 임신년(임진대운).임진대운이 기신의 관살이어서 관재 구설 우환, 질병이 엄습한다. 임신년은 기신의 관살이

局을 이루어 침범하니 대흉하다. 사망.

358) 庚丙辛壬　丁丙乙甲癸壬
　　寅午亥申　巳辰卯寅丑子 9대운

좌종당(左宗棠). 청나라말기의 정치가, 군사지도자.

적천수보주에 있는 설명을 그대로 번역하여 옮긴다.

병오일로서 일지가 양인이며 인오로서 화국을 이루었고. 년간에는 칠살이 투출하였는데 칠살은 장생과 정록을 얻었다. 양인과 칠살의 기운이 맑아 진신득용(眞神得用)이다. 대운이 갑인 을묘로 행할 때 양인을 도와서 병권을 장악했다. 동시대의 증국번등 다른 사람들의 사주는 칠살과 양인의 종류가 아니어도 생살지권(生殺之權)을 지녔지만 특히 양인과 칠살의 기운이 맑을 때는 반드시 생살대권을 쥐고 귀함은 왕후에 이른다.

소용신: 대용신과 동일

55세 병인년(병진대운). 섬서성과 감숙성을 다스리는 섬감총독에 임명되다. 이스람교도들의 반란을 효과적으로 진압하고 근대화 추진의 양무운동을 펼치다.

년지 신과 인신충한다. 인신충일 때는 운간이 희신인가 기신인가를 잘 살펴야한다. 운간이 희신의 병화이고 충으로 막강한 임수 칠살의 기운을 조화시켜 생각대로 일은 풀려나간다.

359) 癸癸癸壬　己戊丁丙乙甲
丑巳丑辰　未午巳辰卯寅

공친왕. 청나라의 황족. 축월에 임계수가 투출하여 한랭한데 巳중 丙戊로서 용신하니 財官이 아름답다(財官雙美格)이다. 대운의 흐름이 목화로 흘러 용신을 도우니 수완을 발휘할 여건은 마련된 셈이다. 도광황제가 사망 후에 정치 일선에서 뛰어난 능력으로 청대를 중흥시킨 공로가 있다.

소용신: 임계 수 一行이 용신이다. 水를 생하는 金과 水가 생하는 木이 희신이다.

30세 신유년. 함풍제가 사망하고 동치제가 즉위하자 의정왕(議政王) 대신이 되다. 증국번등을 채용하며 동치중흥의 기반을 마련했다. 사유축 금국하여 희신이 막강하여 졌다.

53세 갑신년. 일체의 관직에서 물러나다. 갑은 희신이니 상관없지만 신은 巳를 형하니 튀어나온 무토에 용신계수가 없어진다. 사중 무토관이 형을 맞았으니 벼슬길에 좋을 리가 없다.

360) 辛辛甲己　戊己庚辛壬癸
卯卯戌丑　辰巳午未申酉 7대운

갑기가 합하여 토로 화하고 신왕하여 묘목 편재를 용신

한다. 초년 申酉금운에 고생이 많았고 장가가고 난 뒤부터 살림이 안정되어 갔다. 천을귀인에 해당하는 갑오생 처를 만난 것이 행운의 출발이었다.

소용신: 갑기 합은 쓸 수가 없고, 지지의 묘묘와 축술토는 천간에 목과 토의 투출이 없어 용신의 대상에서 제외한다. 辛금 一行이 용신이고 일행을 생하는 토와 설하는 수가 희신이다.

49세 정축년(기사대운). 정축년은 기신의 칠살이고 축술형으로 묘술합에 구멍이 생겨 정화기신이 힘을 얻어 맹위를 떨친다. 부부가 같이 하든 장사가 심한 타격을 입었다. 일이년 더 버티다가 결국 손을 들어 버렸다.

52세 경진년(기사대운). 경은 용신의 금이고 진은 진술충하여 묘술합을 풀었다. 술에 뿌리를 새롭게 얻었으니 길운의 해다. 다시 시작한 장사가 활기를 띄워 인생살이에 자신감이 생기고 돈과 심신이 안정을 얻었다.

361 丙壬戊庚 壬癸甲乙丙丁
　　午申子申 午未申酉戌亥 8대운

여명. 양인격에 병화 재성용신이다. 그러나 비견겁은 태왕하고 재는 미약하여 군겁쟁재의 위험에 노출되어 있는 사주다. 부모의 이혼으로 아버지와는 일찍 떨어져 살았고 25세에 가출하여 아직 소식이 없다. 단지 친구들과 연락하고 있는 정황으로 보아 집에서는 죽지는 않았나보다 라고 추측할 뿐이다.

소용신: 대용신과 동일

25세 갑신년,신미월(병술대운). 申은 임수의 장생으로 신자수국하여 거대한 물길인데 다시 년운에서 申이 중첩되어 병오 財를 갈갈이 찢어 놓는다. 신미월의 辛은 용신 병화 합거하고 미는 용신의 유일한 뿌리인 오화를 묶어버렸다. 카드빚이 너무 많이 쌓여 채권자에 시달리다 못해 잠적하고 몇 년이 지나도록 소식이 없다.

362) 庚甲辛丙　乙丙丁戊己庚
　　午申卯戌　酉戌亥子丑寅 2대운

여명. 갑일주가 묘월 양인인데 관살혼잡을 병신합으로 제거하여 귀격으로 보이나 극설교집하여 인생에 파란이 따른다. 칠살과 양인이 같이 있고 칠살이 더 강하니 묘목양인 용신이다. 무자대운에서 토생금으로 칠살을 더욱 강하게 하고 자수는 묘신 귀문관살에 자묘형이 깃들여 흉을 예고하고 있다.

소용신: 병신합은 제쳐놓고 묘술은 합하여 갑목일주가 뿌리가 없어졌다. 경금칠살 용신이다.

26세 갑인년(무자대운). 교통사고로 팔을 다쳐 불구가 되다. 소용신인 庚申금을 천간지지로 모두 충하여 대흉하다. 역마충이어서 교통사고 당하다.

363) 丁庚庚癸　甲乙丙丁戊己
亥寅申卯　寅卯辰巳午未 3대운

경금이 신월에 경금이 투출하여 金氣는 매우 단단하고 예리한데 정화가 시간에 투출하여 경금을 단련하고 인중갑목이 정화를 생하니 아름답다. 건록격에 경금일주의 유일한 뿌리인 월지가 충으로 약해져 경금비견을 용신한다. 그러나 부부궁인 일지가 충되고 재성이 혼잡하여 부부운에 먹구름이 끼었다.

소용신: 인신 충에 인해 합이 되어 申寅亥가 모두 풀렸다. 인묘목은 천간에 목의 투출이 없어 용신에서 제외하고 계수의 뿌리가 더욱 강하여 정화 관성용신 한다. 재는 희신.

36세 무인년(병진대운): 처 사망. 무는 년간 계수를 합거하여 무난하나 寅년은 申 월지를 충하니 지장간이 튀어나와 정화 용신을 합거 하였다. 신인해가 각각으로 자유스럽다가 인신충을 새로 당하여 남은 인해가 육합으로 합하므로 寅木 재성은 사라진다. 용신과 희신이 모두 묶였으니 대흉하다. 그리고 묘신 귀문관살에 인신충으로 귀문은 강하게 발동하여 정신적인 불안 초조에 짓눌린 한해였다.

364) 乙辛辛癸　丁丙乙甲癸壬
未未酉巳　卯寅丑子亥戌 7대운

여명. 건록격에 을목 재가 용신이다. 부모덕이 없어 장녀로서 일찍이 가장역할을 하였고 자수성가하여 만만찮은 재력도 쌓았다. 그렇지만 본인의 기가 강하여 남편과 불화하다가 끝내 이별하였다. 관살이 지지에 암장하여 혼잡하고 홍염살이 있어 남자관계는 윤리 도덕 따위에 얽매이지 않는 자유분방함이 있기 때문이었다.

소용신: 계수는 뿌리가 없고 미토는 토의 투출이 없어 용신에서 제외한다. 음일간에 비견 신금이 득령하고 사유로 금국을 이루어 강하므로 을목 용신, 수가 희신이다.

38세 경오년(을축대운). 애인이 생기다. 午화 관살은 천을귀인이고 도화니까 멋쟁이 남자여서 첫눈에 그냥 전기가 통했다. 일지와 오미합하여 안방으로 불러들였고 애인은 정부(情夫)로 바뀌었다.

45세 정축년(을축대운). 오랜 세월 같이 살든 정부와 이별하다. 을축대운은 사유축 금국으로 군겁쟁재 하니 재물의 손해가 적지 않아 아름답지 못한데 정축년은 다시 금국이 되면서 일지 가택궁을 충 하여 버렸다. 경제적인 갈등에 권태기까지 겹쳐 이별한 것이다.

365) 戊庚丙甲　壬辛庚己戊丁
寅子子午　午巳辰卯寅丑 9대운

금수상관에 병화 태양이 있어 기쁜데 조후가 갖추어져 있고 신약하여 무토 인수 용신한다.

소용신: 인목에 뿌리한 병갑이 강하여 무토 인수 용신한다.

25세 무오년(무인대운). 갑목재가 오화를 보면 사궁인데 오년이 오면서 다시 사궁에 들었다. 오중 정화는 관성으로 자식이어서 자식으로 인해 처가 사궁(死宮)에 들고 오화는 자오 충당하여 깨어져 버린다. 처가 출산하다 뱃속 아기와 같이 사망. 충으로 튀어나온 지장간 계수에 무토 용신이 합거되니 허망한 한해다.

366) 壬丁癸癸　丁戊己庚辛壬
寅巳亥丑　巳午未申酉戌 3대운

관살혼잡에 살중신경(殺重身輕)하여 인목 인수를 용신한다. 어릴 때부터 기술을 배워 인테리어 사업을 하였는데 33세까지 경신대운에서 죽을 고생을 하였다. 인수용신에 재운은 원래가 망하는 운이지만 인사신 삼형이 보태어져 고통이 더욱 심각하였든 것이다.

소용신: 음일간에 투출된 것은 水밖에 없어 水가 용신이다.

32세 갑신년(경신대운). 사해 충에다 인사신 삼형이 대운과 재형(再刑)으로 겹치니 죽을 맛이다. 경신대운이 끝나는 시점에서 인신사해 4충으로 마지막 카운트 펀치를 맞고 사업은 패망직전으로 몰렸다. 그러나 33세 부터 기미대운으로 바뀌면서 관살을 억제하여 서서히 재기의 기틀을 잡았다.

367) 戊辛辛己　乙丙丁戊己庚
子卯未未　丑寅卯辰巳午 10대운

신금일주가 미월에 기토가 투출하여 편인격인데 인수신왕하여 묘목 편재용신이다. 재운인 寅卯대운에서 부자소리 들었다. 시지 子수는 토를 윤택하게 하여 좋으나 자는 도화살이 되고 자묘형을 하여 간혹 여색을 밝히다 여난(女難)을 당한다.

소용신. 묘목은 목의 투출이 없어 용신에서 제외한다. 음일간인 신금은 뿌리가 없으며 무기토가 왕성하여 토용신이고 금은 희신이다.

63세 신유년(을축대운). 사주에 자묘형이 있는데 대운에서 축미충하고 년운에서 묘유충한다. 어느 한곳도 빈틈이 없이 충과 형을 맞았다. 희기를 따질 것도 없이 지지가 전부 충형이면 흉한데 유일한 재인 묘목이 충당하는 것은 매우 위험하다(양명지원 養命之源인 재가 사주에서 하나뿐일 때 충이나 합을 당하면 목숨이 위험하다). 묘목재가 깨어져 대 손실을 보았고 木이 상하고 급각살에 충이 들어 허리수술을 하였다.

368) 丁乙癸壬　己戊丁丙乙甲
亥亥丑寅　未午巳辰卯寅 1대운

을목일주가 축월에 임계수 투출하여 망망대해에 돗단배 하나가 표류하는 형상이다. 임계수 세찬 풍랑까지 덮쳐 사방이 암흑천지다. 저 멀리서 정화 등댓불이 가물거리지만 글자그대로 풍전등화로 언제 꺼질 런지 모른다. 축중 신금이 관살로서 자식인데 풍랑 속에 빠진 격이 되어 자식이 없고, 밥그릇 엎는(倒食) 사주이니 경제적으로 부드럽지 못하여 부부간에는 항상 시끄럽다. 화토운이 길하고 금수운은 불길하다.

소용신: 임계수 인수가 강하여 인중 병화에 뿌리한 정화 식신 용신한다.

40세 신사년(정사대운). 辛은 기신의 칠살이니 재난,질병,파직이고 巳는 대운의 사와 함께 이중으로 인사 형, 사해 충을 하여 지지를 온통 숙대 밭을 만든다. 충으로 튀어나온 지장간 임수에 정화 용신은 합거 되어 등대불이 꺼져버렸다. 친구와 동업으로 사업을 하다가 파산하다.

369) 己癸丙丙　壬辛庚己戊丁
未酉申申　寅丑子亥戌酉 1대운

인수로 신왕하여 기토 편관용신하고 병화는 희신이다.

일지 유금은 입(口)이 되고 비수도 된다. 기토 관용신에 입으로 권위가 통하니 교사 ,검사 군경계통이 가능한데 현재 교사로 근무하고 있다. 申은 홍염살이고 유는 도화살이어서 팻션 감각이 있으며 멋쟁이 선생님으로 통한다.

소용신: 계수 음일간에 투출된 것은 화토 밖에 없어 화토가 용신이다.

37세 임신년(경자대운). 경자대운과 다음의 신축대운이 흉하다. 꼼짝하지 말고 교사직에 충실하여야 한다. 임신년은 기신의 비겁이 되어 탈재(奪財)가 생긴다. 땅에 투자해야한다는 엉터리 사주쟁이 말을 듣고 부동산에 투자했다가 대실패를 보았다. 같은 사주쟁이 입장에서 이럴 때는 다음과 같은 말을 하는 것이 좋을 것이다. “토가 용신이니 부동산이 좋다. 그러나 지금은 좋은 운이 아니니 부동산을 산다고 해도 여유 자금이 있어 십년이나 이십년 정도 장기적인 안목을 가지고 투자하면 좋으나 단기적인 차익을 바라보고 투기를 하면 큰 손해를 본다.”

빚 갚는다고 몇 년간 심하게 고생하여 그 후유증이 오래 갔었다.

370) 壬辛乙癸　辛庚己戊丁丙
辰未丑未　未午巳辰卯寅 10대운

여명. 식신용재격으로 을목 용신이다. 임수 상관이 깨끗하여 총명하지만 인수는 충 되고 재는 살지에 앉아 부모무덕하다. 정대운과 무대운은 임계 식상이 혼잡된 것을 정리하여 길하였고 지지의 사오미 화 대운에는 남편이 직장생활을 꾸준히 하여 생활이 안정되었다.

소용신: 신금 음일간이 인비의 투출이 없고 식상과 재가 투출하여 식상.재 즉 수목이 용신이다.

8세 경인년(6.25사변). 부친사망. 을목 재성이 합거 되었다.

19세 신축년(병인대운) 모친사망. 사주에서 인수 모친이 충인데 다시 인수가 축미충으로 재충(再沖)이 되었다. 재충(再沖), 재형(再刑)으로 지지가 전부 충형하면 항상 흉사를 부른다.

63세 을유년(신미대운). 유금은 시지 진과 진유합하여 임계수 식상의 뿌리가 묶여버렸다. 임계수는 자식이고 용신인데 힘이 없어진 상태다. 자식이 이혼을 하게 되어 많은 심적 고통에 괴로워하였다.

370) 己丙庚庚　丙乙甲癸壬辛

丑戌辰寅　戌酉申未午巳 6대운

병화일주가 토의 설기가 많아 허탈하다. 상관이 기신으로 강하여 쓸모없는 자존심이 강하고 쓸데없이 과시에 시간을 낭비한다. 식상자체도 진술충, 축술형하여 상관의 칼날만 날카롭게 만들었으니 인수 수양과 학문 등으로 과감히 조절해 주어야 하지만 인목인수가 저 멀리 년지에 있어 식상의 통제가 힘들어 보인다. 인중 갑목용신에 화 희신이다. 부친은 검찰계통에서 고위직에 종사하여 그 당시에 누구라고 하면 알만 한 사람인데 이 사람이 유부녀간통으로 매스컴을 타고 간통죄로 교도소에 가게 되어 집안망신을 똑똑히 시켰다.

소용신: 대용신과 동일

28세 정사년(계미대운). 교도소가다. 계미대운이 대흉하다. 진술충이 있는데 축술미 삼형까지 합하여 흔들어 버렸으니 온전할 수가 없다. 식상의 형충이니 당연히 관을 극하고 법을 우습게 알게 된다. 정사년은 인사형이다. 온전하게 하나 남아 있는 인목을 형하여 사주가 온통 수라장이 되었다. 목화용신에 인목하나만 형충이 될 때는 오히려 발하는 경우가 많지만(刑發) 이 경우는 모두가 형충 이어서 전장 터의 격전 뒤와 같이 화약 연기만 자욱할 뿐이다. 게다가 사술귀문도 가세하니 정상적인 사고와 판단이 어려워진데다 망신살이 겹쳤다. 간통죄로 교도소가다.

372) 丁庚庚戊　甲乙丙丁戊己
　　亥申申申　寅卯辰巳午未 4대운

여명. 경금이 태왕한데 정화 관성은 무기하여 제쳐놓고 해중임수로 용신한다. 식신용신이 건왕하여 자식은 총명하고 사람이 서글서글하며 마음쓰임세가 시원하다. 지지가 전부 천관(戌亥)과 지축(申未)만 있어 앞날에 대한 예지력이 탁월한 편이다. 앞으로 을묘 갑인대운에서 식신생재가 되어 남부럽지 않은 재력을 만들어 갈 것이다.

소용신: 경금 일행이 용신이고 토와 수가 희신이다.

34세 신사년(병진대운). 辛은 희신이니 무방하나 巳은 사신 형하고 사해 충 한다. 지지를 모두 형충으로 휘저어 버렸다. 형충으로 튀어나온 병화에 운간 辛이 합거는 무방하나 사해충으로 해중 壬甲 즉 밥그릇과 재물이 작살나 버렸다. 몇 년 전에 시작한 빵집을 더 지탱하지 못하고 접어 버리다.

373) 甲己甲壬　戊己庚辛壬癸
　　 戌卯辰寅　戌亥子丑寅卯 2대운

여명. 인묘진 동방 목국에다 두개의 갑목이 투출하여 살중신경이다. 묘술합이 인묘진 목국으로 풀려서 기토일주가 술토에 뿌리하여 비겁 용신이다. 종살격이 되지 못하고 살중신경이 되니 48세 현제까지 남자 덕 이라고는 눈꼽 만큼도 없이(본인의 표현) 파란 많은 인생을 살았다. 32세부터의 경자대운에서 庚 상관에 자묘 刑하여 남편과 이별하고 기대운에서 기신의 관을 하나 제거하고 용신의 비견겁이 되어 집 한 칸을 마련했다. 유흥업소를 경영하며 46세 정해년에 남자를 만났다. 평생의 배우자를 만난 기분이 들어 물심양면으로 온갖 정을 퍼부었다.

소용신: 기토일주가 음간인데 투출한 천간은 갑목과 임수다. 갑목은 인묘진에 뿌리 하였으니 막강하다. 갑목관살용신이고 임수 희신 이다.

46세 정해년(기해대운). 육합보다 방합의 합하는 기운이 훨씬 강하여 인해합하여 인목이 묶이는 것이 아니다. 인묘진과는 무관하며 亥년은 길운으로서 갑목의 장생이고 희신의 록이 되어 재물과 남자를 불러들이는 역할을 똑똑히 한다.

48세 기축년(기해대운). 기는 갑목하나 합거하고, 축술형하여 튀어나온 기토와 정화는 남아있는 갑목과 임수를 모두 합거해 버린다. 사주의 용신과 희신인 남자(갑목)와 재물(임수)이 허망하게 날라 가 버리는 한해다. 정해년에 만난 사랑하는 남자가 돈을 빌려달라고 하니 사랑에 눈이 멀어버렸는지 집을 담보하여 일억 삼천만원을 대출받아 빌려주었다. 그러나 그 사내는 돈을 꿀꺽 먹고 사라져 버렸으니 하늘도 무심하다.

374) 壬丙壬丁　戊丁丙乙甲癸
辰子寅亥　申未午巳辰卯 3대운

여명. 편인격에 편인용신이다. 비록 년월 간이 정임 합으로 관살을 하나 제거 하였으나 지지에 관살이 중첩되어 남녀관계에서 속박 받고 살지는 않는다. 일지 관성이 도화이고 병화일주가 인목에 홍염살 까지 되어 남편과 애인을 동시에 관리하는 복잡한 애정행각을 벌린다. 28세의 巳대운은 인해 합으로 묶여있는 해수 관을 사해 충으로 풀어버렸으니 남편 모르게 애인을 만났고 巳대운 내내 그 관계를 이어오고 있었다. 풀려난 亥는 병화일주의 천을 귀인이므로 첫눈에 반하여 빠른 속도로 둘의 관계가 발전하였든 것이다. 신약사주에 巳는 일주의 정록이 되어 길한 운이어서 그런지 남편의 사랑을 받아가면서 애인과도 스릴 찬 애정의 합창을 부를 수 있었다. 남방화운이 계속 연결되어 짬짬이 외도를 하며 경제적으로 남부럽지 않게 살았지만 53세의 무신대운부터 운은 하향세로 접어들었다.

소용신: 대용신과 동일. 년월간의 정임 합은 용신의 대상에서 제쳐놓으면 시간 임수만 남는다. 병화일주는 양간 중에서 제일강한 양이므로 종격이 아닌 한 아무리 신약하여도 지지에서 印比를 용신한다.

28세 갑인년. 용신의 인수 운이다. 문서가 생겨 집을 마련하였는데 보너스로 남자도 생겼다. 인해 육합에 다시 합이오니 인해합의 亥수 관이 풀려났기 때문이다. 인은 홍염살이 되어 화사한 꽃같이 매혹적인 향기로서 남자를 끌어당겼을 것이다.

375) 甲乙己丙　乙甲癸壬辛庚
申酉亥午　巳辰卯寅丑子 5대운

을목일주가 해월에 金水가 냉한한데 병화 태양이 만물을 따뜻하게 하고 을목이 갑목을 만나 등라계갑하여 괜찮은데 초년 경자 신축운이 금수 냉한하여 12세에 부친을 사별하고 편모슬하에서 매우 괴롭고 힘든 세월을 보냈다. 부친을 사별한 것은 子 대운이 인수로서 좋으나 자오 충하여 기토 편재의 뿌리가 뽑혔기 때문이다. 정인용인격.

소용신: 申酉금은 천간에 금의 투출이 없어 용신에서 제외한다. 음일간에 갑목이 득령하여 왕하므로 오 화에 뿌리 한 병화상관과 기토 재를 희용신 한다.

12세 정사년(경자대운). 丁은 무난하나 巳는 월지 해와 사해 충을 한다. 사해 충으로 튀어나온 지장간 갑목이 기토 재를 합하여 없어지니 부친의 사별이라는 고통을 겪는다.

376) 甲甲乙甲　己庚辛壬癸甲
戌戌亥辰　巳午未申酉戌 5대운

여명. 갑목일주가 해월 장생지에 태어나서 신왕한데 강왕한 비견겁을 제어할 경금이 없으니 남편이 아무리 잘하여도 남편에게 만족하기 힘 든다. 병정화의 식상이 없어 술토 편재를 용신한다. 초년 戌대운에서 부자 집에 태어나

호강하며 지내다가 15세부터 기신의 인수 운이 연결되면서 16세에 부친이 사망하고 계유, 임신, 신운까지 부진한 세월을 보냈다.

소용신: 갑을목 일행이 용신.

16세 기미년(계유대운). 기미 재가 와서 갑목을 합거하고 술미형으로 튀어나온 지장간에 또 하나의 갑목용신이 합거된다. 기미 재가 왔다가 합으로 사라지니 부친사망이다.

377) 庚乙丙己　癸壬辛庚己戊丁
　　辰亥子亥　未午巳辰卯寅丑 6대운

여명. 을목일주가 子월에 한랭하여 조후로 병화 태양이 좋으나 뿌리가 없어 기토 편재 용신한다. 병화가 뿌리가 없어 상관의 총명함과 직관력은 갖추지 못하고 상관생재, 즉 돈을 벌려고 하니 인생에 무리수가 따른다. 경금 관성은 부질없이 왕한 수기만 더 생하여주니 기신이 되고 부부궁에 원진살이 끼어 결혼 초부터 부부간에 불화하다가 끝내 이별하였다. 36세부터의 기신의 庚관성 대운이 올 때 부부 이별하였으며 辰 대운에서는 거액의 이혼 위자료를 노름에 미쳐 깨끗이 날려버리고 가난의 구렁텅이에 굴러 떨어졌다. 辰土 재가 子辰 삼합으로 기신의 편인이 되어 밥그릇을 엎어버리는(倒食) 흉한 운으로 바뀐 것이다. 그리고 일시지에 진해 귀문관살이 있는데 다시 년지 亥와 대운이 이중으로 겹치기 귀문관살이 성립되면서 판단력은 이성을 상실하고 노름에 미쳐 패가망신한 것이다. 辛 대운은 뿌리 없는 약한 태양이 병신 합으로 꺼져버려 암흑 같은 세월의 연속이며 巳 대운은 병화 태양이 祿을 얻어 길하나 사해충으로 온전히 받아들이지 못하니 길흉상반이다.

소용신: 경과 병은 지지에 뿌리가 없어 용신에서 제외하고 시지 진에 뿌리 한 기토 편재를 용신한다,

39세 정축년(경진대운). 해자축 방합으로 물바다가 되어 기토용신은 흔적 없이 떠내려간다. 부부 불화 끝에 별거에 들어가다.

40세 무인년(경진대운). 이혼하고 돈 생기다. 거액의 위자료를 받았다는 이야기다. 정 떨어진 남편과 이혼하고 평생 먹고 살 돈 까지 생겼으니 대단한 길운이다. 戊는 용신의 토이고 인은 기신의 水를 寅亥 합으로 묶었기 때문이다.

42세 경진년(경진대운) 대운과 년운이 합께 기신의 관(災難). 기신의 인수(자진수국. 倒食)가 들어오면서 노름에 미쳐 (3중귀문관살) 42세 43세 2년 사이에 거액의 위자료를 깨끗이 날려버렸다.

43세 신사년(경진대운). 辛은 병화를 합하여 水로 변하고 사는 사해 역마충을 하여 돈 깨어 먹을려고 부지런히 돌아다닌다. 사해충으로 튀어나온 갑목에 용신 기토 편재가 합거 되어 남아있든 돈마저 허무하게 사라져 버렸다.

378) 庚辛庚丁　丁丙乙甲癸壬辛

寅巳戌丑　巳辰卯寅丑子亥 6대운

여명. 신금일주가 술월에 두개의 경금이 사축에 뿌리를 얻어 신왕하다. 년간 정화 편관으로서 강한 금을 조절하는 용신으로 하고 인중 갑목이 생조하니 그를듯해 보인다. 그러나 정화 편관은 술에 입묘하고 백호대살에 축술형을 당하였으며 일지 가택궁은 사술귀문에 인사형이 곁들여져 부부궁은 재난을 피할 수 없게 얽히어 있다. 초년 해자축 30년 대운이 매우 불리하다. 26세부터의 계축대운은 상관견관하여 대흉한데 29세에 남편 잃고 평생을 재혼하지 않고 자식과 더불어 살았다. 신금일주가 일지사화와 丙辛合의 형식이고 월일시지에 丁丙丙의 정편관이 암장되어 겉은 과부로서 혼자 산다고 하나 애인은 떨어지지 않았을 것이다. 다행이 36세 부터 목화운이 연결되어 경제적으로 안정을 찾았다.

소용신: 음일간에 경금의 세력이 더 강하여 정화 편관용신이고 인목이 희신이다.

29세 을사년(계축대운). 계 대운 자체가 관용신에 식상이니 관성 남편 火는 식상 水에 꺼져버린다. 부군사망. 계축대운에서 축술 재형(再刑)하고 년운 을사에 인사 재형(再刑)한다. 지지의 네 글자가 모두 재형으로 얼룩져서 형파(刑破)로 대흉하다.

379) 戊丙丁乙　癸壬辛庚己戊
戌寅亥卯　巳辰卯寅丑子 8대운.

여명. 병화일주가 해월에 실령이나 목국에 인비가 왕하여 신왕하므로 무토식신을 용신한다. 해 편관을 用 하려고 해도 해묘목국으로 변하여 용신하지 못한다. 관살이 기신의 인수국으로 변하고 공망 이어서 남편 덕이 없다. 화장품대리점에서 근무하여 유능하다는 소리는 들어도 인생의 화려해야할 중반운이 인묘진 목방으로 흘러 앞날이 밝아 보이지 않는다.

소용신: 대용신과 동일

32세 병술년(경인대운). 용신의 화토다. 결혼. 丙은 오운으로 水(丙辛合化水) 관성을 불러오니 결혼하고 식신이 유기하여 결혼하자 임신한다.

33세 정해년(경인대운). 해묘 목국으로 목기가 더 강하여져 아기 놓고 나서 부부불화가 심해지다. 기신의 인수가 맹열하여 식신, 즉 나의 의지는 무참히 밟히기 때문이다. 전부 亥 관성 남편으로 인한 결과다.

35세 기축년(경인대운). 남편과 이혼하다. 기축년은 용신의 토이며 상관이니 헤어지고 나서 오히려 훨씬 마음이 홀가분하다. 축술형으로 튀어나온 계수에 용신 무토가 합거

되지만 운간 기토는 그대로 남아있어 큰 흉은 없다.

380) 乙甲丁癸　辛壬癸甲乙丙
亥申巳未　亥子丑寅卯辰 7대운

갑목일주가 사월 화왕절에 상관이 왕하여 상관용인격이다. 년간에 희신의 인수가 있어 부자 집 장남으로 태어났으나 사신형에 급각살이 있어 어릴 때부터 한쪽다리가 불실하다. 계수정인은 상관과 어울려 공방전을 벌리느라 일주를 도우지 못하고 일지 申중 임수는 사신형하느라 바빠 인수를 활용한 사사지직(師士之職: 교사, 의사, 변호사 등 끝에 師나 士가 붙는 직업)을 갖지 못한 것이 아쉽다.

소용신: 巳申이 형합(刑合)하여 용신에서 제외하면 해와 미에 뿌리 한 수목이 강하여 정화 상관을 용신해야 한다고 할 수 있으나 이 경우에는 다르게 보아야 한다.

丁巳월에 년지 未가 합하여 사오미 방합의 기운이 생겨 상관의 기운이 태왕하다. 대용신과 같이 계수 인수용신이다.

35세 무오년(갑인대운). 대운과 먼저 인사신 삼형으로 재난을 예약해 놓고서 언제 터질지 모를 지뢰밭에 들어섰다. 무오년의 무는 용신 계를 무계 합거하며 화기를 도우고 오는 사오미로 합하여 천지간에 충천한 화기가 모든 것을 불태워 버린다. 오는 일간 갑의 사궁(死宮)에 해당하여 죽을 맞이다.

부자집 아들이 부모의 재산으로 시작한 합판대리점이 경신월에 부도가 나면서 호화인생에 막을 내렸다.

44세 병인년(계축대운). 동생의 일에 억울하게 얽혀들어 몇 개월 감옥살이하다. 자식 둘이 한꺼번에 감옥살이하는 바람에 충격을 받아 부친, 모친 두 분이 같이 사망하다.

병화 태양이 지글지글한데다 대운에서 축미충하고 년운에서 인사신 삼형을 하여 사주가 온통 형충으로 뒤범벅이 되어 관재를 당한다. 형으로 튀어나온 재성 부친 무토에 년간 계수용신 모친이 합하여 부모 모두 세상을 하직했다.

67세 기축년 (경술대운). 대운과 년운, 사주가 축술미 삼형하고 신월에는 사신 재형(再刑)하여 흉조가 나타났다. 물론 형으로 튀어나온 지장간에 계수용신은 합거 한다. 전립선암이 간으로 전이하여 암의 말기로 진단받았다. 68세 경인년에 축술미 삼형과 인사신 삼형이 겹치기로 포진하여 생명이 위태롭다.

341) 戊癸丁辛　庚辛壬癸甲乙丙
午酉酉巳　寅卯辰巳午未申 5대운

대기업회장. 계수는 청윤(淸潤)하고 신금은 허령(虛靈)하여 금백수청(金白水淸)하다. 사중 병화로 조후를 갖추었으며 무토 정관이 있어 인품은 반듯하고 편인의 교제력과 편재의 돌파력으로 앞장서니 리더로서의 위엄이 돋보인다. 재기통문호(財氣通門戶) 하였으니 대부(大富)의 사주다.

소용신: 계수 음간 일주에 신금인수가 투출하고 뿌리가 단단하여 대용신과 같이 화토 재관용신이다.

67세 정해년(경인대운). 경대운이 아름답지 못하다. 경은 인에 무기하여 힘을 못 쓴다고 하겠지만 사주의 강력한 기신의 금기에 힘을 받으니 결코 수월하게 넘어가지는 않는다. 정해년의 정은 희신이지만 해는 사해충으로 튀어나온 임수에 월간 정화 편재가 합거 되어 사라진다. 그러나 운간의 정화는 그대로 살아있어 큰 탈 없이 넘어갔다. 정해, 무자, 기축으로 송사가 연결되어 은연중에 많은 스트레스에 시달렸다.

69세 기축년(경인대운). 사유축 삼합하여 기신의 금국을 이루어 대장암(대장은 金)수술하다. 다행히 수술 후 경과가 좋으며 寅 대운도 길하여 완치되리라 기대하고 있다.

382) 丁庚己甲　乙甲癸壬辛庚
　　亥申巳寅　亥戌酉申未午 6대운

지지가 인신사해 사맹격으로 별난 맛이 있으나 다시 살펴보면 寅巳申 삼형과 亥로 분리되어 있음을 알 수 있다. 인사신 삼형하고 정관이 투출하여 국세청에서 조세법 집행의 칼자루를 쥐고 있다. 그러나 갑목재는 합거 되고 인목재는 삼형을 당하여 기축년(36세) 현재까지 아직 미혼이다.

소용신: 지지가 인신사해가 있어 형충을 함으로 지지 모두

를 세력계산에 포함시킨다. 년월간의 갑기합은 용신의 대상에서 제외하고 일간과 시간의 庚,丁중에서 어느 것이 뿌리가 더 강한지를 계산해 보자. 경은 사와 신에 뿌리하고 정은 사와 인에 뿌리 하였으나 화왕절이 되어 시간 정화가 강하여 일지 申금을 용신한다. 대용신과 동일하다.

31세 갑신년(임신대운). 갑목편재 큰돈이 손에 잡힐 듯 다가와서 주식투자에 몰두하다가 월급쟁이 하면서 알뜰히 모은 돈을 깡그리 날렸다. 비록 신금일지가 용신이기는 하지만 申년은 다시 삼형하여 寅木 재를 사정없이 형극 하였기 때문이다. 또한 寅申충에 운간 甲이 기신의 財이니 파재(破財)다.

33세 병술년 정유월(임신대운). 년운과 월운, 그리고 대운이 신유술 방합하여 일주를 도우다. 승진하다.

383) 辛己戊乙　壬癸甲乙丙丁
未酉寅卯　申酉戌亥子丑 9대운.

기토가 인월에 병화가 투출하여 한기(寒氣)를 제거하면 좋겠지만 을목 편관의 기운이 강하여 식신제살로 辛금 식신 용신한다. 체육대학 나와서 국가대표선수로 활약한바 있으나 대운의 도움이 없어 크게 빛을 보지 못하였다. 그러나 뒤에 신유술 금운이 버티고 있으니 처음은 힘들어도 나중에는 술술 풀려 갈 것이다. 초난후길(初難後吉).

소용신: 대용신과 동일.

34세 무자년(을해대운). 을해대운이 매우 불길하다. 해묘목국을 하면서 기신편관이 몸을 둘러싸니 재난이고 질병이며 패망이다.

하던 사업을 더 지탱하지 못하고 부도가 났다. 子년은 기신의 목을 생하고 자묘형을 하며 인유원진에 子酉 귀문관살마저 엮어져 정신적인 불안 초조가 최고조에 달한다.

384) 己辛丙甲　壬辛庚己戊丁
丑未子戌　午巳辰卯寅丑 4대운

신금일주가 자월에 금수냉한한데 병화태양으로 해동하여 용신으로 한다. 금일주에 수옥살과 형살이 있어 39세까지 경찰간부로 지냈다. 기묘대운에서 대학졸업 후 경찰관이 되었는데 묘는 도화이고 자묘형도 되어 여자 밝힘증이 도를 넘었다. 경찰관으로서의 알팍한 권력과 부친의 끊임없는 경제적 지원, 그리고 본인의 화려한 언변과 외모로 여자에게 작업을 걸면 춘향이 같은 절개를 갖지 않는 한 대개 따라오게 마련이었다. 가택궁이 축미충으로 깨어지고 원진하여 본처는 외롭게 홀로 두고 평생을 탐색(貪色)에 정열을 바쳤다. 경진대운은 기신의 토금운이 되어 부친의 사망, 본인의 퇴직 등 시련이 연이어 다가왔다. 辛대운은 병화 용신 합거하여 되는 일이 없었고 사 대운에서 사법서사를 하며 생활에 안정을 얻었다.

소용신: 갑목은 뿌리가 없어 용신에서 제외하고 기토와 병화 중에서 기토 인수의 뿌리가 더욱 강하여 병화 관성을 용신한다.

37세 경술년((경진대운). 든든한 후원자였든 부친 사망. 경은 갑목 재를 충하고 술은 축술미 삼형한다. 삼형으로 튀어나온 신금은 용신 병화를 합거하고 기토는 갑목 재 부친을 합거하여 희신 용신이 전멸한다.

39세 임자년(경진대운). 임자년은 관용신에 상관이니 공직을 가진 사람은 치명타를 당한다. 본처 아닌 여인과 동거하며 자식까지 있다는 것이 흠이 되어 승진대상에서 제외되자 크게 실망하여 퇴직하였다. 축미충이 자를 만나 충이 풀리니까 기신의 인수가 더욱 강하여져 임명권자의 눈밖에 나버린 것이다.

60세 계유년(임오대운). 쓸개(담) 암으로 사망. 오 대운은 병화의 양인이 되어 좋을 것 같지만 축술미 삼형에다 자오충으로 지지가 전부 충형이 되어 위태로움을 암시한다. 또한 양목인 갑목은 담(膽)이 되는데 오를 만나 死宮에 빠져 담이 절단 나버린 것이다. 계유년은 기신의 식상과 비견으로 흉을 불렀다.

385) 辛丁壬甲　戊丁丙乙甲癸
丑未申辰　寅丑子亥戌酉 4대운.

정화일주 신약하여 갑목 인수용신이다. 년월에 재관인이

있어 명문집안출신으로 미국에서 박사학위를 따고 영문학 교수를 지냈다. 그러나 년월의 재관인이 보기 좋다고 하여도 일시는 상충하고 시상 편재 투출하여 부부 궁이 혼란스러우며 일간 정화와 용신 갑목 사이에 정관이 끼어있어 언제, 어느 때라도 쉽게 용신의 도움을 받지 못하니까 인생에 위기가 닥칠 때에는 감당해내기가 힘들어진다. 병자대운에서 월간임수 정관은 신자진 수국으로 거대한 해일로 바뀌어 편관의 재난, 질병의 큰 파도로 모든 것을 쓸어버렸다.

소용신: 금수가 왕하여 대용신과 같이 갑목 용신.

38세 신사년(병자대운). 이혼하다. 辛은 기신의 편재이고 사는 정재 申금과 사신형을 한다. 부부궁이 충인데다 정재가 형을 당하고 신사년의 상문조객으로 가택궁 미토가 암동(暗動)하여 부부이별하다.

39세 임오년 계묘월(병자대운). 대운에서 이미 쓰나미가 덮쳤는데 오미합으로 축이 살아나니까 기신의 壬과 辛이 다시 힘을 얻어 양쪽에서 몸을 조여 들어온다. 정신병으로 광끼(狂氣)가 생겨 정신병원에 입원하다. 묘월은 묘신 귀문관살이니 귀신이 설쳐댄다.

386) 乙甲癸甲　己戊丁丙乙甲
　　亥午酉午　卯寅丑子亥戌 1대운.

천간 모두가 시지 해수에 유일하게 뿌리를 하고 있다. 정관격에 정인용신으로 반듯한 인격을 갖추었고 명문 집안에서 태어나 좋은 교육을 받고 자랐다. 목 일주가 목화 광명(光明)이 많고 亥 천관이 있어 인술을 베푸는 의사다.

정축대운은 유축 금국하여 재물과 명성이 한참 업그레이드 할 시기인데 36세 기사년에 불의의 사고로 인생에 흠집을 남겼다.

소용신: 오와 유는 천간과 연결이 안 되어 용신에서 제외한다. 수목양신(兩神)이 용신이다.

36세 기사년(정축대운). 대운,년운이 사주와 사유축 삼합이 되어 대길할 것인데 시지와 사해충이 있어 대흉하다. 천간의 유일한 뿌리가 충으로 상하고 충으로 튀어나온 무토에 계수 용신이 없어진다. 의료사고가 있었고 부모의 상을 당했다.

387) 壬戊辛癸　乙丙丁戊己庚
　　　戌寅酉巳　卯辰巳午未申 5대운

무토일주가 유월에 병화와 계수가 있어 천지가 순조롭다. 상관생재이지만 약간 신약하여 술토 비견을 용신하고 화를 희신 한다. 대운이 火 인수 희신운으로 연결되어 식품제조업으로 성공하였으나 진대운에 이르러 술토 용신을 충 함으로 위기를 맞았다.

소용신: 임계는 지지에 뿌리가 없어 용신의 대상에서 제외하고 무토와 辛금중에서 신금은 득령하고 巳 戌에 뿌리가 더 강하여 대용신과 같이 술토 비견을 용신한다.

49세 신사년(병진대운) 대운에서 진술충하여 튀어나온 丁戊癸에 년간 계수, 일간 무토, 시간 정화가 묶이고 巳년은 인사 형 함으로서 튀어나온 병화에 하나 남아있든 월간 신금마저 묶여버렸다. 비유하자면 발끝부터 머리까지 꽁꽁 묶여 내동댕이쳐진 격이다. 부도내고 망하다.

388) 丙癸庚丙　甲乙丙丁戊己
　　 辰亥子戌　午未申酉戌亥 3대운.

여명. 하늘은 춥고 땅은 얼었는데 그래도 병화가 술에 뿌리하고 대지를 따뜻하게 비추어 다행이다. 그러나 여명에 너무 신강하면 두 여자가 한 남편을 두고(二女同夫) 다툰다고 했던가? 장녀로서(건록격은 대개 장남, 장녀다) 남동생들 공부시키느라 힘들었고 나중에는 동생의 사업자금 도와준다고 무리하게 돈을 꾸어주다 보니 주위에 신용을 잃어버렸다. 처녀 때 간호원으로 일하면서 의사와의 거시기로 임신한 상태에서 가벼운 교통사고로 들어온 미남환자(유부남)와 정이 들어 동거를 시작했다. 그래도 술 무토 관은 뚜렸하여 첩으로 들어와 결국은 본처노릇을 하였다. 신유 금운에서 경제적인 고충이 심하였고 을미대운은 병술관 백호를 을미백호로 형하여 남편이 사망하다.

소용신: 계수 음일간에 경과 병을 비교하면 둘 다 술토에 뿌리하였는데 경금이 더 강하여 병화 용신한다.

45세 경오년(을미대운). 병화용신에 오화 양인이 오술 화국하여 들어와 재테크로 크게 성공한 한해다. 비싼 옷과 화려한 보석류로 치장하며 자기의 존재감을 과시했다.

48세 계유년 계해월(을미대운). 기신의 金水에 홍수가 나서 술토 제방 남편이 떠내려갔다(水多土流). 남편 사망.

389) 壬丙丁甲　癸壬辛庚己戊
辰戌丑申　未午巳辰卯寅 6대운.

병화일주가 축월에 한랭하나 二陽이니 임수가 좋고 또한 갑목으로 축토를 제어하며 임수를 보호하고 있어 입격한 사주다. 임수 칠살은 정화 비겁으로 견제되어 안정감이 있으나 갑목 인수가 살지에 앉아 뿌리가 없음이 흠이다.

다행이 대운이 목화로 흘러 대기업에 입사하여 사장까지 승진하는 행운을 누렸으며 개인 재산도 만만찮게 축적할 수가 있었다. 충과 형이 많아서 성격이 날카롭고 사납다.

소용신: 진술충으로 丙丁화의 뿌리가 깨어지고 갑목인수는 뿌리가 없지만 양일간은 인수가 뿌리가 없어도 從하지 않으므로 대용신과 같이 갑목 용신한다.

39세 임술년(신사대운). 정축, 병술백호에 임진이 충하여 항상 백호대살의 발동이 준비되어 있는 사주인데 임술년은 희신의 비겁 정화를 정임합거하고 재충, 재형이 들어와 여형제 한명이 사망했다.

51세 갑술년 (임오대운). 병화 일주가 술에 묘궁에 들고 다시 재충 재형이 되어 위암 수술을 받았다. 오화대운에서 신약한 일주가 양인으로 대길하여 수술 후 경과가 좋아 완쾌하였다.

63세 병술년(계미대운). 계미대운이 흉하다. 진술축미가 모두 모여 한바탕 소동을 벌리려고 한다. 병술년은 백호로서 재충 재형인데 튀어나온 신금에 운간 병화가 합거되어 우애가 좋았든 동생을 사별하였다. 그리고 일주가 다시 묘궁에 들어 퇴직하고 대외적인 활동이 줄어들었다.

66세 기축년(갑신대운). 주식투자에 실패를 보아 재산의 큰 손실이 있었다. 기는 용신 갑을 합거하고 형충으로 튀어나온 정화에 임수마저 합거되니 사주의 양대 기둥이 허물어졌기 때문이다.

390) 戊辛己乙　乙甲癸壬辛庚
子巳丑酉　未午巳辰卯寅 10대운

여명. 辛일 戊子시의 육음조양격(六陰朝陽格)으로서 子가 巳화를 요합(搖合)하여 巳화 관을 쓰는 사주인데 일지에 사화가 있어 파격이 되었다. 그러나 사화는 사유축 삼합으로 그 기능을 상실하였기 때문에 다시 육음조양격이 이루어졌다고 볼 수가 있고 자수 식신용신이다.

30세 부터의 임진대운은 자진수국에 임수가 되어 대통(大通)운을 만나 공무원으로서 고위직에 올랐다. 자수가 사화 관을 허합래(虛合來)하여 사화 관을 쓰는 사주이므로 공직에서 두각을 나타내었다.

소용신: 을목은 뿌리가 없어 제외하며 사유축 삼합을 한 금을 용신하고 토와 수를 희신 한다.

59세 계미년(갑오대운). 계사대운은 비록 화이지만 사유축으로 돌아가서 별다른 일이 없어 넘어가지만 갑오대운은 직접 용신 자수를 오 화가 자오 충을 하여 공직에 한계가 온다. 사화 관을 허합래 하는 자수가 충을 당하였기 때문이기도 하다.

계미년은 사유축 삼합의 사화가 대운,년운의 사오를 만나 사오미 남방 화국으로 바뀐다. 삼합보다는 방합의 결집력이 더 강하기 때문이다. 기신의 관운이 되어 정년퇴직하고, 퇴직하고 나서 심하게 아팠다.

391) 癸丙丙庚　壬辛庚己戊丁
巳申戌午　辰卯寅丑子亥 9대운

술월은 병화일주의 묘지(墓地)가 되어 빛을 잃기 쉬우나 년지의 오화와 오술 화국 함으로서 계수 용신, 경금 희신한다. 경금재는 옆의 병화와 아래의 오화에 협공을 당하고 申금 재는 사신 형을 당하여 재의 짜임새가 허술하다.

소용신: 사신 형합으로 계수의 뿌리가 묶여 계수는 용신에서 제외하며 병과 경중에서 병화의 세력이 더 강하여 술에 뿌리 한 경금을 용신하고 계수를 희신 한다.

57세 병인년(신묘대운). 묘대운은 기신의 편인인데 사신 형살을 보고 묘신 귀문관살이 발작을 일으켜 심한 스트레스에 시달린다. 병인년은 인오술화국으로 도둑놈 같은 겁재가 되어 재물이 절단 나니 사업실패하고, 또한 화기가 치솟아 올라 중증 고혈압의 진단을 받았다. 그리고 인사신 삼형으로 막다른 길에 몰려 자살로서 생을 마감하였다. 자살한 달이 임진 월이었는데 水가 와서 좋을법하지만 진술 충을 하여 튀어나온 을목, 무토, 정화에 庚,癸가 합거되고 희신의 운간 임수도 합거 되어 대흉하다.

392) 乙己丁甲　癸壬辛庚己戊
亥卯丑午　未午巳辰卯寅 6대운

케빈 코스트너. 영화배우겸 감독. 갑을목이 관살혼잡 되었으나 정화인수가 오화 정록으로 유기하여 입격한 살인상생격이다. 한겨울의 추운 날씨에 정화대신 병화가 있어 해동하였다면 한결 나았을 것이다.

이 사주는 戊己일이 해묘미 관국이나 신자진 재국으로

구성되는 구진득위격(勾陳得位格)으로도 볼 수가 있겠지만 구진득위격이 기피하는 신약이어서 내격으로 살인상생격으로 보는 것이 무난하다.

소용신: 음일간에 갑을목 관살의 뿌리가 해묘로 강하여 대용신과 같이 정화 인수를 용신한다.

37세 경오년(신사대운). 경은 갑목을 쪼개어 정화의 불길이 더욱 왕성하게 하고(劈甲引丁) 또한 을목을 합거하여 관살혼잡의 흠을 제거한다. 오는 정화용신의 정록이니 대길하다. "늑대와 춤을" 제작 감독 주연하여 대히트하면서 아카데미. 오스카 등 각종의 상을 휩쓸어버렸다.

42세 을해년(신사대운). 거대한 자본이 투입된 "워터월드"가 흥행에 실패하며 승승장구하든 발걸음에 제동이 걸려 이후 오래 동안 빛을 보지 못하였다. 대운과 년운이 천극지충(天剋地冲)함은 흉한 징조이고, 또한 비록 살인상생격이지만 을해재관이 다시 중첩되어 기세가 흉흉한데 정화인수로 통관상생 시키기에는 역부족이다.

393) 丙乙己庚　癸甲乙丙丁戊
　　 戌卯丑子　未申酉戌亥子 6대운.

여명. 편재격에 일지 묘목 정록이 용신이다. 정관 경금은 자에 사궁(死宮), 축에 묘궁이며 시지 술에 과숙살 까지 겸하니 남편 덕이 없고, 년월 간지가 공망이며 기신의 재관이 되어 부모 복도 없다. 정해대운에서 해묘목국을 하면서 신왕해지자 병화 상관의 총명과 기토 편재의 적극성이 연결되어 가발공장에서 현장의 총감독이 되어 리더쉽을 발휘하였다. 그러나 곧 이어지는 신유술 서방 금운에서 용신 묘목은 철저히 극을 당하여 살아있어도 죽은 것과 마찬가지다(生不如死).

소용신: 천간은 지지에 모두 뿌리가 있는데 자축 합, 묘술 합으로 모두 묶였으니 어쩔 수없이 묶여있어도 그대로 사용한다. 음일간에 투출한 것이 상관, 편재, 정관이니 종세격과 같이 편재를 용신하고 식상과 정관을 희신으로 삼는다.

27세 병인년(병술대운). 조그만 회사가 성장세를 타게 되어 공장 현장의 총감독으로서 역량을 마음 끗 발휘하다. 병화 상관이 힘을 얻었으니 많은 부하가 생겼다.

29세 무진년(병술대운). 용신이고 재생관하여 결혼하다. 하지만 진술충으로 튀어나온 辛금과 을목에 희신의 경금과 병화가 합거 되었으니 손해 가는 장사다. 이런 경우는 결혼 후 쉽사리 결혼한 것을 후회한다.

30세 기사년(병술대운). 기는 용신이고 사는 용신과 희신의 뿌리이니 길한 한해다. 기토 편재 큰돈이 눈에 얼씬거려 봉급생활을 접고 금은방 개업하다. 사화는 식상으로 자식이 되는데 亥월에 해자축 북방 수국이 되어 사화 자식이 손상당하므로 유산을 하였다.

31세 경오년(병술대운). 자축합에 자오충이다. 경금 남편은 합으로 유보되었다가 합이 풀리면서 정확하게 子 사궁으로 들어가니 경금 남편이 무기력해진다. 이혼하다.

394) 乙甲己庚　乙甲癸壬辛庚
丑戌丑寅　未午巳辰卯寅 1대운.

재다신약으로 인목용신이다. 초년운이 비견겁의 길운이 되어 대학공부를 마치고 회사에 입사하였으나 진 대운에서 축술 형인데다 진술충이 겹치니까 직장생활을 하면서 경제적인 욕구와 갈등으로 괴로워하였다. 癸운은 정인이라 무난하였으나 巳가 문제다. 식신이 되어 새로운 밥벌이를 찾게 되고 사중 무토 편재가 있으니 큰돈 벌겠다고 사업을 시작하였다. 직장 운이 좋은 사람은 불리한 시기에도 잘 참고 지내지만 직장 운이 약한 사람은 수틀리면 불쑥 사표를 쓰 내어 자신과 그에 따른 가족에게 어두운 먹구름을 안긴다.

소용신: 대용신과 동일

40세 기사년(계사대운). 심한 재다신약은 생계형 장사는 몰라도 큰돈을 투자하여 하는 사업은 패망으로 가는 지름길이다. 대운과 년운의 巳가 이중으로 유일한 뿌리인 인목을 형 하였으니 지지는 축술 재형(再刑)과 인사 재형으로 이중삼중으로 폭탄을 맞았다. 인사형으로 튀어나온 경금에 시간 을목마저 합거 되어 외롭기 그지없다. 사업실패하고 좌절감에 허우적거리다 사망하다.

397) 甲癸丙庚　壬辛庚己戊丁

寅酉戌申　辰卯寅丑子亥 4대운

신유술 서방 금국에 경금투출하여 인수신왕이다. 상관 갑목을 꺾어버리려는 경금 인수를 병화 재가 견제해주어 다행이다. 일직이 미용기술을 배워 기축대운에서 미용실 개업을 하였으나 대운이 희신 갑목을 합거하는 흉운이 되어 실패하고 말았다. 나중에 동방목운이 연결되어 대성할 것 같지만 모두 사주와 충으로 들어오는 운이어서 기대치를 낮추어야 할 것이다.

소용신: 경금인수가 신유술 금국으로 강하여 갑병 상관과 재를 용신한다.

30세 기축년, 정축월(기축대운). 기축이라는 흉한 글자가 대운과 년운으로 겹치기 되어 더 이상 지탱하지 못하고 미용실을 그만 두었다. 시간 갑목은 합거되고 축술형으로 튀어나온 지장간에 병화 재 용신까지 사라져 앞날이 캄캄하다. 폐업 할 때까지의 몇 년 사이에 빚만 엄청 안게 되어 허리를 펴지 못하고 있다.

396) 壬戊辛辛　甲乙丙丁戊己庚
子辰卯巳　申酉戌亥子丑寅 5대운

정관격에 사화 인수용신이다. ROTC장교로서 월남전에 참전하여 전쟁와중에서도 한밑천 잡았으나 제대직후 사회경험이 없을 때 사기꾼에게 말려들어 모든 재산을 날려버리고 월세방신세로 전락하였다. 25세부터의 무자대운 10년에서 무는 희신이니 돈을 모았고 후반기의 자는 기신의 재이어서 사기를 당하고 심각하게 경제적인 고통을 겪어야 했다. 중기계를 직접 운전하면서 공사판에 뛰어들어 건설일을 배우며 고생하다가 병술대운에는 건설회사를 차려서 큰돈을 벌었다.

소용신: 대용신과 동일

26,27세 병오,정미년(무자대운). 월남전에서 돈을 벌다.

28세 무신년(무자대운). 대운에서 자묘형을 하고 년운에서는 사신형을 하여 형살이 중첩되어 아슬아슬하다. 거기다가 기신의 재가 신자신 삼합 수국으로 거센 파도가 되어 덮치니 그해 말 자월에 사기를 당하여 모든 재산이 떠내려 갔다.

64세 갑신년 65세 을유년(갑신대운). 55세 을유 대운부터 수입 좋든 건설회사가 서서히 내리막길에 접어들었는데 갑신, 을유년에 연거푸 부도를 맞으면서 회사를 접고 초라한 말년을 보내고 있다. 사화 인수 용신이 사신형합, 사유반합을 하면서 힘이 사라졌기 때문이다.

397) 庚己丁庚　癸壬辛庚己戊
午酉亥戌　巳辰卯寅丑子 4대운

정재용인격이다. 상관이 왕하여 인수용신하니 상관용인격으로 볼 수도 있다. 상관이 왕 한데 정화 인수 또한 정록을 얻어 사주가 청순(淸純)하다. 미국에서 전자공학 박사학위를 얻고 귀국하여 결혼을 하고 삼성에서 근무하였다. 그러나 34세 辛대운에 접어들면서 신혼살림이 파경에 이르렀으며 삼성에서도 퇴직하고 벤쳐회사를 차린 것이 망하는 등 일반사람들의 기대와 달리 수렁 속에서 허우적거렸다. 다행이 묘 대운에서 해묘목국이 정화용신을 생하여 대기업에서 새롭게 직장을 얻어 안정을 얻었다.

소용신: 기토 음일간에서 정화인수와 경금상관의 기세를 비교해본다. 당연히 해수 재는 천간에 수의 투출이 없어 용신에서 제외한다. 경금은 2간 2지이고 정화는 1간 2지이니 정화인수를 용신한다.

34세 계미년(신묘대운). 대운과 년운 그리고 사주가 해묘미삼합목국으로 원신이 강하여 박사학위를 따고 입사하고 결혼까지 골인하여 막힘이 없었다. 하지만 삼합이라도 묘술합, 묘유충, 그리고 술미형, 오미합으로 충, 형과 육합이 어울어져 삼합을 이룸에 장애요인이 많아 그 해말에 신혼부부가 별거를 하며 시련의 첫걸음을 내디뎠다. 정화 용신의 정록인 오화가 오미합 된 것은 매우 불리하다.

명리를 밝힌다

첫판 1쇄 2010년 7월 2일

지은이 김명관

펴낸이 장석홍

펴낸곳 도서출판 장서원

141-160 서울 용산구 남영동 7-1(201호)

전화 703-5362 팩스 797-5362

등록 제 01-01213호

shjang1011@hanmail.net

정가 25,000 원

파본 된 책은 바꿔드립니다.